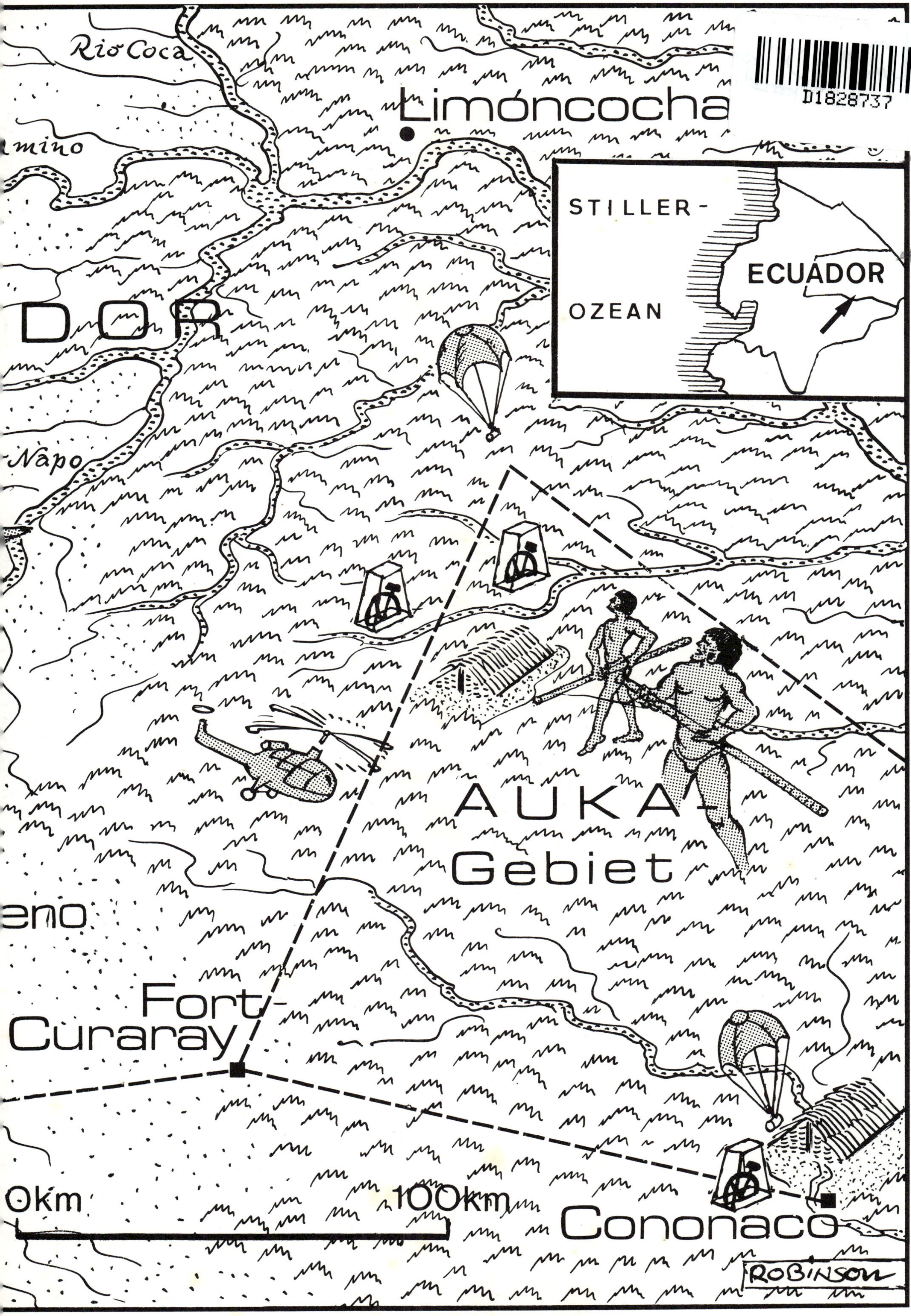

Rio Coca
Limóncocha
mino
STILLER-
OZEAN
ECUADOR
DOR
Napo
AUKA-
Gebiet
eno
Fort-
Curaray
0km
100km
Cononaco
ROBINSON

Peter Baumann/Erwin Patzelt

Menschen im Regenwald

Für Ronny zum Weihnachtsfest 1985 [illegible]

Peter Baumann/Erwin Patzelt

Menschen im Regenwald

Umschau

Dieses Buch basiert in Teilen auf der gleichnamigen Ausgabe, die 1975 erschienen und nunmehr vergriffen ist.

CIP-Kurztitelaufnahme der Deutschen Bibliothek

Baumann, Peter:
Menschen im Regenwald / Peter Baumann; Erwin Patzelt.
– Erw. Neuaufl. – Frankfurt am Main: Umschau, 1982.
1. Aufl. im Droste-Verl., Düsseldorf
ISBN 3-524-66018-5

NE: Patzelt, Erwin:

Satz: System Fotosatz GmbH, Frankfurt am Main
Druck und buchbinderische Verarbeitung: May & Co., Darmstadt
ISBN: 3-524-66018-5 · Printed in Germany

Der Ozelot ist ein seltener Anblick, zumal er ein nächtlicher Jäger ist.

◁◁
Das Totenkopfäffchen wird von den Indianern im Haus gehalten und gehätschelt.

Hinter der Gebirgsbarriere dehnt sich endlos und fast menschenleer der »jungfräuliche Wald«. Charakteristisch sind für das Anden-Vorland die Flußmäander.

◁
Das „grüne Meer" der Regenwälder beginnt nicht erst in der Amazonas-Niederung: Ein Waldausschnitt in der Cordillera de Cutucú von Ekuador.

Schrecken, Abwehr, Neugier, Fluchtbereitschaft – Auka während der Landung unseres Hubschraubers, fern der Zivilisation erstmals fotografiert.

Auka-Jäger sind Meister der Nachahmung von Tierlauten. Manche Affen- und Vogelarten locken sie schußgerecht vor das Blasrohr.

Die Jäger bevorzugen – wie sie sagen – das schwere Gerät, weil sie sich damit vom Boden abstützen können.

Neben den eleganten Jagdwaffen der Nachbarstämme wirkt das Auka-Blasrohr schwer und rückständig.

Ein Wort zur erweiterten Neuauflage

Ein völkerkundliches Museum in Ekuadors Hauptstadt Quito zeigt sie als speerschwingende Monster aus Pappmaché. »Der wildeste Stamm der Welt« sind sie in den Augen christlicher Bekehrer: »Dschungelmörder, in deren Herzen Jesus kommen muß.« Unser Buschpilot Fernando Garçon Troya entdeckte unter ihnen »die liebenswürdigsten und nettesten Leute, die ich kenne«. Ein Ölmagnat wiederum sah sie als »Störenfriede, die weg müssen«. Die Auka haben mehr von sich reden gemacht als die anderen Indianerstämme Amazoniens. Was sind das für Menschen – die Auka?

Das Wort Auka stammt aus der Ketschua-Sprache und bedeutet Feind, Verräter, Rebell, Krieger. Die Weißen im Anden-Staat Ekuador haben es übernommen. Die Auka selbst nennen sich Huarani – zu deutsch Menschen. Und als Menschen lernten wir sie kennen, nachdem wir die Barrieren der Angst und der Vorurteile überwunden hatten.

Als wir die Indianer im Jahre 1973 erstmals gemeinsam besuchten, gab es nur wenige Siedler, die sich über die Grenze des Rio Napo hinaus tiefer in den Wald gewagt hätten. Auka-Gruppen lebten dort so frei wie der Jaguar und die Anakonda. Sie galten als besonders entschlossen bei der Verteidigung ihrer Jagdgründe gegen die Außenwelt, der sie mit Haß und Furcht gegenüberstanden. Die Landkarte Ekuadors zeigte damals, daß nur die Küste und die Kordilleren dichtbesiedelte Regionen waren. Hinter der Gebirgsbarriere dehnte sich endlos und scheinbar menschenleer der Regenwald. Je näher dort der Rio Napo dem Amazonas kam, desto spärlicher wurden die Armeeposten, Missionsdörfer und Pflanzerhütten.

Bis in unsere Tage hinein hatte sich die Bevölkerung an die urbanisierten Gebiete geklammert, denen die vorkolumbischen Kulturen und die spanische Kolonialherrschaft ihren Stempel aufgeprägt hatten. Diese Böden sind zum Teil ausgelaugt. Anfang der siebziger Jahre dann schickte sich die Regierung an, den Oriente zu erobern. Die Zivilisation sickerte mit ersten Vorboten in den »Wilden Osten« ein: Von der Landwirtschaftsbehörde mit einer Starthilfe versehen, nahmen zuerst die Ärmsten der Armen den Kampf mit der Natur auf. In der Provinz Morona-Santiago spürten zunächst die Jivaro-Indianer die Veränderungen. In die Landesteile Napo und Pastaza, wo es am Westufer des Rio Napo ein paar alte Josefiner-Missionsorte wie Tena und Puerto Napo gibt, wagten sich zur Zeit unserer Expedition lediglich die Armee und die Yumbo-Indianer, die ihre Anpflanzungen im kurzen Schatten der Forts bestellten. Ölgesellschaften arbeiteten schon tiefer im Dschungel. Ihre Campamentos aber waren schwer bewaffnet, und die Arbeiter schliefen stets unruhig im Licht greller Scheinwerfer, die gegen die Urwaldkante gerichtet waren. Das Land zwischen diesen spärlichen Posten war wie leergefegt. Die Unzugänglichkeit des Urwaldes war nicht allein der Grund dafür. Es war die Angst vor den speertragenden Auka.

So stellte sich uns die Situation dar, als wir 1973 unsere erste Expedition zu den Indianern unternahmen. Wir geben zu, daß uns vor allem der Wind des großen Abenteuers das Wort Auka zugeflüstert hatte. Die Indianer hatten uns nicht gerufen. Wenn sie dennoch ihr begründetes Mißtrauen gegen uns Fremde überwanden, dann vielleicht deswegen, weil wir einen Schlüssel der Verständigung mit ihnen fanden. Wir durften einen ersten Blick auf Menschen einer verborgenen Welt unter dem Blätterdach des Amazonas-Dschungels werfen, das geheimnisvolle Leben der letzten isolierten Urwaldbewohner Ekuadors kennenlernen. Wir dienten damals, indem wir ein ungewöhnliches Muster menschlicher Existenz fragmentarisch aufzeichneten, auch der ethnologischen Wissenschaft.

Anlaß für unsere zweite gemeinsame Expedition zu den Indianern war im Oktober 1979 das Amazonas-Schutzabkommen, dem die Ekuadorianer zwei Monate zuvor mit den übrigen Amazonas-Anrainerstaaten beigetreten waren. Die Auka gehören zu den »ethnischen Schätzen«, die man durch den Vertrag vor der Vernichtung bewahren möchte. Dafür war es keinen Augenblick zu spät; denn sieben Jahre nach unserem ersten Besuch gefährdete die Suche nach Erdöl nun unmittelbar die letzten freien Urwaldsöhne. Zwei Jahre zuvor hatten sie in einer der Schneisen, die auf ihr Kernland zulaufen, fünf Ölarbeiter angegriffen und drei von ihnen getötet. Die Diskussion über das Existenzrecht des Stammes war in Ekuador neu aufgelebt. Die allgemeine Aufregung spiegelte sich in der Presse des Landes wider, die den Ereignissen im fernen Busch ersten Rang einräumte. Ein Leitartikel beklagte gar, daß Filme und Zeitungen des Auslandes den Anden-Staat als Barbarenland schilderten – als Land, in dem Blut fließe wie in Kambodscha, Indochina, Angola, im Kongo, in Südkorea und den Bananen-Republiken.

Die veröffentlichte Meinung indessen zeigte durchaus Verständnis für die Auka. Dieses Verständnis wollten wir vertiefen. Im Jahr der Unterzeichnung des Amazonas-Schutzabkommens wollten wir am Beispiel der Auka indianische Wirklichkeit in Amazonien untersuchen. Es galt, dem Land Ekuador und der Weltöffentlichkeit zu beweisen, daß die Auka nicht jene speerschwingenden Killer waren, als die sie von Abenteurern, Missionaren und Ölfirmen hingestellt wurden, sondern den Schutz des Amazonas-Abkommens verdienten, zu dem sich Ekuador bekannt hatte.

Peter Baumann — Erwin Patzelt

Der »wildeste Stamm der Welt«

Unternehmen Auka

Ein junges Gesicht beugt sich der Kamera entgegen – mit weißen Ohrpflöcken geschmückt und von schwarzen Ponyfransen umrahmt. Die halb geöffneten Lippen, der schräge, verschattete Blick und die herausfordernde Haltung des nackten Mädchens wirken wie ein Sinnbild der Koketterie. Mit der berühmten Motivauslese der »Dritten Weltausstellung der Photographie« ist diese erste Aufnahme einer »wilden« Auka durch die Metropolen gegangen.

Der Fotograf hat seinen Schnappschuß mit dem Leben bezahlt. Von Speeren durchbohrt fand man ihn im seichten Wasser des Rio Curaray. Mit ihm hatten am späten Nachmittag des 8. Januar 1956 vier weitere amerikanische Missionare sterben müssen, die am sanften Ufer des Flusses im Schatten windgewiegter Palmen mit ihrem Flugzeug gelandet waren, um den Auka von hier aus »Gottes Schnitzzeichen« anzutragen.

Die tödliche Absage des Stammes war unerwartet gekommen. Noch an seinem Todestag hatte Nate Saint die »Piper« vom Palmenstrand aus gestartet und ein paar Kreise über einem nahen Auka-Wohnplatz gezogen. Aus der Luft hatte er beim Rückflug eine Gruppe auf dem Weg zum Missionarscamp gesichtet. Für ihn und seine Freunde hatte alles nach einem Erfolg ausgesehen. Atemlos hatte Saint um 12.30 Uhr über Kurzwelle an die Station Shell durchgegeben, daß »ein Komitee« unterwegs sei: »Sieht aus, als seien sie für den frühen Mittagsgottesdienst hier. Betet für uns! Dies ist der Tag! Rufe euch das nächste Mal um 16.30 Uhr.« Saint sollte Shell-Mera nie wieder rufen.

Seine Rolleicord-Kamera, die eine aus Panama eingeflogene amerikanische Bergungsmannschaft unter dem Kommando Major Nurnbergs am Freitag, dem 13. Januar, im Flachwasser des Rio Curaray entdeckt hatte, bewahrte die friedliche Vorgeschichte des Dramas: Man kann sie auf den von Wasserflecken beschädigten Fotos ablesen, die aus dem Film in der Kamera entwickelt worden sind. Ein Auka-Mädchen posiert mit Geschenken, ein junger Krieger mit einem Modell des Flugzeugs. Von Nate Saints letzten Tagebuchnotizen wissen wir, daß die Missionare das Indianer-Pärchen Delilah und George getauft haben. Auch eine ältere Auka-Frau hat nach den Fotos an der Strandidylle teilgenommen.

Über den Tod der jungen Amerikaner hat die Welt nur die Version erfahren, die ihre Witwen und die Schwester Nate Saints in ehrendem Angedenken verbreiteten. Ostern 1974 sollte uns einer der beteiligten Auka-Krieger über das Drama vom Curaray die ganze Wahrheit erzählen.

Die Kunde vom Tod der Linguisten-Missionare lief um die ganze Welt. Doch der Speermord an Flußleuten und Ölarbeitern im Oriente von Ekuador hat nicht so große Publizität erfahren wie das mißglückte »Unternehmen Auka«. Für Resonanz sorgte vor allem Rachel Saint. Diese Amerikanerin drang schließlich bis zu den »Killern vom Curaray« vor. Was den Männern nicht gelang, erreichten sie und die Witwen der Missionare – die Christianisierung einer Gruppe des »verborgenen Stammes von Dschungelmördern«. Über den Sinn mag man streiten. Das gefahrvolle Werk der »Señoras« ist in der Missionsgeschichte jedoch ohne Beispiel. Wie es gelungen ist, werde ich noch erzählen.

Etwa 250 Auka lebten 1974 im sogenannten Protektorat um den Missionsort Tigueno, einige davon schon im 18. Jahr ihrer Zähmung. Der Rest verbarg sich um so tiefer im Dickicht des Urwaldes. Diese Auka wollten wir mit unserer Expedition suchen.

Auka ist das Ketschua-Wort für Barbaren. Es drückt Wildheit und Feindschaft aus. Dieser Bedeutung seines Namens hat der Stamm auch Anfang der 70er Jahre nach Auffassung der zivilisierten Welt »Ehre gemacht«. Am 25. Juni 1970 drang die Kunde vom Tod des Auka-Missionars Toña nach Quito, der im Auftrage der Mission von Tigueno ausgezogen war, seinen unwissenden Brüdern die Bibel zu bringen. Die 200 Auka, die in den Hügeln 90 Meilen östlich von Tigueno am Rio Gabaro lebten, sollten die Frohe Botschaft also nicht von den Weißen selbst, sondern zunächst durch den Mund eines Verwandten erfahren. Erst wenn sie das Evangelium kennengelernt hatten, sollten sie in die Mission Tigueno kommen.

Erwin Patzelt hatte 1971 andere, bessere Erfahrungen mit den Auka gemacht, als er sie nach den vielen Greuelgeschichten über sie hätte machen müssen. Anfang 1973 – ich arbeitete damals in Ekuador an einem Buch – erzählte er mir bei unserer ersten Begegnung davon: »Ich flog vor zwei Jahren von Quito aus mit einer ›Twin Otter‹ direkt nach Tivacuno. Tivacuno war ein zehn Monate altes Ölcamp östlich von Curaray. Dort hatte sich die Unruhe unter den Arbeitern noch nicht gelegt, weil der Koch von den Indianern getötet worden war. Im Lager lernte ich Sam Padilla kennen, der beim Zusammentreffen mit Auka-Indianern Dolmetscher sein sollte. Er ist der Sohn einer Auka aus der Verbindung mit einem Ketschua. Seine Mutter heißt Dayuma. Diese Auka-Frau gilt im Lande als Berühmtheit, weil sie den amerikanischen Missionarinnen den Zugang zu ihrer Gruppe verschafft hat. Damals waren die Ölleute alle bewaffnet.«

Pilot im Camp war Capitan Jaime Torres. Patzelt hatte dem Chef der Explorationsgesellschaft »Western Geophysic«, dem Geologen Howard Steven Strouth, in Quito die Erlaubnis abgerungen, mit dem Helikopter der Gesellschaft ins Auka-Gebiet zu fliegen. Eine außergewöhnliche Zusage! Alle Piloten hatten sonst die Anweisung, das Wohngebiet der Indianer zu meiden, weil eine Notlandung dort nach vorherrschender Auffassung den Tod bedeutet hätte. Auch die »Western Geophysic« wollte so wenig wie möglich riskieren: Torres sollte nur »bis auf Speerwurfhöhe« zu den Rodungen der Indianer hinuntergehen: »Am Abend vor dem Flug«, erzählte mir mein Freund, »nahm ich mit Jaime Torres noch einen guten Tropfen, und wir tranken Brüderschaft. Danach überredete ich den Piloten zu einem Landeversuch.«

Im Lager der Gesellschaft ahnte man etwas von Erwin Patzelts Bemühungen. Mein Freund mußte dreimal unterschreiben, daß er auf eigene Verantwortung zu den Indianern flöge. Am nächsten Morgen starteten sie.

»Ich hatte kaum Geschenke bei mir«, erinnerte sich Erwin, »ein paar Apfelsinen, ein paar Macheten. Ich saß außen, unser Dolmetscher Sam Padilla in der Mitte, der Pilot links. Nach etwa 20 Minuten Flug gen Süden auf der Flugstraße zum Camp Cononaco entdeckten wir eine Lichtung mit mehreren

Hütten. Wir umkreisten sie und gingen allmählich tiefer. Plötzlich sahen wir Menschen aus den Häusern in den nahen Wald fliehen.«

Da die Hütten auf einer Hügelkuppe standen, erschien dem Piloten die Landemöglichkeit günstig. Torres setzte den Hubschrauber vor einem Hang auf, der hinter der Maschine ziemlich steil abfiel. Der Pilot ließ den Rotor laufen. Der Wind zauste an den Dächern. Die Auka blieben versteckt. Nach langen Minuten näherte sich vom Waldsaum her eine alte Frau. Sie zeigte auf den Mund, als wollte sie etwas Essen haben: »Das war der Augenblick, in dem ich den Hubschrauber verließ!« berichtete Erwin. »Sam konnte sich mit der Alten gut verständigen. Sie nahm die Apfelsinen und ein Buschmesser. Als die versteckten Männer das sahen, kamen sie nach und nach aus dem Wald. Torres ließ die Hand nicht vom Steuerknüppel. Die Auka blickten sehr finster, sie wirkten steif und ängstlich. Aber ängstlich waren auch wir. Sam versuchte ihre Wünsche zu erfahren. Sie wollten von uns Buschmesser. Wir versprachen ihnen welche bei einem neuen Besuch.«

Zu einer weiteren Annäherung reichte es an diesem Tag nicht. Acht Tage später landete der Hubschrauber ein zweites Mal bei den Auka vom Rio Gabaro. Zwei Krieger rannten augenblicklich auf die Kanzel zu. Über dem Kopf hielten sie schwere Lanzen. Wollten sie angreifen? Aber nein – sie gaben den »Fremden« die Waffen. Zeichen der Friedfertigkeit? Vermutlich! Denn dieses Mal durften die Besucher vier Stunden auf der Lichtung bleiben.

Der junge Auka-Mann namens Toña, der von Rachel Saint auf seine schwierige Aufgabe als Missionar vorbereitet worden war, sprang eines Tages aus einem knapp über dem Boden schwebenden Helikopter der Ölleute mitten unter den Heiden ab. Über ein Funksprechgerät sollte er nach Tigueno von seinen Fortschritten berichten. Doch bald wurde er von seinem Halbbruder Wipe eigenhändig gespeert. Im Jahre 1971 überraschten die Auka den Ketschua-Koch des Ölcamps Tivacuno beim Waschen einer Schildkröte im Fluß und schleuderten ihm 26 federgeschmückte Lanzen in den Leib.

Auch Ende 1973 sind die Aussichten für eine Begegnung mit den Auka nicht besser. Die Exkursionstrupps und Arbeitscamps amerikanischer Ölfirmen haben die Krieger im Gebiet zwischen den Flüssen Tivacuno und Tiputini im Norden, Curaray und Cononaco im Süden in nervöse Spannung versetzt. Sie hören das Knattern der Luftschrauben über ihren Köpfen, das Puckern der Stromaggregate in der Nacht, irrlichternde Scheinwerfer und Karabinerschüsse schrecken sie. Die systematische Öl-Exploration, die den Oriente in Planquadrate einteilt, läßt die Auka auch im entlegensten Winkel des Urwaldes nicht zur Ruhe kommen. Kein Zweifel auch, daß mancher schnelle Schuß im Augenblick vermeintlicher oder echter Gefahr den Krieger tötet, der sich in der Nähe eines Lagers blicken läßt. Die Feindschaft und das Mißtrauen der Indianer sind dem weißen Mann daher sicher. Wer unter solchen Umständen zu ihnen vordringen will, muß auf Gefahr gefaßt sein.

Dreimal war Erwin Patzelt der Einflug ins Auka-Land gelungen. Eine vierte Expedition wollten die »Western Geophysic« nicht zulassen. Die amerikanische Auka-Mission Tigueno hatte interveniert. Auch der Versuch, mit dem Chef des Geographischen Instituts, Coronel Carlos Espinoza, ins Auka-Land zu fliegen, war an der Mission gescheitert, die sich gegen eine Landung auf der von ihr hergerichteten Urwaldpiste sperrte. Eifersüchtig wachten die Missionarinnen über das Stammesgebiet und schlossen es gegen jeden anderen Einfluß ab. Der Coronel hatte umkehren müssen. Doch das Eingeständnis, nicht Herr im eigenen Hause zu sein, wurmte die Regierungsstellen, bei denen Patzelt vorstellig geworden war.

Sein Ruf als engagiertes Gründungsmitglied der Naturwissenschaftlichen Gesellschaft des Landes, als Freund der Indianer, als Kenner von Fauna und Flora Ekuadors war mit ausschlaggebend, als ihm die Regierung im Herbst 1973 endlich die Erlaubnis zu einer neuen Expedition gab.

Man muß sie töten!

An einem Novembertag, um fünf Uhr früh, klingelt bei mir in Berlin das Telefon. Unter Knacken und Knistern fordert mich die ferne Stimme meines Freundes auf, die Koffer zu packen. Die Antwort auf meine Frage, ob sich denn wirklich die Chance zu einer Expedition in den Auka-Wald abzeichne, bleibt halb im Atlantik-Kabel stecken: »Über die Weihnachtstage . . . einen Hubschrauber . . .« Das verstümmelte Signal zum Aufbruch bringt mich auf den Weg nach Ekuador.

In Quito weiß man wenig über die Auka. Zwar hören wir auf Schritt und Tritt bizarre Geschichten und Legenden über die »wilden Lanzenmänner«, doch die sachlichen Informationen sind mager. Zwei Wissenschaftler im Anthropologischen Institut der Hauptstadt helfen uns nach Kräften mit historischen Quellen. Noch nie aber sind sie im Urwald ihres Landes zu einer Auka-Gruppe vorgestoßen.

So fällt es uns schwer, ein paar Pioniere zu finden, die wirklich Kontakt mit dem Stamm gehabt haben. Unsere Situation muß man sich etwa so vorstellen, als habe jemand während der Indianerkriege in den Vereinigten Staaten Leute finden und befragen wollen, die eine Begegnung mit dem Siouxhäuptling Rote Wolke oder dem Apachenführer Geronimo bei heiler Haut überstanden hatten. Sie waren so rar damals wie es im Ekuador von 1973 die Buschläufer, Soldaten, Ölarbeiter und Kolonisten sind, die eine Begegnung mit Auka-Kriegern überlebt haben.

Die meisten wohnen in den Grenzstädten zum Urwald, zählen nicht gerade zu den ruhigen Bürgern, eher zu den letzten »Lederstrümpfen« unserer Tage. So viel läßt sich vorwegnehmen: Alles, was wir hören, scheint das Urteil über die Auka zu bestätigen, das die Journalistin Georgie-Ann Geyer nach ihrem ersten Besuch der Mission Tigueno mit nach Chikago heim gebracht hat. Sie hatte die »Auka-Bekehrerin« Rachel Saint besucht und ihre Artikelserie in den »Chicago Daily News« mit dem Satz begonnen: »Die Auka-Indianer von Ekuador sind, wie man glaubt, der wildeste Stamm der Welt.«

Rolf Blomberg, ein schwedischer Schriftsteller, der vor über zwei Jahren einen ersten erfolglosen Annäherungsversuch unternommen und dann ein Buch darüber geschrieben hat, behauptet uns gegenüber: »Daß die Witwen der 1956 ermordeten Missionare und die Schwester eines weiteren Opfers mit der Sprachhilfe der Auka-Frau Dayuma die Sensation fertigbrachten, noch im selben Jahr mit jener Gruppe in freundlichen Kontakt zu kommen, die das Massaker am Curaray veranstaltet hatte, haben sie der Tatsache zu verdanken, daß sie Frauen sind. Ein weißer Mann erlitte bei einem solchen Versuch dasselbe grimmige Schicksal wie seine Vorläufer.«

Einer der Vorläufer war der Kanadier Dr. Robert Tremblay. Der Wildnisführer Charly Hirtz hat ihn gekannt. Hirtz empfängt uns am Stadtrand von Quito hinter den meterhohen Mauern seiner »Burg«: »Wir hatten ihn so gewarnt«, erinnert sich Hirtz: »Das Massaker am Curaray hatte den Kanadier angelockt. Allein und zu Fuß wollte er zu den Auka gehen. Eine Wahnsinnsidee.«

Dr. Tremblay schlug mit dem Hinweis auf Erfahrungen, die er unter den »Wilden« in Borneo gemacht habe, alle Warnungen in den Wind: »Dem Manne war nicht zu helfen«, urteilt Hirtz.

Der deutsche Buschläufer Georg Kiederle führte

den Kanadier dann von Puerto Napo aus an die Grenze des Auka-Gebiets. Weiter wollte er nicht mitgehen, weil er das Vorhaben Tremblays für selbstmörderisch hielt. Er ließ dem Forscher noch seinen Hund zurück und kehrte mit den Ketschua-Trägern am Rio Curaray um. Den »verrückten« Kanadier trieb es weiter.

Wir sehen bei Hirtz die vergilbten Zeitungsartikel über Tremblay, der seinen Vorschußruhm hektisch genoß. In der Ausgabe vom 19. Mai 1958 der Quitoer Tageszeitung »El Comercio« präsentierte sich der Kanadier an der Einmündung des kleinen Oglan-Flusses in den Curaray mit seinen Trägern in einem Campamento der Kamera. Ein zweites Foto zeigt seinen Wildnisführer Georg Kiederle, der an der Stelle umkehrte, »wo die Auka am Ende des vorausgegangenen Jahres sechs Ketschua-Häuser verbrannt und den Indio Honorio Grefa getötet hatten«. In einem weiteren Artikel posierte Dr. Tremblay mit verwegenem Strohhut und einem Krallenäffchen auf dem Haupt. Das vollbärtige Forscherprofil mit der starken Nase wirkt jung. Sein Pfeifchen schmauchend, richtet der Kanadier den kühnen Blick in die Ferne.

Als das Foto im Juni 1958 in »El Comercio« erschien, schmückte es bereits seinen Nachruf: »Die Reise des Forschers Dr. Robert Tremblay hat im Auka-Territorium ein tragisches Ende gefunden«, verkündet die dreispaltige Überschrift. Der Artikel berichtet, daß der Forscher voller Zuversicht aus Kanada nach Ekuador gekommen sei und geglaubt habe, am Curaray besser bestehen zu können als die Missionare im Jahre 1956. Alle seine Erfahrungen aber hätten ihn im Oriente von Ekuador im Stich gelassen. Es habe ihm auch nicht geholfen, daß er die Auka-Sprache etwas sprechen konnte. Zunächst habe er den Plan gefaßt, sich einfliegen zu lassen und mit dem Fallschirm abzuspringen. Als er dann keinen Partner für das Vorhaben gefunden habe, sei er zu Fuß zu den Auka vorgedrungen.

Beim Abschied in Quito hatte Tremblay vor der Presse noch gesagt, er wolle den Auka die Zivilisation bringen oder dabei umkommen. Charly Hirtz glaubt, daß den Mann darüber hinaus die stattliche Geldsumme einer großen Zeitschrift für eine ordentliche Bildausbeute gelockt habe.

Vom weiteren Schicksal des Kanadiers sprechen dann nur noch die Bilder der Zerstörung. Ein Suchflugzeug der Mission Tigueno, in dem der AP[1]-Mitarbeiter Jorge Jurado saß, entdeckte Tremblays Baumhütte beinahe an derselben Stelle, wo die Missionare umgekommen waren. Sie war verwüstet. Ausrüstungsgegenstände lagen in toller Unordnung im Ufersand verstreut. Die Bewohner des seinem Lager nächstgelegenen Auka-Wohnplatzes mußten ihn angegriffen haben. Vom Flugplatz aus sah man die menschenleere Lichtung, die Hütten waren verbrannt. Kenner sagen, der Stamm würde nach einem Angriff stets seinen alten Wohnplatz aufgegeben und weiterziehen.

Der AP-Mann berichtete, »daß Dr. Tremblay verschwunden und sehr wahrscheinlich getötet worden ist«. Eine spätere Landung klärte das traurige Schicksal des Kanadiers vollständig auf. Man fand ihn und den Hund von Speeren durchbohrt ganz in der Nähe der Hütte. Die Verwesung hatte bereits so stark eingesetzt, daß man die Körper an Ort und Stelle begrub, und zwar in der Nähe der Grabstätten der Missionare. Das aufgesetzte Kreuz blieb nicht lange auf Tremblays Grab.

Rolf Blomberg macht uns klar, daß sich die Situation im Auka-Gebiet seitdem nicht geändert hat: »Es ist wahr, daß die Gruppe, mit der die Missionare in Kontakt gekommen sind, sich seitdem still verhalten hat. Aber andere Gruppen sind ständig auf dem Kriegspfad, und eine Anzahl von Yumbo-Indios ist in den letzten Jahren getötet worden. Bei vielen Gelegenheiten haben die Auka den Rio Coca in der Nähe des Napo-Flusses überquert und das Töten fortgesetzt. Auf meiner Reise auf dem Napo vor vier Jahren konnte ich feststellen, daß die Furcht vor den Auka im Gegenteil unter den friedlichen

[1] Die Nachrichtenagentur Associated Press

Yumbos und den weißen Siedlern gewachsen ist.«

Missionare vom Kapuzinerorden geben Blomberg recht. Sie haben in der Zone Francisco de Orellano ein Register des Schreckens zusammengetragen. Danach sind die Lanzenmänner während der Jahre 1958 bis 1967 angriffslustiger denn je gewesen[1], 15 Überfälle, darunter fünf sogar auf der linken Uferseite des Napo, und zwölf Tote sollen auf ihr Konto gehen[2].

Viele Angriffe der Auka sind in keinem Bericht verzeichnet! Ein Koch, der 1971 in Tivacuno getötet wurde, war ein registrierter Arbeiter. So nahm das Land seinen Tod zur Kenntnis. Und auch von dem jungen Toña hat man erfahren, dem sauber gescheitelten, von den Señoras in Tigueno ausgebildeten Auka, der seinen »wilden« Verwandten das Evangelium bringen sollte. Sein Wirken begann damit, daß er, in einem Helikopter über den Hütten der Gruppe schwebend, durch einen Lautsprecher mit ihnen redete. Eines Tages ging er dann bei den Auka nieder, die dem Liebeswerben der Missionare so lange widerstanden hatten. Drei Monate blieb er bei der Gruppe und meldete per Sprechfunk erste Erfolge nach Tigueno. Plötzlich herrschte Funkstille. Beunruhigt schickte die Mission ein Aufklärungsflugzeug. Die Maschine kreiste über niedergebrannten Hütten. Wieder waren die Auka nach einem Speermord weitergezogen. Weihnachten 1970 erlebte Toña nicht mehr. Der Ort, wo er starb, heißt Gabaro.

Schon als die Shell 1937 im Auka-Gebiet nach Öl zu suchen begann, stellte Paul Hess, einer ihrer leitenden Mitarbeiter, fest: »Die ganze Region ist entvölkert. Schuld daran ist die Furcht vor einem wilden Indianerstamm mit Namen Auka. Weiße Expeditionen in dieser Gegend sollten gut bewaffnet sein. Ohne ausreichende Waffen ist es unmöglich, Arbeiter und Indianer aus derselben Region zu gewinnen, die sehr feige und voller Furcht sind.«

Der Geologe machte für seine Firma eine Aufstellung, die für den Zeitraum von 1915 bis 1935 nicht weniger als 95 Tote durch Angriffe von Lanzenmännern verzeichnet[1]. Die Ölsucher hatten also gute Gründe zur Vorsicht. Die überlegene Bewaffnung aber nützte den mehr als zwanzig Shell-Arbeitern gar nichts, die dann von 1937 bis 1949 unter Auka-Speeren sterben sollten, ehe die Gesellschaft sich aus diesem Gebiet zurückzog, ihr technisches Material losschlug oder provisorisch unterstellte.

Von den Pionieren jener Jahre erinnert sich in Quito der deutsche, jetzt 66jährige Techniker Max Sußmann bei unserem Besuch an jene Shell-Zeiten, in denen er im Auka-Wald seine Haut zu Markte trug: »Das war 1946/47, als die Shell bei ihrem Stützpunkt Arajuno einen Flugplatz baute, eine Woche Fußmarsch von Shell-Mera entfernt. Dabei haben die Auka sechs oder sieben Leute umgebracht.«

Auch von einem polnischen Maschinenmeister berichtet unser Gesprächspartner: »Der wollte nicht mitgehen, als von Shell-Mera die Order kam, hinaus zum zwölf Kilometer von Guano 1 und Guano 2 entfernten Oglan zu gehen, eine Pica zu schlagen und eine Elektrizitätsstation einzurichten. Wir gingen mit Gänsehaut, bis an die Zähne bewaffnet, von Gewehren vorn und hinten abgesichert. Als die Arbeiter dann große Fußspuren mit abgespreizten Zehen entdeckten, da warf sich der Pole auf den Boden: ›Ich mache nicht mehr weiter, ich habe Frau und Kinder!‹ brüllte er. Ich sagte: ›Beuscher, mach kein Theater.‹ Er zitterte am ganzen Leib, ging aber dann doch noch mit.«

Von anderen Männern weiß der Techniker zu erzählen, die um so verwegener gewesen sind: »Da kam 1947 ein verrückter, dürrer Engländer, der wollte mit dem Flugzeug rüber zu den Auka, wollte missionieren, wollte mit dem Fallschirm abspringen, ein Faß um den Körper, damit die Lanzen nicht hindurchgingen. Da sagte einer meiner Kumpel zu ihm: ›Geh in die Bodega, dort ist ein starker Balken. Daran kannst du dich gleich aufhängen‹.«

---

[1] Siehe Anhang. Die Auka in der Geschichte Ekuadors, S. 166

[2] Quelle: Apostolische Präfektur von Aguarico, Bericht vom 14. März 1968

Sußmann fährt fort: »Wir wußten, wo ein paar von ihren Hütten standen, und wollten ihnen eine Botschaft aus unserer Welt übermitteln. Piloten stiegen auf und warfen ein paar Illustrierte ab. Die Blätter bekamen wir zurück. Sie flogen, um eine Lanze gewickelt, später am Kopf eines Postens vorbei.«

Hundert Menschen arbeiteten 1947 in Arajuno, in Shell-Mera noch einmal fünfhundert. Die beiden Camps waren mit Kühlanlagen, Schlachthaus und Bäckerei eingerichtet. Das Licht von den großen Generatoren war besser als das in Quito. Die Shell hielt auch die Straße von Baños nach Puyo in Ordnung: »Die haben wirklich Geld reingepumpt. Die Auka haben Glück gehabt, daß wir damals in Arajuno nur Brea fanden, verteertes Öl. Das war der Grund, warum von Haag das Signal zum Aufhören kam.« Pionier Sußmann glaubt, daß beim Fortgang der Arbeiten noch weitere Arbeiter durch die Auka-Krieger ums Leben gekommen wären: »Furcht kannten die Burschen nicht. Einer drückte sich immer um das Camp Arajuno herum. Als wir ihn schließlich stellten, gab er zu verstehen, er wollte das große brummende Tier mit den Augen fangen. Der Indianer hatte keine Furcht vor unseren Autos. Er glaubte, er würde sich eines davon schnappen können.«

Auch nach der Kapitulation von Shell riß die Kette der Konflikte nicht ab. Während der vierziger und fünfziger Jahre dürfte die Mehrzahl davon auf das Konto des Kriegers Moipa gegangen sein. An der Napo-Grenze kursierten die schlimmsten Geschichten über den »Herrscher vom Rio Nushiño«. Er führte fast alle Attacken gegen die Petroleros. Wir wissen das von Dayuma, einer katholisch und evangelisch bekehrten Auka-Frau, die das Wüten Moipas aus dem Urwald in die Ungewißheit der Außenwelt getrieben hatte. Sie hat erzählt, daß die Speere innerhalb des Auka-Waldes noch schrecklicher gewirkt hätten als jenseits der Grenzen und daß jener Moipa einer der größten Killer gewesen sei. Sein Haß richtete sich auf Gegner in der eigenen Gruppe und gegen alle benachbarten Auka.

Unser Freund Rolf Blomberg übermittelte nach einer gescheiterten Expedition das einzige – unsichere – Bild vom »mörderischen Auka-Häuptling Moipa«: »Einer der Wilden unterschied sich von den anderen durch seinen mächtigeren Körperbau. Er war der einzige, der eine Federkrone auf dem Kopf trug. Zwei der Yumbos meinten, sie hätten Bänder mit Federornamenten um seine Oberarme und auf seiner Brust gesehen. Dies war natürlich der Häuptling, gewiß der große Moipa selbst.«

Blombergs Expeditionsteilnehmer Robinson sagte, der Ausdruck im Gesicht des Häuptlings wäre der grausamste und schrecklichste gewesen, den man sich vorstellen könne: »Er konnte wirklich als Wilder bezeichnet werden.«

Der zweite Augenzeuge, ein Yumbo-Indianer namens Camilo Clapucha, zeichnete eine primitive Skizze von Moipa, die der Darstellung Robinsons entspricht. Blombergs Expedition wurde von Moipas Kriegern mit einem Speerregen gestoppt. Wegen eines gestürzten Baumes, der die Hälfte des Nushiño-Bettes blockierte, mußte das erste seiner beiden Balsa-Flöße nahe ans rechte Ufer, das mit dichten Planatillo-Pflanzen bedeckt war. Die Speere trafen nur einen der kopfüber ins Wasser stürzenden Leute. Gegenfeuer vom zweiten Floß und ein Regen von Dynamitkapseln in den Busch hinein, sorgten für den Rückzug der Indianer. Die Expedition aber kehrte um. Das war im Frühjahr 1949[1].

Rolf Blomberg, der unsere eigene Expedition mit kostbarem Studienmaterial aus den dreißiger und vierziger Jahren nachdrücklich unterstützt, hat nie wieder eine Expedition zu den »wilden« Auka unternommen.

Der Auka-Wald ist kein unschuldiges Paradies. Die Missionarin Rachel Saint weiß von der Gruppe, die sie in Tigueno missioniert hat, zu berichten, daß sich von den älteren Männern dort keiner an einen Auka erinnert, der an Altersschwäche gestorben wäre: Giftschlangen, Giftrochen, Jaguare, aber vor al-

[1] Rolf Blomberg, »The Naked Auca«, London 1956

lem Speere hätten das vorzeitige Ende der meisten Indianer verursacht. In der Isolation des dornigen Dickichts hätten sich Grausamkeiten und Verirrungen entwickelt. Die erschauernde Außenwelt wird daher zustimmen, wenn es gilt, auf dem Weg zu einem »Nuevo Oriente« die letzten freien Auka gewaltsam aus dem Busch zu kämmen. Nicht zuletzt den Missionaren verdanken die Auka ihren Ruf als »wildester Stamm der Welt«. Die kräftigste Quelle der Geschichten und Legenden über sie sprudelt in Tigueno.

Wir können ihre Wirkung testen, als wir die Colorado-Indianer besuchen. In einer rabenschwarzen Nacht bei flackerndem Kerzenschein in der Hütte des Medizinmannes Gabriel Calazacon bei Santo Domingo erzählen wir, was wir aus den Missionsschriften herausgelesen haben.

Mehrere Colorado-Indianer und einige kranke Ketschua, die Gabriel kurieren soll, haben sich auf der Veranda versammelt. Das Licht tanzt über die Gesichter der Indianer und vertieft den Ausdruck der Furcht, die langsam in ihre Seelen einzieht: Sie hören von Menschen, die im Angesicht eines Sterbenden sein Grab ausheben, ihn hineinlegen, bevor er noch tot ist, und mit Erde bedecken. Unfaßbar ist für unsere Zuhörer die Sitte, nach der ein sterbender Vater verlangt, daß sein Lieblingskind erwürgt oder gar lebendig mit ihm beerdigt werde. Den Tod wünscht die Runde der leichtfertigen Auka-Mutter, die ein Baby wegwirft, das ihr lästig geworden ist. Wir erzählen den Colorado von Kriegern, unter denen der kleinste Streit zum Speermord führen kann, und zwar in einem solchen Ausmaß, daß ganze Familiengruppen durch die tödliche Folge von Mord und Rache ausgelöscht werden.

»Wo wohnen Sie?« fragt Gabriel erschreckt. Er beruhigt sich, als wir ihm sagen, die hohe Barriere der Anden und viele Tagesreisen in Richtung Osten lägen zwischen ihm und den Auka.

Mit Tieren hat die Runde der Colorado wenig Mitleid. Wir erzählten, die Auka würden bei Nacht glühende Holzkohle auf großen Kröten befestigen, um sich an den hüpfenden Laternen zu unterhalten, würden Riesenkäfer anbinden und sie dann samt Anhängsel fliegen lassen oder abgeschossene Vögel rupfen und rösten, noch bevor sie tot sind.

Einige lachen. Sie erstarrten aber, als wir von bösen Auka-Zauberern berichten, die schwarze Jaguare zu ihren Feinden schickten. Der Medizinmann Gabriel Calazacon, Chef der urbanisierten Colorado in der Nachbarschaft des Touristenzentrums Santo Domingo, verlangt: »Man muß sie töten!«

Aufbruch in den Regenwald

In Pastaza wartet ein Hubschrauber

In der Avenida Zaldumbide 131 werden die Nähnadeln heiß: Zwischen Stativen, Koffern und Kästen mit Foto- und Filmmaterial, zwischen Packen mit Schlafsäcken, Hängematten, Zeltbahnen, Kühltaschen mit Medikamenten und Schlangenserum, Spaten und Macheten sitzen die Hausherrin und drei Ketschua-Frauen. Sie nähen einfache Fallschirme. 25 Quadratmeter roter Seide, die sich in der Farbe beim Flug kräftig gegen das Grün des Urwaldes absetzen sollen, haben wir gekauft. Der Stoff ergibt 25 Fallschirme. Als der erste fertig ist, binden wir einen kleinen Aluminiumtopf daran, der samt Inhalt etwa ein Kilogramm wiegt. Vom Balkon des Hauses lassen wir das »Gespann« so oft in den Garten fallen, bis wir herausgefunden haben, daß für einen guten Gleitflug das »Segel« bei einem Kilogramm etwa 90 mal 90 Zentimeter groß und die an den vier Zipfeln auf den Topf zulaufenden Schnüre je 110 Zentimeter lang sein müssen, damit unsere Geschenke für die Indianer unversehrt ins Ziel kommen.

Was schenkt man einem Volk, dessen Materialkultur die Eigenschaften aufweist, die die Menschen Mitteleuropas vor etwa 9000 Jahren erreicht haben? Übergang zur Seßhaftigkeit, Hackbau, Tongefäße, grobe Steinbeile kennzeichnen diesen Entwicklungsstand. In Europa waren Ziege, Schaf, Rind und Hund zu jener Zeit domestiziert. Die Auka haben keine Haustiere. In ihren Großhütten spielen jedoch Affen, Papageien und andere Tiere der Wildnis manchmal die Rolle lebender Konserven.

Man muß Dinge mitnehmen, die sie wirklich gebrauchen können.

Wir kaufen für Rodungs- und Feldarbeit:	10 Hacken 10 Spaten 20 Macheten 5 Beile 10 Scheren
Für den Auka-Haushalt:	25 Töpfe 5 Ballen Nylonschnur 3 Ballen Tuch
Für Jagd und Fischfang:	50 Angelhaken in verschiedenen Größen 20 Jagdmesser

Mit diesen Gebrauchsgegenständen wollen wir den Auka-Alltag erleichtern helfen. Unsere weiteren

Geschenke sind weniger sinnvoll, doch möchten wir einfach sehen, wie die Indianer darauf reagieren. Wir verpacken:

10 Spiegel	10 Schachteln mit Salzkeksen
20 Kämme	10 Beutel mit Bonbons für die Kinder
10 Pfund Zucker, wegen der Ameisen in 20 Schraubgläser aufgeteilt	5 Pfund Schmalz
	30 Kerzen

Nicht zu vergessen sind ein stolzer, goldgelber Gockel mit schwellendem Kamm und zwei Hühner! Damit hat Erwin schon einmal recht großen Anklang bei einer Auka-Gruppe gefunden. Bei seinem flüchtigen Besuch damals hat er jedoch die Haltung nicht erläutern können. Diesmal soll ein entsprechender Text in Auka auf dem Tonband erklären, wie man die tägliche Eierproduktion sicherstellen kann, wenn man nicht gleich auf »Huhn im Topf« aus ist. Über die Gewöhnung der Haushühner an die Auka machen wir uns keine Sorgen. Alfred Brehm wußte schon 1876: ». . . selbst um die mitten im Wald gelegenen Hütten lebt das Haushuhn massenhaft, fast ohne Pflege des Menschen, muß sich sein Futter selbst suchen, brütet unter einem ihm passend erscheinenden Busch, oft in einiger Entfernung von der Hütte seines Besitzers, schläft nachts im Walde auf Bäumen. Aber nirgends habe ich es verwildert gesehen. Die verschiedensten Umstände erträgt es mit bewunderungswürdiger Fügsamkeit.« Na bitte!

Wir rechnen mit der Fügsamkeit des Hühnervölkchens. Denn für den Transport mit dem Auto über die Anden und später im Hubschrauber müssen wir den Vögeln nach Art des Landes die Füße zusammenbinden und sie zwischen unser Gepäck betten. Mit schlechtem Gewissen geben wir zu, daß wir den Auka noch ein paar Hemden und Hosen mitnehmen wollen, damit sich ihre Begehrlichkeit nicht auf unsere eigenen Kleidungsstücke richte.

Seit Anfang November ist so jeder Tag angefüllt mit Informationsbesuchen, Einkäufen, Arbeiten am Expeditionsmaterial. Während wir in dieser Hinsicht dem Aufbruch in den Regenwald näher kommen, verschlechtern sich trotz der Bereitwilligkeit der Regierungsstellen unsere Chancen, einen Hubschrauber zu chartern. Der neue Hubschrauber des Instituto Geografico Militar, mit dem wir hätten fliegen sollen, ist nicht zur rechten Zeit eingetroffen. Auch bei der Luftwaffe schwimmen uns die Felle weg, als im Dezember – unter einem Schirm des Schweigens – die Genehmigung für die Routineunternehmen und auch Sondereinsätze gesperrt werden und alle höheren Offiziere Urlaubsverbot erhalten. Major Pareño bringt uns die Nachricht. Wer wird uns fliegen, nachdem die wichtigsten beiden Partner nun auszufallen scheinen? Müssen wir das Unternehmen auf unbestimmte Zeit verschieben?

Für uns wäre das aus vielen Gründen gleichbedeutend mit einem Scheitern. Denn ein Jahr hätten wir auf einen neuen Anlauf warten müssen. Dieses Jahr hätte Erwins Abberufung als Lehrer aus Ekuador bringen, den Zusammenbruch der ohnedies gefährdeten Auka-Welt bedeuten können, hätte auch unsere Mittel erschöpft. So belagern wir die Türen der zuständigen Stellen. Zur Aufgabe sind wir nicht bereit.

Eines Abends besucht uns der Buschläufer Cäsar Estrella, der von unseren Plänen weiß. Der wieselhafte, glatthaarige kleine Ekuadorianer steht in dem Ruf, zu den besten Kennern des »Wilden Ostens« zu zählen und unter den drei besten überdies der ehrlichste zu sein: »Die Auka kenne ich! Ich bin 1944 in ihrem Gebiet gewesen, als sie mehrere Ölleute mit Lanzen am Rio Nushiño umbrachten.« Die gepflegten Hände, mit denen Cäsar seiner Rede Schwung macht, lassen heute kaum darauf schließen, daß Cäsar ein Kapitel Dschungelgeschichte miterlebt hat. Doch er weiß um die ersten Konfrontationen zwischen dem Stamm und der Shell. Damals, in den vierziger Jahren, als Señor Estrella mit dem Vermessungsteam des Ersten Ingenieurs in den Auka-Wald ging, waren die Shell-Leute noch guten Mutes und sicher, mit den paar Indianern fertig zu werden, hatten sich doch schon an einem Teil der wilden Grenze Tiefland-Ketschua festgesetzt. Aber deren Alltag war voller Schrecknisse.

Estrella nennt Orte, die seinen Mut beweisen: Rio Curaray, Rio Cononaco, Rio Nushiño. Der Buschläufer hielt sich in einem benachbarten Camp auf, als die Auka im Morgengrauen ein Lager am Nushiño überfielen: Das war Mitte der vierziger Jahre. Die Leute gehörten zur Vermessungsmannschaft. Sie schliefen im Wald. Die Auka schliefen nicht. Im ersten frühen Licht ließen sie ihre Speere fliegen. In die Zelte hinein. Bis auf den Koch, der zum Fluß gegangen war, um Wasser zu holen, starben alle. Keiner der Männer hatte weniger als zehn Lanzen im Leib. Die Ölleute mußten ihre Kameraden zu den Motorbooten schleppen und mit den Speeren im Körper abtransportieren.

»Warum lassen die Auka ihre Lanzen im Opfer zurück?« fragen wir Estrella.

»Die Motive sind nur zu vermuten. Als Signal der Abschreckung vielleicht. Aber die Ketschua-Arbeiter sagen, die Krieger wollten den Speeren die Schuld am Tode der Opfer geben.«

Einen Grund lesen wir selbst von einer Auka-Lanze ab. Erwin hat sie in Puyo, am Ostabhang der Anden, 1971 von einem Ölarbeiter gekauft. Sie ist dreieinviertel Meter lang, fast vier Pfund schwer und so ausgewogen, daß man sie in ihrer Mitte, wo sie mit Bast umwickelt ist, auf einem Finger balancieren kann. Der Grund für das Zurückbleiben im Körper des Getöteten liegt vorn: In der Spitze des eisenharten Holzes hat eine Meisterhand auf einer Länge von acht Zentimetern ein System von Widerhaken eingearbeitet. Einige Haken sind beim Herausreißen aus dem Körper ihres Opfers abgebrochen. Trifft ein solcher Speer aus zehn bis fünfzehn Metern Entfernung, mit großer Muskelkraft in die Flugbahn gebracht, sein Opfer, so läßt er sich kaum mehr lösen, verankert sich mit den Haken in Fleisch und Knochen. Man kann die Waffe nur unter Aufbietung aller Kräfte herausziehen, abbrechen oder nach vorn durch den Körper stoßen.

Beim Anblick des Speeres nennt Estrella ein Beispiel von »psychologischer Kriegsführung«, mit der die Auka um die Camps eine Atmosphäre der Unsicherheit verbreiteten und die Leute reif für Kurzschlüsse und Nervenzusammenbrüche machten: »Alle Menschen hatten Angst in den Vermessungscamps. Jeden Augenblick rechneten sie mit einem Überfall. Den ganzen Tag gingen bewaffnete Männer auf Wache. Aber die Auka lieben die Nacht. Wir sahen tagsüber nur die Abdrücke ihrer nackten Füße, jedoch keine Menschen. Wir hörten die Tierstimmen und Signale, wenn sie sich mit den Rufen von Wollaffen, Jaguaren und Papageien verständigten. Ganz bewußt aber schüchterten sie die Leute ein, wenn sie bei Tag den Mondette nachahmten. Jeder Buschläufer weiß, daß der braune Vogel nur nachts singt. Er ist mit seinem Gesang, dessen Strophen immer in einem plumpen Glucksen enden, auf mehrere hundert Meter zu hören. Die Auka ahmten ihn mit dem Kehlkopf nach. Tagelang belauerten sie uns und suchten eine Gelegenheit für die Speerarbeit. Heilige Mutter, für 20 Sucre pro Tag haben wir vielleicht was ausgestanden!«

Señor Estrella liebt die Gefahr nicht mehr wie früher. Heute präpariert er vorzugsweise Vogelbälge, lebt bei seiner Familie in Quito und läßt sich seltener bei seiner zweiten Frau im Oriente sehen. Seine Kenntnisse über die Auka beziehen sich jedoch nicht nur auf die frühere Pioniergrenze. Zu vorgerückter Stunde erzählt er von einem Kindesraub: »Im Jahre 1947 kamen die Aukas, um am Rio Guaruno die Ketschuas zu überfallen. Sie töteten drei Frauen und drei Männer. Danach geschah noch eine böse Sache am Rio Arajuno. Damals wurde an dem Fluß Gold gewaschen. Es war, glaube ich, im Sommer 1947, da kamen die Indianer plötzlich über die Campesiños, auf der Ketschua-Seite des Flusses. Ein Ehepaar stürzte unter dem Lanzenregen davon und ließ einen siebenjährigen Jungen am Fluß zurück. Die Aukas raubten ihn und verschwanden im Busch. Zehn Jahre später tauchte der Junge als Siebzehnjähriger bei Santa Rosa am Rio Napo wieder auf. Weil er nackt war, den Penis wie ein Auka an der Hüftschnur befestigt trug und auch die Haartracht dem Auka-Schnitt glich, wollten die Ketschuas ihn auf der Stelle umbringen. Er zeigte wild auf seine Ohren, wo der typische Schmuck aus Balsapflöcken fehlte. Das rettete ihm das Leben. Sebastian Shiguengo, so heißt er, wohnt heute in der Nähe von Tena.«

Ganz beiläufig kommt das. Doch uns macht es hellhörig. Dieser Ketschua, der zehn Jahre unter Auka gelebt hat, könnte uns wertvolle Aufschlüsse über den abweisenden Stamm geben. Zu wenig wissen wir von ihm, sind doch Informationen, die über die missionierte Auka-Gruppe in Tigueno zirkulieren, nicht unverdächtig: Vieles von dem, was die Missionare zu berichten haben, scheint uns von der Zweckaussage geprägt, es ginge in der Auka-Gesellschaft so grausam zu, daß es dort höchste Zeit für christliches Einwirken geworden sei.

»Der Mann muß jetzt 33 Jahre alt sein?« fragt Patzelt.

»Si, claro.«

»Wollen Sie ihn für uns suchen, Señor Estrella? Die Sache wäre uns 1500 Sucre wert. Bringen Sie ihn nach Tena!«

Wortreich klagt er über schlechte Zeiten, die Schwierigkeiten, eine große Familie zu ernähren, die ihn zwängen, jeden Tag 500 Sucre zu verdienen. Da wir mit 1500 Sucre begonnen haben, können wir ohnehin noch 500 zugeben, so daß der Auftrag bald perfekt ist. Vielleicht können wir jenen »Auka auf Zeit« sogar bewegen, mit uns als Sprachmittler ins Hinterland zu fliegen? Außerdem soll Estrella den Haziendero Carlos Sevilla aufsuchen, der fünf Auka-Frauen auf der Hazienda »Ila« beschäftigt hielt. Die Farm liegt am Rio Napo.

So bleibt die Zeit des Wartens auf den Hubschrauber nicht ungenutzt.

Nach einigen Tagen kehrt unser Mann aus Tena zurück. Wir sehen seinem Gesicht an, daß er gemischte Nachrichten mitbringt. Sebastian Shiguengo lebt nicht mehr in der Umgebung von Tena, und der Haziendero Sevilla ist tot, seine Farm aufgelöst, die Familie verstreut. Heute heißt der Ort Sarzayacu. Dafür bringt Estrella andere Neuigkeiten von der Grenze. Der ehemalige Alcalde von Tena, der »Hauptstadt« der Provinz Napo, hat ihm eine Handzeichnung mitgegeben. Auf grauem Karopapier zeigt sie, wo sich südlich des Rio Napo, an den sanften Höhen im Quellgebiet des Cononaco, die Hütten der Pucachaquis ducken. »Rotfüße« bedeutet das Wort, so nennen die Ketschua diese Auka-Indianer, weil sie bei einer Begegnung mit roten »Kniestrümpfen« an den Strand des Napo kamen. Dieses Rot stammt vermutlich von Achiote-Samen, vielleicht auch von Tonschlicker wie die Schmuckflächen der Keramikfiguren uralter vorkolumbischer Kulturen in Ekuador. Auch die Lanzen dieser Auka sollen rot gefärbt sein.

Vom Bürgermeister Olalla kommt auch die Kunde, daß die amerikanische Mission »Los dos Rios« eine Mission der ersten Stunde unter den »Rotfüßen« errichtet habe.

»Ihr müßt dreieinhalb Motorbootstunden vom Flußhafen Napo aus stromabwärts fahren, dann, gegenüber von Campana Cocha, führt ein Pfad acht Stunden durch den Urwald zur Auka-Mission«, läßt uns der Bürgermeister ausrichten.

»Dreißig bis vierzig Auka sind schon dort«, weiß Estrella: »Pater Miller hat einen Ketschua vorbereitet, der mit den Auka lebt. Er kann Ihnen helfen. Die Auka dort in der Station gehen zum Teil noch nackt, immer wieder kommen ›Wilde‹ dazu, die noch nichts von ihrem Leben in der Abgeschlossenheit des Waldes vergessen haben.«

Sollen wir nach diesem Strohhalm greifen? Für den Fall, daß wir in nächster Zeit keinen Hubschrauber chartern könnten, wäre hier wenigstens eine Chance zur weiteren Materialsammlung. Estrella erhält einen neuen Auftrag. Er soll sobald wie möglich mit dem Bus die Kordillere nach Tena hinunterfahren, Kanuleute und Träger bestellen und etwa kurz vor dem Jahreswechsel ein Treffen mit dem

Auka-Lehrer vereinbaren. Genauere Verabredungen lassen sich in jenem Teil Ekuadors ohnehin nicht verwirklichen.

23. Dezember 1973: Tito Pareño meldet sich am Telefon. Er bittet uns ins Verteidigungsministerium. Seine Stimme verrät nichts. Wir fahren bangend und hoffend hinüber. Erwin setzt auf Pareño. Schon einmal, als der Major Kommandant des Armeepostens Curaray war, hat er Patzelt auf einem Flug ins Auka-Land begleitet. Während all unserer Bemühungen erweist sich dieser in der Verwaltungsarbeit beförderte Tatmensch jetzt als unser stärkster Bundesgenosse. Hat der Heeresmann nun den Major Herrera, Direktor der Luftwaffen-Operationen, für unser Forschungsunternehmen gewinnen können? Den Urwaldkenner reizt die erneute Teilnahme an einer Auka-Expedition, und im Labyrinth der Gänge des Ministeriums kennt er die Türen, an die man klopfen muß.

Herrera empfängt uns mit undurchdringlichem Gesicht in seinem spartanischen Büro. Er kommt sofort zur Sache: »Lassen Sie 350 Gallonen Benzin von Pastaza nach Camp Curaray fliegen. Sorgen Sie dafür, daß der Sprit in etwa zwei Tagen mit einer privaten Maschine eingeflogen wird. Die Fässer müssen in Ordnung sein. Der Zeitplan muß genau stimmen, denn das Benzin darf nicht lange lagern. Sie haben den Hubschrauber vom 27. Dezember an für drei Tage.«

Hinter dem knappen, militärischen Ton verbirgt Herrera seine Sympathie für unser Unternehmen. Vielleicht hätte er gar zu gern mitgemacht? Jedenfalls äußert er die Erwartung, daß wir alle Ergebnisse unserer Reise zu den noch unerforschten Auka den Bürgern im Lande zugänglich machen, und wünscht uns »Hals- und Beinbruch«.

Vom Verteidigungsministerium fahren wir zum Flugplatz von Quito. Dort hat Kapitän Drechsel eine Crew von Buschpiloten unter Vertrag. Das sind Leute, die einen sechsten Sinn für die Lage jener schmalen Airstrips im Urwald haben, durch die die Kolonisatoren ein unsicheres Spielbein in der Wildnis haben. Im Tweedjacket mit Fliege, weißem Hemd, das Silberhaar sorgfältig gescheitelt, steht Drechsel knietief in Flugzeugteilen und Werkzeugkisten, an denen sich seine Männer in ölverschmierten Overalls zu schaffen machen. Von fünf Maschinen, die im Hangar seiner Firma herumstehen, sind drei im desolaten Zustand. Jedenfalls erscheint uns das so. Für unser Vorhaben lassen sie sich wohl kaum schnell genug zusammenflicken. Im Augenblick scheint nur eine alte »Noratlas« flugtüchtig zu sein, die Drechsel noch als Sechzigjähriger aus deutschen Bundeswehrbeständen gekauft, abgeholt und über den Nordpol nach Ekuador geflogen hat. Aber einen solch gewaltigen Donnervogel für ein paar Fässer Benzin zu bemühen, hieße, mit einem gewaltigen Netz auf kleine Fische ausgehen. Drechsel hört uns immerhin zu: Flugzeuge, die herumstehen, kosten noch mehr als Flugzeuge, die unter Preis fliegen müssen. Jedenfalls reden wir uns das ein, während er nach Pastaza funkt, um herauszufinden, ob die »Noratlas« nicht sowieso einen Frachtflug in den Oriente zu machen habe. Er bekommt nur einen Mechaniker an das Funkgerät. Sein Verwalter in Pastaza ist irgendwo unterwegs. Drechsel vertröstet uns. Am Nachmittag des 24. Dezember erhalten wir dann die Botschaft, die unsere Spannung löst: Die »Noratlas« habe einen Auftrag, das Lager Curaray mit Proviant und Waren zu versorgen sowie ein paar Personen einzufliegen. Die Maschine könne unser Benzin am 27. Dezember mitnehmen. »Abgerechnet«, fügt unser Landsmann hinzu, »wird später.«

Eilig stellten wir die letzten Weichen: Anruf beim Chef der Operationen, Meldung, der Benzinvorrat sei gesichert. Anruf bei Tito Pareño, der für die Reise nach Pastaza einen Wagen mit Allrad-Antrieb besorgt. Wir brauchen den Jeep in der Nacht vom 26. auf den 27. Dezember. Abfahrt von der Avenida Zaldumbide 22.00 Uhr. Pareño sagt zu, sich mit dem Jeep »für das Himmelfahrtskommando« pünktlich einzufinden.

Wir erschlaffen für die Dauer einer Siestastunde.

Die lastende Hitze, die dünne Höhenluft und die Anspannungen der letzten Wochen haben unsere Kräfte erschöpft.

Die Ketschua-Frauen sind gegangen. Erwins Frau Miriam wirtschaftet in der Küche. In der Wohnung ist es still geworden. Wir treten am Abend hinaus auf den Balkon. Unser Blick geht über das malerische, zwischen die Berghänge gebettete Quito, in dessen Häusern mit der schnell herabsinkenden Tropendämmerung nun die Lichter angehen. Es scheint, als kletterten die Lichterketten die Berge hinauf, als wollten sie sich mit den Sternen vereinigen. Kirchenglocken klingen aus dem Altstadtzentrum im Tal herauf. Für die Einwohner läuten sie das Weihnachtsfest ein. Unsere Phantasie schweift über die hohen Bergrücken hinweg. Übermorgen reisen wir ins Auka-Land. Aufatmend ziehen wir tief die kühle Abendluft in die Lungen.

Cordillera oriental

26. Dezember 1973, 22 Uhr. Als das sonore Hupen des Jeeps zu uns heraufdringt, springen wir so heftig von den Stühlen, daß der Tonarm auf unserer Weihnachtsplatte eine halbe Strophe weiterspringt. Der spartanische Wagen vor der Tür läßt uns die Strapazen einer siebenstündigen Nachtfahrt durch die Anden schon ahnen. Samt seinem muskulösen, breitgesäßigen Fahrer Pedro aber erweckt er Vertrauen. Hochbeinig gebaut ist das Auto, wird wohl kaum im Geröll der unbefestigten Bergstraße hängenbleiben oder in den meist verschlammten Trassen der zum Amazonas-Becken abfallenden Cordillera oriental. Seilwinde, Allradantrieb und über 100 robuste Pferdestärken unter der Haube, machen den »Toyota« zu einem idealen Expeditionsfahrzeug. Die mit einer Plane gedeckte Ladefläche reicht gerade aus, unser Gepäck aufzunehmen. Wir müssen uns aber mit einer einzigen Sitzbank für vier Leute begnügen. Der Fahrer kennt jede Biegung der Route nach Pastaza, wo unser Hubschrauber am Tor zum Urwald wartet. Zwar wissen wir, daß die Straße unberechenbar ist, sich ständig verändert, ja »bewegt« wie eine Riesenschlange, dennoch wagen wir die Nachtfahrt. Die Distanz von Quito nach Pastaza, dem früheren Shell-Mera, macht in der Luftlinie nur etwa 150 Kilometer aus. Wer sie jedoch überwinden muß, wünschte dem Auto Flügel. Es muß alle die Windungen entlangkriechen, die das urwelthafte Terrain von der Straße verlangt. Das macht den Weg um gut 100 Kilometer weiter.

Davon schaffen wir die ersten 160 asphaltierten Kilometer über Latacunga nach Ambato in gut zwei Stunden. Das Stück ist nur ein Bruchteil des 10 000 Kilometer langen Bandes der Panamericana, die von Alaska über Mittelamerika bis nach Santiago de Chile reicht und von dort nach Mendoza und Buenos Aires weiterführt. In Ekuador durchmißt sie die Kordillere in durchschnittlich zweieinhalb bis dreitausend Meter Höhe und verbindet auf unserem Stück eine ganze Serie kleiner Marktflecken und Dörfer der Hochland-Ketschua, die – sozusagen in Großglockner-Höhe – noch ihr Vieh weiden lassen. Tagsüber entfalten diese ponchogewärmten Indios an den aschgrau verstaubten Rändern der Strada ihr Marktleben in der dünnen, oft eisigen Luft, teilen den Saum der Straße manchmal mit schwarzen Schweinen und Holsteiner Rindern, die zwischen ihnen angepflockt sind. Die Weißen dringen in das Wesen dieser uralten Indianer-Zivilisation kaum ein, sind allenfalls freundlich auf Distanz gehaltene Handelspartner für Fettgebackenes, Schafskäse, Früchte, Mais, Eisgetränke, bunte Fajas, Ponchos, Hüte. Doch während unserer eiligen Nachtfahrt ist das karge Leben in die Dunkelheit zurückgetreten. Es ist eine Welt, die den Menschen mühselig ernährt. Die Anden-Bewohner haben schon vor der Ankunft der Konquista den Wald vernichtet und die Krume der Erosion preisgegeben. Grauer Staub, vor den pfeifenden Winden ständig in Bewegung, legt sich auf die dürre Vegetation aus Dornenbüschen und Kakteen, auf Mensch, Tier und Ding.

In Ambato füllen wir ein letztes Mal den Tank unseres Jeeps, machen uns bereit für den fünfstündigen Höllenkurs im Tempo des Postkutschenzeitalters.

Wir haben die Panamericana verlassen. Der Wagen steigt auf einem steilen, unbefestigten Weg an. Die rabenschwarze Nacht, jähe Staubwirbel, sintflutartige Güsse verlangen von uns in den folgenden Stunden die Anspannung aller Sinne auf dem in die Hänge gefurchten Zickzackkurs. Häufig müssen wir aus dem Wagen herausspringen, um von den achsenbrechenden Geröllfeldern herabgefallene Felsbrocken beiseite zu rollen. Ausgerechnet in den mühselig zwischen turmhoch ragenden Wänden gesprengten Kurven begegnen uns wieder und wieder die grellbunten, altersschwach heraufkeuchenden Überlandbusse mit ihren schwachen, wackelnden Scheinwerfern. Am Rande des Weges leuchten gelegentlich die Augen eines Nachttieres auf. Wenn die Wolken das Mondlicht freigeben, dann können wir auf hohen Kämmen die bewegte schwarze Silhouette von Eukalyptusbäumen sehen.

Obwohl Erwin die tückische Route genau zu kennen glaubt, geraten wir zwei-, dreimal auf Abwege, weil die breite Trasse eines Straßenneubaus gelegentlich parallel zur alten Straße verläuft, sie manchmal kreuzt, ein Stück mitgeht, sich gabelt und plötzlich vor einer Wand endet. So finden wir uns einmal auf solch einem toten Stück in einer mitternächtlichen Beerdigungsfeier auf einem entlegenen Gehöft von Ketschuas wieder, das von der neuen Route freigelegt wurde. Schwarze Klageweiber stehen vom erleuchteten Sarg auf und weisen uns wortreich den rechten Weg.

Als der Wagen auf der Seite der Cordillera oriental den Abstieg beginnt, wechselt die Vegetation beinahe augenblicklich. Wir tauchen in feuchtwarme Nebelwolken ein, die sich vom Amazonas-Becken heraufgeschoben haben, hängengeblieben sind und nun alles in einen schweren Dunst hüllen, der sich auf unsere Lungen legt. Die ständige Nässe sorgt für eine Unzahl von Rinnsalen, die den Pfad zu einer Rutschbahn machen. Hier war Erwin Patzelt Jahr für Jahr unterwegs mit der Kamera. In den dürftigen Hütten der Bergbauern, der Jäger und Fänger ist er bekannt. Er unterhält ein Netz von Naturspionen. Er brauchte diese Informationskette auf der Suche nach dem in freier Wildbahn noch nie gefilmten Bergtapir[1]. Durch sie konnte er mit seiner Kamera den Brillenbär[2], Südamerikas einzigen echten Bären, in seinem Revier beobachten, den seltenen Zwerghirsch[3] filmen, der von den Hufen bis zu den Geweihspitzen, die fast im dichten Fell verschwinden, kaum vierzig Zentimeter Höhe erreicht. Die Jagd auf den gewaltigsten Vogel der Welt, auf den äußerst scheuen Kondor[4], hat er im Film ebenso festgehalten wie das Brutgeschäft des Chimborazo-Stars[5], des einzigen Kolibris, der bis 4000 Meter Höhe anzutreffen ist.

In dem engen Führerhaus unseres Jeeps ist Schlaf unmöglich. Die gefährliche Abfahrt hält uns hellwach. Wir lenken und bremsen im Geiste mit unserem bulligen Fahrer. Schlaf wäre ihm gegenüber eine Rücksichtslosigkeit. Unsere Gedanken kreisen um die bevorstehende Begegnung mit den Auka.

»Wenn mir einer bei meiner Ankunft in Ekuador gesagt hätte, ich würde eines Tages die nackten Au-

[1]Tapirus pinchaque
[2]Tremarctos ornatus
[3]Ekuador-Pudu (Pudu mephistopheles)
[4]Kondor (Vultur gryphus)
[5]Chimborazo-Star (Oreotrochilus chimborazo)

ka sehen, ich hätte ihn für verrückt erklärt«, beteuert Erwin. Tito Pareño, der buscherfahrene frühere Kommandant von Curaray, und ich wissen, daß wir Nutznießer von Erwins besessenen Anläufen und Erfahrungen sind: Die Jivaro, die Cofan, die Secoya ja, aber die Auka hätten wir ohne ihn nicht besucht. Nun haben wir nicht viel Zeit, eine Mannschaft zu werden. Tito und Erwin kennen sich von früheren Unternehmungen. Für beide bin ich der Urwald-Neuling. Zwar weiß Erwin von meinen Büchern, daß ich Erfahrungen auf eigenen Expeditionen und im Umgang mit Naturvölkern gesammelt, doch die Auka sind keinem der Stämme vergleichbar, die ich bisher besucht habe.

Außerdem sind Erwin und ich nach unserer ersten Begegnung in Ekuador getrennte Wege gegangen. Wir haben uns wohl die Erforschung der Auka als gemeinsames Ziel gesetzt, aber für diese Expedition ist es eigentlich noch zu früh. Die Umstände – zu denen vor allem das Ende seines mehrmals verlängerten Lehraufenthalts gehört – zwingen uns, das Risiko der Annäherung jetzt einzugehen.

Die Hilfsbereitschaft der Regierung hat mit Erwins Engagement für das Land zu tun. So schreibt er ein umfassendes Lehrbuch über die Fauna Ekuadors. Wir können nur vermuten, daß die Behörden sich auf Grund solcher und anderer Meriten unserem Wunsch nach einer Reise zu den Auka nicht verschließen wollten. Wer weiß, wie viele Männer unser Vorhaben sorgenvoll diskutiert haben? Tito Pareño, unser Begleiter, schweigt sich darüber aus.

Unser Plan ist gut. Dennoch birgt er viele Unbekannte. Im Prinzip basiert er auf einer klassischen Annäherungstechnik, die der Brasilianer Candido Rondôn einst erprobt hat. Als er für seine Regierung strategische Telegrafenlinien durch die Urwälder Brasiliens legte, galt es, Indianerstämme am Wege des »singenden Drahtes« zu befrieden. Rondôn näherte sich den Gruppen mit kundigen Waldläufern und akkulturierten Indianern aus derselben Sprachfamilie an. Meist wählte Rondôn den Wasserweg. Bei Feindseligkeiten konnte er von dort aus rasch den Rückzug antreten. Er ließ am Rande des Indianerlandes einen Flecken für seinen Stützpunkt ausholzen und bepflanzen. Das verschaffte ihm Übersicht über das unmittelbare Gelände. Außerdem sollte das bebaute Feld die Indianer interessieren. Der Posten wurde befestigt und umfriedet. So fanden Rondôns Leute Sicherheit vor den Pfeilen und Giftbolzen der Indianer. Jetzt konnte man weitere Schritte wagen. Die Männer bauten kleine Tapiris an Wasserstellen und Trampelpfaden auf, die sie mit Macheten, Scheren, Töpfen, Messern und Angelhaken füllten. Wie Trapper, die ihre Fallen untersuchen, schauten Rondôns Leute dann nach, ob die Indianer die Geschenke angenommen oder die Depots zerstört hätten. Im günstigsten Falle legten die Indianer ihr abgenutztes Gerät später sogar in die Tapiris, um neues dafür zu bekommen. Danach dauerte es noch lange, bis sie sich in friedlicher Absicht näherten und die Dolmetscher Sprachkontakt mit ihnen bekamen. Rondôns »Flirttechnik« funktionierte nicht immer. Wir hätten bei den Auka so jedenfalls nicht landen können.

Was wir von Rondôns Technik übernehmen sind die Geschenke, die Kommunikation in der Indianersprache – allerdings durch Tonband – und die rasche Rückzugschance. Was wir anders machen wollen, ist dies: Wir wollen die Auka von Fort Curaray aus in täglichen Exkursionen mit dem Hubschrauber suchen. Fliegen werden wir nach einer Spezialkarte, die das Geographische Institut in Quito unter Mitwirkung unseres Freundes Carlos Espinoza für uns vorbereitet hat. Darin sind alle Positionen eingetragen, wo Erwin bei früheren Suchflügen Auka-Hütten entdeckt hat. Diese Wohnplätze waren auf oder nahe einem Plateau gelegen. Wir wollen darüber kreisen und unsere Geschenke abwerfen. Eine Landung werden wir nur dann riskieren, wenn die Auka die Geschenke annehmen und sich nicht verstecken. Vielleicht müssen wir den Wohnplatz mehrmals anfliegen, damit sie sich an den Hubschrauber gewöhnen. Genügend Benzinvorrat für uns fliegt die »Noratlas« ein.

Je tiefer unsere Expedition die Anden hinabgelangt, desto häufiger tauchen die kleinen Fincas der Naranjilla-, Bananen- und Papaya-Pflanzer im Scheinwerferlicht auf. Mit zunehmender Besorgnis beobachten wir den unablässig herabstürzenden Regen, ducken uns unwillkürlich unter Sturzbächen, die jäh aus dem Felsen über uns herausschießen und auf das Dach des Wagens trommeln. Schon jetzt preschen wir über eine aufgeweichte, zerschlissene Straße. Wie wird sie weiter unten beschaffen sein? Die Beseitigung von Erdrutschen ist hier zu Beginn der Regenzeit eine Alltäglichkeit. Was aber, wenn sie unseren Wagen direkt treffen oder man in der Nacht plötzlich vor einer solchen Barriere ankommt?

Die Reserven unseres Fahrers, durch Traubenzucker mobilisiert, werden jetzt erst so recht in Anspruch genommen. Die Räder mahlen immer häufiger durch Schlammbetten, und nach sechsstündiger Fahrt wird unsere Ahnung zur Realität: Auf einem dreißig bis vierzig Meter hohen, zu stark geneigten Hang mit sandigem Lateritboden, auf dem sich keine Palmenwurzeln, keine Orchideen, keine Wildbananen festzuklammern vermögen, sind gut zwanzig Tonnen Erdmassen in Bewegung geraten. Sie haben sich breit über den Weg gelegt und sich mit dem Regenwasser zu einer zähen Pampe verbunden, in der unser Jeep nach einem ersten wütenden Ansturm steckenbleibt.

»Alles raus!« kommandiert Pareño. Wadentief stehen wir im Schlamm. Mit unserer Schaufelarbeit unterm Hangenden bringen wir den Jeep nur ein paar Meter weiter. Knirschend sinkt er erneut auf Grund. Wir sitzen fest – mit diesem robusten Jeep und seinem bulligen Fahrer sitzen wir fest.

Durchnäßt und erschöpft richten wir uns aufs Warten ein. Irgendwann muß ja auf dieser verdammten Straße ein Militärfahrzeug, ein Lastwagen, ein Bus oder ein Tankwagen kommen! Erwin legt sich bei den Hühnern auf der Ladefläche solange schlafen. Der Fahrer und ich dösen im Führerhaus vor uns hin, Tito wacht, hat versprochen, die Straße im Auge zu behalten.

Endlich schimmern zwei Lichter unter uns in den steilen Windungen. Pareño springt aus dem Wagen und läuft dem Fahrzeug, die Taschenlampe schwenkend, entgegen. Es ist einer dieser verwegen aussehenden Busse mit ihren noch verwegener wirkenden Fahrern, die auf diesen fragmentarischen, halb verschütteten Straßen zwischen Hochland und Tiefland die Verbindung halten. An seinem aufs amerikanische Fordgestell montierten Fahrgastraum hat naive Künstlerhand gewirkt, auf gelben Grund grüne Palmen, einen schneeblauen Cotopaxi-Kegel und eine blutigrote Sonnenscheibe gemalt.

Der Fahrer des Busses ist ein As. Er bringt mit einem Schwall von Worten einen Teil seiner im Schlaf verklumpten Passagiere von den Sitzen. Im Augenblick hat der quecksilbrige Mann das von uns bereits ausgezogene Drahtseil an der monumentalen Haltestange seiner »Galeone« befestigt, gut zehn Leute um unseren Wagen herum angesetzt, und dann, auf ein Signal, wird mit Motor- und Menschenkraft unser Jeep knirschend und kreischend und schmatzend förmlich aus dem Schlamm gehoben.

Unseren Dank unterstreichen wir mit Zigaretten und Sucre-Scheinen. Wir beobachten noch, wie der Bus sich in einer Traube schreiender, schuftender Passagiere mit »Carajo« durch die Gefahrenzone kämpft und seine roten Lichter im Regenvorhang verschwinden. Dann nehmen wir selbst unsere Spur wieder auf.

Monate später, am 30. April 1974, während ich am sanften, sicheren Havelufer an einem Kapitel des Auka-Buches arbeite, hat der Berg richtig zugeschlagen, nicht an unserer Stelle, aber es hätte ebenso diese sein können. Die nüchterne Meldung berichtet über ein Ereignis, das für diese Region typisch ist, jedoch zumeist harmloser ausgeht:

Lima, 30. April 1974 (dpa/ddp/AP). »Eine Naturkatastrophe in Peru hat vermutlich Hunderte von Todesopfern gefordert. Nach schweren Regenfällen und einem starken Erdbeben, waren in einem Hoch-

tal der peruanischen Anden, rund zweihundert Kilometer von Lima entfernt, drei Berggipfel zu Tal gestürzt und hatten einen Fluß aufgestaut, der schnell einen See bildete. Die Wassermassen stiegen mit einer Geschwindigkeit von einem Meter in der Stunde. Von den Erdrutschen wurden zwei Dörfer verschüttet. Ein drittes ging in den Fluten des Sees unter.« Die Schreckensmeldung geht dann ins Detail: *»Das Dorf Muyumarca wurde mitsamt seinen zweihundert Einwohnern gänzlich unter den herabstürzenden Erdmassen begraben. Niemand überlebte. In den benachbarten Dörfern Huagcoro und Puroro wurden vierundzwanzig und achtzehn Personen getötet. Etwa siebenhundert Menschen werden vermißt.«*

Die Schilderung der Rettungsarbeiten macht klar, wie der Mensch beiseite geschleudert wird, wenn die Gewalten einer ungebändigten Natur in Bewegung geraten:

»Der immer weiter ansteigende Wasserstand des Flusses und anhaltende Regenfälle gestalteten die Rettungsarbeiten und die Evakuierung außerordentlich schwierig. Etwa einhundert Ingenieure versuchten am Montag, den natürlichen Staudamm durch Sprengungen zu zerstören und dadurch für fünf tieferliegende Dörfer eine drohende Gefahr abzuwenden. Tausende von Bewohnern der Region wurden evakuiert.«

Wir rutschen weiter die Cordillera oriental hinab. Die Dämmerung wirkt auf uns verschmierte, in jeder Hinsicht aufgeweichte Oriente-Fahrer wie eine Verheißung. Das fahle Licht enthüllt eine Natur von ungeahnter Üppigkeit. Das gleichbleibende Treibhausklima ist in den ständig feuchten, schwer zugänglichen Gebirgstälern einer farben- und formenreichen Fauna und Flora gastlich. Kolibri und Orchidee, zwei Kostbarkeiten der Schöpfung, sind hier ganz alltäglich. Im Tal unter uns strömt der wilde Rio Pastaza dem Regenwald entgegen. Wie die meisten Flüsse durchfurcht er in seinem tief eingeschnittenen Tal die Kordillere zum Amazonas-Becken hin. Trotz seiner eindrucksvollen, gewalttätigen Größe gehört er nicht zu den bedeutenden Tributflüssen des Amazonas. (Allein siebzehn Nebenflüsse des Amazonas sind länger als der Rhein.) Bald wird der Rio Pastaza gemächlicher werden, und nur noch die braunen Schlamm- und Treibholzmassen werden von seiner früheren Wildheit zeugen.

In rascher Fahrt gelangen wir tiefer und tiefer die Anden hinunter. Es dauert weniger als eine Stunde, ehe sich im Tageslicht die Schönheit der bis an den Pfad heranwuchernden Natur enthüllt. Erwin zeigt auf die großblütige Sobralie, die vielleicht schönste der Schönen unter den zweitausend bisher entdeckten Orchideenarten Ekuadors. Ganz gewöhnlich, wie ein deutscher Löwenzahn, wächst sie hier am Wege. Im Sprühregen eines herabstürzenden Wassers entdeckt das geübte Auge unseres Expeditionsleiters das metallische Aufschimmern badender Kolibris.

Wir halten kurz. Drei dieser »fliegenden Edelsteine« können wir im ersten Sonnenlicht bei ihren Flugkünsten beobachten. Wenn die winzigen Vögelchen – die kleinste Art ist nur hummelgroß – in der Luft stehend, drehend, rückwärts fliegend, den Nektar und Kleininsekten aus den Blüten saugen, dann erreicht ihr schwirrender Flügelschlag bis zu zweihundert Schlägen in der Sekunde. Ihr Energieverbrauch erklärt auch ihren Appetit. Die tägliche Nektarmenge muß etwa dem eigenen Körpergewicht entsprechen – drei Gramm Nektar zum Beispiel für ein Fliegengewicht von drei Gramm Kolibri.

An den unzugänglichsten Verstecken – oft im Fels über einem Wasserfall – lebt hier auch der orangenrote Felsenhahn[1], einer der kostbarsten und schönsten Vögel Ekuadors. Erwin riskierte beim Filmen des Brutgeschäftes der Tiere manchmal den Hals.

Wir haben keine Zeit für all diese Schätze der Natur. Unser Ziel sind die Auka! »Auf Schritt und Tritt könnte hier jeder angehende Biologe seiner Doktorarbeit begegnen«, meint Erwin beim Weiterfahren: »Aber sag das mal einem in Deutschland.« Er weiß, daß manche Tier- und Pflanzenart noch immer der Entdeckung harrt, weiß, daß einige kaum erforschte wissenschaftlicher Mühen wert wären. Darunter ist zum Beispiel die Kolumbianische Riesenkröte[2], ein Lurch von »dinosaurischen« Ausmaßen. Von der Nase bis zu den Zehen mißt die Kröte fast einen halben Meter. Patzelt kennt in dieser Region ein paar Flecken, in der bis zu sechzig Froscharten zusammenleben. Harmlose grellbunte Baumsteigerfrösche leben ebenso dort wie giftige Arten. Darunter ist der sogenannnte Bikini-Frosch, von dessen Haut die Indianer ein wirksames Pfeilgift gewinnen.

Unser Fahrer setzt die letzten Reserven ein, als wir mit hohem Tempo durch all die kleinen Ansammlungen dürftiger Häuser preschen, die einen Namen, aber keinen Ortscharakter haben. Die schwülwarme Luft dringt durch alle Ritzen. Ringsum dampft das Land in der Morgensonne.

Über Nacht haben wir drei Provinzen und die verschiedensten Klimalandschaften durchmessen. Im Hochland der Provinzen Pichincha und Cotopaxi sind wir über die 3000 Meter hoch gelegenen Straßen geklettert, haben halbdürres, von kalten Staubstürmen gepeitschtes Land hinter uns gelassen, sind durch Trockenzonen im Regenschatten der Berge gefahren. Hinter der Stadt Ambato, in der Provinz Tungurahua, wand sich die Straße dann von 3000 Metern hinunter nach Baños, das nur noch 2000 Meter hoch liegt. In den tiefeingeschnittenen Tälern dieses Abschnitts entfalten die ungeheuren Niederschlagsmengen und gestaute Wärme üppiges Pflanzenleben. Und schließlich erreichen wir den Rand des Amazonas-Beckens[3]. Die eigentlichen Niederungen liegen weiter östlich. Hier in der Montaña werfen die Ausläufer der Kordillere immer noch Falten.

Als wir in Pastaza ankommen, erblicken wir unseren feuerroten FAE-Helikopter in einem offenen Hangar nahe der Straße und die große »Noratlas« auf dem Flugfeld – bereit, unsere 350 Gallonen Benzin nach Camp Curaray zu bringen. An diesem Morgen trieft der Ort, triefen die wellblechgedeckten Hangare vom heftigen Regen. Der Vulkan Sangay ist von Wolken verhüllt. Verschlafen liegen die Hütten am »Boulevard« mit dem »Cine Eldorado« und dem Hotel »Azuay«. Es ist sechs Uhr. Wir warten auf drei Dinge: eine Tasse Kaffee (Hauptsache heiß), die Öffnung des Rollfeldes und – vor allem – besseres Wetter. Das Land versackt nach allen Himmelsrichtungen bis zum Horizont in tiefhängenden Wolken. Nur im Osten – wo irgendwo der Auka-Wald beginnt – zeigt sich ein milchiger Lichtschimmer, aus dem die Kenner des Oriente trotz des strömenden Regens hier in Pastaza einen sicheren Flug herauslesen. Erwin und Tito sind zuversichtlich. Drei bepackte Männer waten im Schlamm der Hauptstraße heran. Als die Frühaufsteher in Höhe des Hotels »Azuay« angelangt sind, erkennt Pareño in ihnen Alamas, Angehörige der Ketschua-Sprachgruppe, die am Curaray leben.

»Früher«, sagt er nach einem freundlichgelassenen Wortwechsel mit einem Mann, der ihn kennt, »wurden die Hochland-Ketschua von den Spaniern herumgestoßen. Sie haben sich allmählich an den Flüssen des Tieflandes angesiedelt. Ihre dünne Siedlungslinie zieht sich immer in Reichweite der Militärposten an den Flüssen entlang. Beim Wort Auka laufen sie schon . . .«

Sie werden ihre Gründe haben. Titos Heiterkeit steckt uns an diesem Morgen nicht gerade an. Selbst zwei Portionen Traubenzucker lösen unsere Erstarrung nicht. Die Anstrengungen der hektischen Nachtfahrt über die Kordillere, das Fehlen von Schlaf und Frühstück sind so leicht nicht aufzuwiegen.

Der kleine Flughafen von Pastaza, der kurz vor dem Kriege von der Shell gebaut worden ist, hat Schlüsselfunktion: Er ist das Tor zum Oriente-Urwald. Entsprechend seiner Bedeutung geht es auf der Piste und in den Hangaren lebhaft zu. Lebhaft

[1]Klippen- oder Felsenhahn (Rupicola peruviana equatoralis)

[2]Bufo blombergii, nach unserem Freund Blomberg benannt, der sie entdeckte

[3]800 Meter über dem Meer

heißt hier nicht viel: Seit unserer Ankunft vor dem Hotel »Azuay« zählen wir sechs Menschen, die mit Pappkartons und Koffern binnen einer Stunde über die Straße zum Rollfeld »strömen«. Im Schatten des Wellblechs einer der Haupthallen wartet ein Dutzend Menschen auf den Abflug. Während einer Stunde sehen wir eine viersitzige »Piper« abfliegen. Eine große, alte »Douglas« und eine weitere viersitzige Maschine werden aufgetankt.

Nachdem wir uns mit Hilfe eines Wasserhahns im Hofe des Hotels unsere Müdigkeit aus dem Gesicht und den Lehm von Schuhen und Hosen gespült, die Plumpsklo-Akrobatik absolviert haben – man hält dabei mit einer Hand die Tür zu und mit der anderen die Hose fest – genießen wir den lauen, mit Zucker und Ameisen angereicherten Pulverkaffee der Wirtin wie eine Göttergabe. Unser Fahrer ist, Gesicht im Ellenbogen, noch während des Frühstücks eingeschlafen. Sein Job ist hier fast beendet. So darf er abschlaffen. Unserer beginnt erst richtig.

Tito Pareño zieht ihm die Autoschlüssel aus der Hand. Die Wirtin bittet er, den Fahrer nach dem Aufwachen aufs Rollfeld zu schicken. Dann brechen wir auf.

An den Eingangsposten zum Flughafen vorbei fahren wir mit dem Jeep zur »Noratlas«. An der Ladeluke lassen wir ihn stehen, damit unser Gepäck zusammen mit der übrigen Fracht verstaut werden kann. Während Erwin und Tito dem ämterüberhäuften Coronel Duque, der Kommandant des Flughafens, Gouverneur der Provinz und Chef der dazugehörigen Truppe ist, einen Höflichkeitsbesuch abstatten, überwache ich die gemächliche Verladearbeit der »Atesa«-Leute.

Als die beiden vom Coronel zurückkehren, setzt wieder sintflutartiger Regen ein. Doch das stimmt uns Oriente-Fahrer nicht weiter bedenklich, denn die Sicht reicht inzwischen weiter als noch vor einer Stunde, und der Himmel im Osten zeigt blaue Flecken zwischen weißen Schichthaufenwolken. Im Hangar der Firma »Atesa« aber erwartet uns ein ganz anderes Problem, droht uns noch in letzter Minute zurückzuwerfen. Der Hubschrauber-Kapitän Jorge Real sei hiergewesen und habe die »total versauten« fünf Benzinfässer zurückgewiesen. Andere Fässer aber gäbe es hier nicht, lautet die lakonische Auskunft des Verwalters. Wir fluchen auf den Mann, der nicht Order gegeben hat, die Benzintonnen zu reinigen. Eine Weile stehen wir ratlos herum. Von den »Atesa«-Leuten können wir keine Hilfe erwarten. Schließlich mobilisiert unser Zorn Energiereserven. Pareño schnappt sich zwei in der Nähe stehende Soldaten, Erwin heuert einen Ketschua an. Wir verladen die schmutzigen Tonnen auf einen Handkarren und ziehen sie im strömenden Regen über das Rollfeld zum Benzin-Depot. Nach zweieinhalb Stunden Schwerarbeit, eine davon verbringen wir unter Regengüssen, haben wir mit Sprit Rückstände und Schmutz aus den Tonnen herausgespült.

Vielleicht hält uns auch der Helikopter-Pilot Jorge Real für verrückt? Jedenfalls haben wir es zunächst schwer, mit ihm warm zu werden. Immerhin soll er seine Feiertage in Guayuaquil auf Befehl von oben opfern! Zu den Auka soll er fliegen! Offensichtlich ist das nicht nach seinem Geschmack. Vielleicht hat er auf unsere Kapitulation gesetzt!

Mit ungläubigem Staunen auf dem hübschen, durch ein Menjou-Bärtchen gezierten Gesicht, sieht der Hauptmann zu, wie wir schuften, sieht, daß wir zu Ende kommen, blickt auf die funkelnde Uhr und schlendert zu dem Hubschrauber hinüber. Wir schicken unsere Helfer mit den sauberen, aufgefüllten Fässern zur »Noratlas«.

Eine halbe Stunde später wird der rote Hubschrauber auf das Feld gerollt, erhebt sich knatternd und zieht zum Haupthangar hinüber. Wir finden die vollzählige Mannschaft darin versammelt: Den Kapitän Jorge Real, seinen Co-Piloten, Leutnant Raul Torres, und den Bordmechaniker Hugo Jaramillo, alles Männer unter dreißig im Overall, mit Revolvern bewaffnet. Für die nächsten Tage sind sie auf Gelingen oder Verderben mit uns verbunden! Erwin Patzelt versucht, obwohl er abgekämpft und todmüde ist, mit seinem Vorrat an faulen Sprüchen, mit

Bonbons und Zigaretten gegen ihre Zurückhaltung und Besorgnis anzukämpfen. Als sich die Schiebetüren neben uns schließen und wir auf Tuchfühlung mit der Mannschaft sitzen, hat er sie schon ein bißchen zuversichtlicher gestimmt.
Kapitän Real hat über die Kopfhörer Starterlaubnis erhalten. Er zündet den Motor nach zwei, drei Minuten. Mit der linken Hand dreht er den Gasgriff. Bei Vollgas zieht er den Blattverstellhebel des Hubschraubers langsam hoch. Einige Sekunden rutscht die schwere Maschine noch wie unentschlossen am Boden umher, wird ausgesteuert und hebt dann von der Rotorkraft hochgezogen mit ihren gut 4200 Kilogramm vom Boden ab. Der Rotorstrahl peitscht selbst regenschweren Sand hoch. Einen Moment stehen wir zwei bis drei Meter über Ort, Real zieht mit der Rechten den Steuerknüppel an, der Hubschrauber neigt sich leicht nach vorn, sinkt dann ein wenig ab und nimmt Geschwindigkeit auf. In schrägem Steigflug gewinnen wir schnell an Höhe, lassen die letzten Häuser von Pastaza hinter uns. Als der Höhenmesser zweihundert Meter anzeigt, liegt die Kanzel waagerecht. Bei einer Reisegeschwindigkeit von 150 Stundenkilometern übernimmt der Co-Pilot das Doppelsteuer. Bald dreht er den Kollektivhebel und den Gasdrehgriff fest. Wir sind auf direktem Kurs nach Camp Curaray. Die Atmosphäre in der Kanzel ist entspannt. Die Uhr zeigt die Mittagsstunde an.

Der Flirt

Über dem Regenwald

Wir lassen die Bergketten der Kordilleren-Ausläufer hinter uns, fliegen sanfteren Hügeln entgegen. Bis zum Armeeposten Curaray wird das Land allmählich abfallen.

Aus den tiefhängenden Wolken peitschen Regengüsse gegen die Kanzel, und durch die Ritzen tropft es herein. Je näher wir dem Ziel kommen, desto mehr klart es jedoch auf. Hinter einer Erhebung haben wir plötzlich den Rio Oglan unter uns. Er windet sich im Urwald dahin, hat schöne weiche Strände und Sandbänke. Hier scheint niemand mehr zu siedeln. Mir kommen bei dem von Aufwinden gestörten Flug Zweifel, ob wir in diesem endlosen Wipfel-Meer des Urwaldes eine Auka-Gruppe finden würden, zumal jede Falte und jeder Kamm die Hütten verbergen kann. Gibt es wirklich nur zweihundertfünfzig Auka? Oder zweitausendfünfhundert? Wer hat sie überhaupt gezählt?

Nach einer Stunde ist der Rio Villano unser Führer. Unter uns taucht ein Landestreifen im gleichmäßigen Grün auf, das Camp Villano. An den Flußwindungen in seiner Nachbarschaft drücken sich tatsächlich noch ein paar Ketschua-Hütten an den Waldrand.

Wir folgen dem schokoladefarbenen Rio Villano. Er ist wie alle Wasserläufe im Oriente einer der trägen Tributare, die den Amazonas so reich an Wasser machen. Je weiter er ruhig zwischen Gleithang und Prallhang mäandernd nach Nordosten seinen Weg nimmt, desto spärlicher werden die Spuren des Menschen und desto grandioser die Werke der Natur. Wie Kathedralen erheben sich einzelne, kräftig gelb, violett, orangefarben oder zinnoberrot blühende Bäume aus dem Wipfelmeer. Sie müssen vierzig bis fünfzig Meter hoch sein. Da ist kaum einer der Riesen, der nicht Gastgeber für Dutzende von Überwuchspflanzen wäre, die sich weithin leuchtend an seine gewaltigen Äste klammern. Diese Epiphyten werden irrtümlich oft als Schmarotzer bezeichnet, beanspruchen aber nur den Wirtsplatz. Ihren Gastgebern werden Bromelien erst dann gefährlich, wenn sie so zahlreich auftreten, daß das in den vielen Kelchen angesammelte Wasser sich zur ästebrechenden Last summiert. In der Nähe des Flusses über dem wir dahintuckern, haben sich Bromelien besonders zahlreich angesammelt, die den alternden Riesen bizarren Putz verleihen. Gelegentlich lassen sich hier von oben die Irrläufe des Flusses verfolgen, der eine Zeitlang ein bestimmtes Bett gewählt und sich dann auf ein anderes besonnen hat. Diese Wasserstränge schimmern nicht im üblichen Braun herauf, sondern sind rabenschwarz von der Schicht aus faulenden Blättern und anderen Pflanzenresten auf dem Grund, die sonst in der Strömung mitgeführt werden. Manchmal sind die Altwasser auch vom Rosa herrlicher Hyazinthenteppiche überhaucht.

Beschäftigt mit Naturbetrachtungen, fliegen wir, mit dünnen, empfindlichen Funkfäden in der Zivilisation angebunden, der Steinzeitwelt entgegen.

Inzwischen hat uns das Kontrollzentrum Pastaza aufgegeben. Der Pilot hat jetzt Kontakt mit Curaray. Ein paar Minuten vor der Landung sind wir in unserer feuerroten »Hummel« nicht mehr allein im Luftraum. Die doppelschwänzige, alte »Noratlas« zieht mit unseren Benzinfässern im Bauch in gebührender Distanz vorbei, hat ebenfalls Kurs auf Curaray. Wir sehen sie vor uns in einer weit ausholenden Landespirale tiefer gehen. Dann, nach etwa zwei Flugstunden von Pastaza aus, sind auch wir über dem Fort, das sich am Zusammenfluß von Rio Villano und Rio Curaray mit seinen Lagerhäusern und Wachtürmen besitzergreifend auf der Auka-Seite niedergelassen hat.

Camp Curaray

Der »Noratlas«-Bauch ist schon offen, als wir auf dem Airstrip niedergehen. Alles, was Beine hat, auch die Flußleute aus den nahen Hütten, steht herum und schwitzt, erwartet eigentlich nichts. Die grelle Hitze erlaubt den Soldaten Laissez faire: Über fest geschnürten Stiefeln und khakifarbenen Drillichhosen tragen Mannschaften und Offiziere weiße Unterhemden. Hier zeigen die meisten Leute ihre Waffen, am Oberschenkel freischwingende Trommelrevolver mit blankem Griff.

Die Auka stören zur Zeit. Major Marcelo Rivera hat den Befehl gegeben, »draufzuhalten, wenn sie wieder hier herumschleichen«. Nervöse Spannung, wiegelt er ab, komme deswegen im Fort nicht auf – allenfalls zur Nachtzeit bei den Indios, die in einiger Entfernung vom Camp am Fluß leben.

Wären nicht die zwei Wachtürme, die hoch am Hang in einem Kahlschlag stehen, würde man Curaray für eine Urwald-Idylle halten. Die dreihundert Soldaten, die das II. Urwaldbataillon »Quito« ausmachen, geben uns strategische Rätsel auf. Wie können sie in einer verfilzten Region von der Größe Bayerns die einsamen Ölcamps gegen angreifende Auka schützen, wenn ihnen keine Hubschrauber zur Verfügung stehen? Im Urwald sind die Indianer jedem einzelnen Mann hier überlegen. Außer den Wachtürmen deutet nichts in diesem Camp auf Gefahr von außen. Die Bedrohung aus dem Busch gilt aber meist nur einzelnen. Jeder, der hier ankommt, erfährt, daß dort oben, wo einer der beiden Wachtürme steht, vor kurzem ein Auka-Speer durch die Hand eines Patrouillengängers gefahren ist, ohne daß der Soldat seinen Gegner zu sehen bekommen hätte. Die Wachtürme sind das Resultat eines Ereignisses. »Vor acht Jahren überfielen die Auka unmittelbar beim Posten Curaray eine Gruppe von sieben Leuten. Sie töteten zwei Soldatenfrauen und ein Kind«, erzählt uns der Soldat, der unser Gepäck zum Quartier trägt.

»Das ist lange her«, erwidert Erwin.

»Si, Señor«, bestätigt er. »Aber was sagen Sie dazu, daß sie vorige Woche eine Lagerhütte am Flugstreifen ausgeplündert haben?«

»Habt ihr die Auka gesehen?«

»Nicht direkt.«

»Woher wißt ihr dann, daß es Auka waren?«

»In den Tagen, als die Hütte geplündert wurde, schlichen nackte Menschen um das Camp.«

»Wie verständigt ihr euch, wenn ihr einen Auka erblickt?«

»Wir schießen.«

Alles Übel scheint hier von den Auka zu kommen. Für unseren Helfer und die Besatzung steht das fest. Sie würden auch dem Tod ihres Kochs, der vorige Woche beim Angeln in den Curaray fiel und nicht wieder auftauchte, den Auka zugeschrieben haben, wäre nicht ein Augenzeuge in der Nähe gewesen. Köche scheinen im Oriente überhaupt vom Unglück verfolgt zu sein. Der Koch einer Ölgesellschaft ist kürzlich von Auka-Indianer gespeert worden.

Wie gesagt, der Armeeposten erscheint uns als Idylle mit seinen blühenden Rabatten, schnurrenden Ozelot-Babys und freundlich knarrenden Aras, die zwischen den Hühnern ihr Futter suchen. Am Flußufer stehen am späten Nachmittag beschauliche Angler, die mit Chontastücken den schmackhaften Panzerkopfwels zur Bereicherung des Abendbrotes überlisten möchten.

Die Verwundbarkeit dieses Armeepostens offenbart sich in der Tatsache, daß die Hütten der verheirateten Soldaten, Bauten aus Palmdächern und Holzwänden, nur speerwurfweit vom Wald entfernt sind; eine Abschirmung durch Palisaden fehlt. Die Linie der Mannschaftshäuser zieht sich unter den Familienhäusern tiefer am Hang hin. Das Zentrum von Curaray schmückt, eingegrenzt von Gemeinschaftsräumen, ein Ballspielfeld. Es ist zugleich unter der Fahne des Landes Exerzier- und Empfangsplatz. Major Rivera legt jedoch Wert auf die Feststellung, daß seine Leute täglich von sieben Uhr früh bis zur Mittagsstunde in den Dschungelkampf eingeübt werden. Gegen Einsamkeit und Koller – auf diese Feststellung legt der Major keinen Wert – helfen in Abständen ein paar eingeflogene Mädchen aus Puyo.

Wir werden am Nachmittag über ein zerstörtes Ölcamp und über zuwachsende Buschpfade fliegen, nur wenige Flugminuten von hier entfernt. Auf die Erhaltung dieses Camps und seiner Wege wissen die dreihundert Mann hier nicht hinzuwirken, können es gar nicht. Die Zivilisation zeigt mit erschöpfter Geste nur ihre Flagge – kaum mehr.

Auka bei 315 Grad, 7 Minuten

Die Mahlzeit aus Fisch, gerösteten Bananen, Reis und Tee hält uns nicht lange bei Tisch. Noch in der grellen, lastenden Mittagshitze gibt Jorge Real dem Bordmechaniker Anweisung, den Helikopter aufzutanken und zu checken.

Um 15 Uhr liegt Camp Curaray schon hinter uns. Hinter dem Fort beginnt die unangetastete Wildnis. Der zweite Pilot übernimmt für die erste Stunde den Steuerknüppel. Er fliegt stur nach unserer Spezialkarte auf Kurs Ölcamp Pavacachi. Auf dieser Linie gibt es noch keinerlei Anzeichen für Auka-Wohnplätze. Dennoch beginnen wir schon nach ausgeholzten Flecken zu spähen. Von Horizont zu Horizont dehnt sich endlos der Urwald. Wolken werfen schwarze Kleckse auf die lückenlose grüne Decke der Baumwipfel. Trugbilder narren mal diesen mal jenen von uns, wenn er einen in großer Distanz gelbblühenden Baum für eine Auka-Lichtung hält. Die einzige Tatsache, die auf Anwesenheit von Auka irgendwo da unten im Busch hinweist, ist das Fehlen der Hütten von Yumbo- und Alama-Indianern, die wir auf dem Flug zum Armeeposten vereinzelt noch entdeckt haben.

Immer wieder schneiden wir die Schleifen des Curaray-Flusses. Wir erreichen das Camp Pavacachi, ein Nichts mit einem Namen: Landeflecken, ein paar menschenleere Hütten. Wir fliegen über Pavacachi, weil in unserer Karte von dort aus die genauen Grade eingezeichnet sind, die Erwin als Anhaltspunkte für die Suche braucht. Die Maschine macht einen Schwenk und nimmt Kurs auf den nächsten Peilpunkt, das Ölcamp Cononaco. Nach einer Viertelstunde kommt das Lager in Sicht. Verlassen, aber unversehrt, liegt es dort unten. Immer häufiger nehmen wir nun den Feldstecher zur Hand, wollen kein noch so schwaches Zeichen übersehen. »Haarausfall« im dichten Pelz des Dschungels führt immer wieder zu Fehlanzeigen.

Obwohl Erwin das Gebiet bereits einige Male überflogen hat, kann er in dem faltigen und buckelreichen Urwaldgelände die Auka-Hütten nicht wiederfinden, auch keine verbrannten oder ausgeholzten Flecken, die auf frühere Anwesenheit von Menschen schließen lassen.

»Die Auka bauen mit Vorliebe auf Plateaus, weil sie sich dort besser gegeneinander verteidigen können. Achtet auf Anhöhen, vor allem auf Anhöhen«, rät Erwin.

Das ist aber so typisch nun auch wieder nicht.

Wir sind schon zum Rückflug entschlossen, zweifeln für diesen Tag am Erfolg. Bei 315 Grad, 7 Minuten vom Ölcamp Cononaco aus bittet Erwin den Piloten, mit dem Hubschrauber zu kreisen: »Hier in der Nähe müßten Auka sein. Wenn sie weitergezogen sein sollten, dann sollten wir wenigstens die Rodung finden.«

Pareño zeigt auf eine Anhöhe zur rechten – abgeflacht wie ein Tisch –, die sich von den vielfältigen Grünschattierungen heller abhebt. Länger als sonst heften sich unsere Gläser auf diese Stelle. Der Hubschrauber geht näher heran. Rötlicher Boden schimmert zwischen nachgewachsenen Pflanzen hindurch. Wir gewinnen Gewißheit: Dort haben die Waldmenschen gewirkt. Auf den allgemeinen Beschluß, daß wir uns dort unten umsehen wollen, reagiert der Darm: »Schiß?« fragt Patzelt. Keiner gibt's zu.

Der Hubschrauber beschreibt einen Bogen und nimmt dann direkt Kurs auf das kleine Plateau. Als es uns entgegenkommt, können wir die Fläche auf etwa 100 Meter Länge und 30 Meter Breite schätzen. Die Mesa fällt an den Kanten zum Dschungel steil ab. Auf der ganzen Länge ist ein etwa zehn Meter breiter Streifen beinahe ohne Bewuchs, als hätten hier noch in jüngster Zeit Menschen kampiert. Während wir landen, reißen die Luftwirbel des Rotors an der Blätterwand, jagen alles durch die Luft, was nicht fest verwurzelt und angewachsen ist. Erwin zeigt auf ein paar Sträucher voller halbreifer Naranjilla-Früchte[1]: »Die werden sich die Auka bald holen.«

Im Augenblick ist von den legendären Waldmenschen nicht ein Stück Haut im Busch zu sehen, so angestrengt wir auch starren. Unentschlossen lassen wir den Motor etwa vier bis fünf Minuten laufen. Zu Fuß wollen wir den Abstieg in den Dschungel nicht wagen. Pareño schlägt vor, nochmals in einem größeren Radius zu kreisen. Er will nicht glauben, daß hier keine Indianer in der Nähe seien. Wir steigen wieder auf und beginnen nun, knapp hundertfünfzig Fuß über den Wipfeln, zu kreisen. Das ist auch die Höhe, die die Ölkompanie ihren Piloten vorschreibt. Jede Schlucht, jede Vertiefung erkunden wir nach Anpflanzungen oder Hütten.

»Vielleicht haben sie sich nur versteckt und gewöhnen sich an den Hubschrauber«, hofft Pareño.

---

[1] Nachtschattengewächs, eine Art Buschtomate

»Die haben vor uns wenigstens soviel Respekt wie wir von ihnen.« Erwin steuert eine Erfahrung bei: »Die können den Hubschrauber mindestens vier bis fünf Minuten, bevor wir Weißen ihn überhaupt wahrnehmen, hören, und bringen bei jedem Anzeichen von Gefahr ihre Frauen und Kinder in Sicherheit.«

»Da!« Jorge Real deutet nach unten. Unsere Blicke verlängern die Linie seines ausgestreckten Armes. Das Plateau, von dem wir eben aufgestiegen sind, hat sich belebt. Kleine, gelblichbraune Gestalten, acht oder zehn, sind wie aus dem Nichts aufgetaucht. Sie laufen auf dem Flecken scheinbar ziellos wie Ameisen durcheinander, als suchten sie nach Hinterlassenschaften unserer Landung. Jetzt vervielfältigt sich auch unser Glück! Hinter einem Hügel der faltenreichen Landschaft öffnet sich an einem Hang der Urwald ein wenig, und wir entdecken in vielleicht vierhundert Metern Entfernung vom Plateau ein einziges Auka-Haus. Das ist uns bis dahin entgangen! Beim Tiefergehen sehen wir hinter dem Haus zwei bunte Aras und mitten zwischen ihnen zu unserem größten Erstaunen einen goldgelben Gockel. Nicht weit davon befindet sich ein stattliches Maniok-Feld, und in der Nähe entdecken wir verkohlte Gerüststangen und verbrannten Boden. Von diesem Camp müßten die Auka gekommen sein, die jetzt auf dem Plateau umherlaufen. Sie haben einige Zeit gebraucht. Bei den Hütten aber regt sich nichts.

Über die Absichten des Auka-Empfangskomitees gibt es in der Glaskapsel, in der wir über dem Dschungel hängen, ebenso viele Mutmaßungen, wie die Indianer Meinungen über unsere Ziele haben mögen. Wir schwanken zwischen dem Gipfel der Zuversicht (Erwin Patzelt) und dem Abgrund des Mißtrauens (Jorge Real).

Wie heißt es in einem Text der Mission von Tigueno? »Noch heute leben in den Dschungel-Niederungen unerreichbare, steinzeitliche Auka, die zurückgeblieben sind und die Dinge des Jet-Zeitalters in Begriffen ihres eigenen Dschungeldaseins erklären. Während des letzten Jahres gab es nach einem Bericht eines Auka, der aus jenen unerreichbaren Dschungelniederungen geflohen war, Streitigkeiten in den oval bedachten Hütten, sobald ein Flugzeug über ihre Köpfe flog. Der eine bestand darauf, daß es Menschen trage, andere behaupteten, es sei ein Dämon, und einige wenige waren sicher, es trüge die Seelen jener, die sie kürzlich zu Tode gespeert hätten. Die geophysikalische Kluft betrug nur ein paar tausend Fuß, aber die Kluft der Kommunikation ist so unfaßbar groß . . .«[1]

Wie soll man angesichts solcher Botschaft gelassen bleiben, wenn einem nun die Begegnung unmittelbar bevorsteht?

Beim Anblick der Waldmenschen auf dem Plateau schwanken wir zwischen wilder Freude und Furcht. Da haben wir sie nun entdeckt! Eine verborgene Gruppe vom »wildesten Stamm der Welt«, so weit von der Pioniergrenze, den Ölcamps und Missionaren entfernt, daß unsere Begegnung ihr Erstkontakt mit der Außenwelt sein könnte. Eine Chance ersten Ranges für das Studium steinzeitlicher Menschen direkt an der Urwaldquelle! Wir wissen jedoch, daß die Auka hier wie kaum ein anderer der letzten unabhängigen Stämme die Zivilisationsträger auf Speerwurf-Distanz halten, so daß man um so stärker mit ihrer von Furcht und Zorn bestimmten Tötungsabsicht rechnen muß, je entschiedener sie sich selbst in die Tiefe des Dschungels zurückgezogen haben.

Vorsichtige Verrückte, die wir sind, suchen wir die Begegnung, setzen jedoch unsere Annäherungstechnik in Gang, die seit den Unternehmungen des Brasilianers Rondôn fachmännisch »Flirtation« heißt. Freilich haben wir eine eigenwillige Variante, verlangt doch niemand von uns, daß wir, wie weiland der Marschall, zu Fuß gehen sollen.

[1] Rachel Saint, »Los Aucas y los Canibales«, Summer Institutes of Linguistics, 1964

Abstieg in die Steinzeit

Während der Hubschrauber Kreise fliegt, die in etwa sechzig bis siebzig Metern Höhe immer wieder die Mesa der Indianer schneiden, ordnen wir eilig unsere Fallschirme. Wir wickeln aus der roten Seide die Aluminiumtöpfe und hoffen, daß die Füllung, die wir für nützlich halten, die legendäre Speergesellschaft dort unten freundlich stimmen werde.

Die Fallschirme liegen abwurfbereit vor meinen Füßen. Ich ziehe die Schiebetür der Kanzel weit zurück und nehme den ersten Fallschirm mit beiden Händen hoch, den Topf in die Linke, die Verbindungsschnüre mit dem Schirm in die Rechte.

Der Hubschrauber hat die Mesa wieder erreicht, steht nun im Schwirrflug über den in der Buschdeckung sichtbaren, heraufgestikulierenden Auka, die aus der Distanz klein und harmlos wie nackte Frösche wirken.

»Fertig?«

»Fertig!« Ich werfe den Fallschirm mit Schwung hinaus. Er macht im Wirbel der Luftschraube einen wilden Satz, öffnet sich und schwebt schnell auf die Auka-Arme zu. Drei, vier Krieger jagen geduckt von zwei Seiten heran, sind fast gleichzeitig am Topf und zerren an ihm herum. Dann verschwinden sie im Dickicht. Wir sehen durch die Lücken im Blätterdach das rote Tuch noch eine Weile umhertanzen. Angenommen!

»Angenommen, sie haben's genommen!« schreien wir uns glücklich an. Der Hubschrauber kurvt wieder auf das Plateau ein. Jetzt werfe ich zwei Fallschirme ab, die beide am Ende der Mesa auftreffen. Wieder stürzen die Auka heraus, bleiben diesmal bei den Schirmen hocken und untersuchen den Inhalt der Töpfe. Die Nummer sechs der Fallschirme landet schließlich in einer Baumkrone, für die Auka jedoch bestimmt nicht unerreichbar. Aber es hätte dieser letzten Werbung schon nicht mehr bedurft. Bei Nummer vier und fünf signalisiert die Auka-Welt dort unten, daß sie genauer wissen will, wer sie mit Freundlichkeiten bewirft.

Ihre Aufforderung zur Landung erscheint uns ebenso unmißverständlich, ja durchdacht, wie unser Liebeswerben. Drei Männer erblicken wir in der Mitte der Mesa. Während der eine sich mit ausgebreiteten Armen niederhockt und deutlich mit den nach unten gerichteten Handflächen den Boden berührt, wedelt ein zweiter mit den langen, roten Schwanzfedern des Ara. Der dritte Auka hat die Hände wie ein Nest geformt und hält uns ein blauschillerndes Etwas entgegen.

»Das ist mehr, als wir erhofft haben. Meint ihr nicht auch?« Erwin hat einen ansteckenden Optimismus. Tito und selbst das bedenkliche Piloten-Paar wollen jetzt nicht länger zwischen Himmel und Erde hängen, sondern den Abstieg in die Auka-Welt wagen.

Wir setzen inmitten der Rodung auf. Die drei vom Empfangskomitee klammern sich an dünne Bäume. Der Sturm, den der Rotor entwickelt, peitscht ihnen Staub und lose Zweige gegen die nackte Haut. Dennoch suchen sie nicht den Schutz des Urwaldes, wenden vielmehr der gewalttätigen Hummel die Gesichter zu und versuchen, freundlich auszusehen. Von den übrigen Auka – aus der Luft haben wir zehn, darunter auch Frauen, beobachtet – ist nichts mehr zu sehen. Unser Pilot palavert mit Pareño, ob er den Motor abstellen solle oder nicht. Er vermutet, daß hinter der Sichtblende der Blätterwand der halbe Stamm mit wurfbereiten Lanzen in Deckung liegt.

Die drei beschämen uns mit ihrer Aufgeschlossenheit. Sie müssen den Mut von Löwen haben. Denn ehe die Luftschraube endlich abgestellt ist, huschen sie geduckt heran, wagen sich ohne Waffen an eine Macht, die vor ihren Augen die Blätter von den Büschen reißt. Plötzlich stehen sie vor uns. Lachen. Reden unablässig in ihrer nasalen Sprache auf uns ein. Wir schieben die Türen auf. Ein Mann in mittleren Jahren, offensichtlich der Anführer, sowie ein alter und ein junger Krieger bilden das Auka-Komitee. Zwei von ihnen schielen ein bißchen. Sie tragen als Schmuck mächtige Balsa-Holzpflöcke in den extrem durchbohrten Ohrläppchen. Die Scheiben haben gut vier bis fünf Zentimeter Durchmesser. Der Jüngste trägt schmalere Holzpflöcke in den Ohren. Die Männer sehen gesund aus. Ihre kleinen, muskulösen Körper sind kaum größer als ein Meter fünfzig. Ihre Hautfarbe ist von einem fahlen ins Bräunliche spielenden Gelb. Das schwarze Haar mit den Ponyfransen endet in Schulterhöhe, wirkt sorgfältig geschnitten und gekämmt. Bis auf eine Hüftschnur sind sie vollständig nackt. Unter dieser Hüftschnur haben sie den Penis an der Vorhaut festgeklemmt. Dieses »Kleidungsstück« schützt sie vor Ungeziefer, das ihnen sonst, durch Uringeruch angelockt, in die Harnröhre gelangte. Einige andere Amazonas-Indianerstämme machen das ebenso.

Die Begegnung ist faszinierend. Ein Auka hält uns seinen Köcher mit Curare-Bolzen hin. Der zweite überreicht die roten Ara-Federn. Der dritte schenkt uns, eingewickelt in ein getrocknetes Blatt, einen verängstigten blauen Vogel. Es ist eine schöne Cotinga[1]. Mit einem Fuß ist der Vogel an einer federbestickten Lederplatte festgebunden, die ihn an der Flucht hindert. Viel haben sie nicht, diese Auka.

Sie erwidern fast peinlich genau unsere Freundschaftsgesten, sind ganz offensichtlich auf Verständigung und Harmonie aus. »Tuck, tuck, tuck«, ahmt der Anführer die Hubschraubergeräusche nach. Seine Hände kreiseln und trudeln, beschreiben den Flug von Hubschrauber und Fallschirmen. Der warme Regen an Geschenken und unser Niedergehen auf »seinem« Platz haben sein Prestige offensichtlich gestärkt, und der Auka verhehlt seine Zufriedenheit nicht. Die ersten Minuten der denkwürdigen Begegnung sind voller Überraschungen. Wer staunt mehr über wen? Die Auka reagieren manchmal katzenhaft. Erwin will mit seinem Winken einen von ihnen veranlassen, zur Seite zu gehen, weil ihm der Indianer beim Filmen im Wege steht. Der Mann springt mit einem Panthersatz weg, und seine hochgemute Stimmung weicht in Sekunden tiefer Betroffenheit: Die Gesten unserer Zivilisationsgesellschaft können hier gründlich mißverstanden werden! Für die isolierten Waldmenschen spielen wir vielleicht die gleiche Rolle, die in unserer Welt auf Karikaturen jene »kleinen grünen Männer« von einem anderen Stern einnehmen. Nur sind wir für die Auka eine Realität.

Raul Torres, unser zweiter Pilot, trägt einen enganliegenden Kampfanzug, in den man durch einen Reißverschluß einsteigt. Er liegt wie eine zweite Haut an seinem Körper und zeichnet die Anatomie ziemlich genau nach. Das macht den verblüfften Mann zum Objekt gründlicher indianischer Untersuchungen.

Willig läßt Raul geschehen, daß die Auka das Material eingehend befühlen. Sie bleiben mit ihren Händen vorsichtig am Rande der Hosentaschen. Vielleicht denken sie, dieses seltene Menschenexemplar habe die bewußten Körperöffnungen an den Seiten. Am meisten scheinen sie sich zu wundern, daß der Pilot zwar ein breites, kräftiges »Hüftband«, sprich: einen Gürtel, jedoch keinen Penis darunter trägt. Schließlich kommt er, Forscher und williges Forschungsobjekt zugleich, ihren Untersuchungen zu Hilfe. Zu ihrem Wortschwälle auslösenden Erstaunen öffnet sich Torres plötzlich Brust und Bauch, indem er vom Halse an den Reißverschluß herunterzieht. Nun dringt einer der Auka

[1]Cotinga maynana

weiter vor, findet noch mehr »Hautschichten«, sprich: Unterwäsche. Und dann ist Rauls Haut in Material und bräunlicher Tönung wenigstens ihrer ähnlich, nur ungeheuer behaart. Sie wollen es ganz genau wissen. Mit einer blitzschnellen glatten Bewegung fährt der unverdrossene Häuptling unserem Manne über den Bauch zwischen die Beine und faßt zu: »Carajo!« schimpft der Pilot und springt einen Schritt zurück. Der Häuptling aber hat das Ergebnis seiner Bemühungen bereits an die Stammesbrüder weitergegeben, die sich hocherfreut zeigen. Rasch gleitet der Indianer wieder an Torres heran und klopft ihm, wie er es von uns gesehen hat, begütigend auf die Schulter. Dann hilft er ihm sorgfältig beim »Einpacken« aller Kleidungsstücke, wobei ihn die Funktion des Reißverschlusses besonders interessiert.

Auch der Rest von uns hat das Handeln zunächst an die Auka abgegeben. Sie untersuchen alles sehr behutsam, um keine Mißverständnisse oder gar Feindseligkeiten auszulösen. Wir erkennen, daß diese Auka bei ihrer Isolation und steinzeitlichen Materialkultur intelligente und versuchsfreudige Menschen sind, die nicht offenen Mundes und apathisch vor unserem technischen Aufwand stehen. Unversehens sind wir ihnen ins Experimentierfeld geraten. Jorge, der als einziger schwarze, über die Knöchel hinaufreichende Schnürschuhe trägt, erregt ihre Aufmerksamkeit. Der Pilot läßt geschehen, daß ein junger Krieger versucht, einen Finger zwischen Schuh und Bein zu bringen, dabei an die Schleife gerät, sie öffnet und nun unter vergnügtem Schwatzen die Verschnürung löst, bis er den blanken Fuß in der Hand hat. Unsere Beine haben es den Auka angetan. Sie rollen die Hosenbeine hoch, untersuchen braune Waden, weiße Waden, mit Widerwillen haarige Waden und glatte Waden.

Die Situation ist trotz des guten Anfangs manchmal nicht geheuer. Wir merken, wie die drei Auka ab und zu verstohlen mit den Augen das Dickicht absuchen. Die Gruppe wird sich über Empfang oder Abwehr vermutlich uneinig gewesen sein. Wir sind überzeugt, daß die Gegner unseres Besuchs ihre Lanzen bereithalten.

Erwin hat sich in Quito von Sam Padilla ein paar Sätze in Auka auf das Kassettentonband sprechen lassen. Der Sohn der Dayuma hat selbst nicht mitkommen wollen, weil er eine Expedition für sehr gefährlich hielt. Immerhin hilft er uns nun auf diese Weise als Übersetzer guter Absichten.

Wir setzen das Gerät auf den Boden, und die drei Männer kauern sich mit uns darum herum. Wieder wird deutlich, mit welch geringer Scheu sie dies tun. Als Samys schnarrende, durch die geringe Wiedergabequalität blechern wirkende Stimme aus dem flachen Kasten dringt, wie aus dem Erdboden an ihr Ohr steigt, da reden sie alle zugleich darauf ein.

Samy sagt: »Ich heiße Kento. Ich bin der Sohn der Dayuma. Meine Freunde bringen Geschenke und sind gute Leute. Machen nichts Schlechtes. Die neuen Freunde sind Freunde von Kento. Ich kann leider nicht mitkommen zu euch. Deshalb sage ich euch, empfangt sie in der besten Art, die ihr kennt. Sie sind wie Verwandte von euch. Helft ihnen in jeder Weise.«

In der einfachen Anrede hat Kento die wichtigsten Sätze zwei-, dreimal wiederholt: »Sind gute Leute. Machen nichts Schlechtes. Sind Freunde. Sind wie Verwandte von euch.«

Sam Padilla hat zwischen den Sätzen längere Pausen gemacht. Die Auka kommentieren jeden Satz. Wir verstehen ihre Sprache nicht und können aus ihren Mienen nicht ablesen, wie sie das »Grußwort« unseres Freundes aufnehmen. Alle machen angespannte Gesichter und lauschen mit gesenkten Köpfen. Der Häuptling wirkt ein wenig finster und hält eine sehr energische Gegenrede. Als sich Sams Stimme mit einem abrupten Knacken verabschiedet, der Auka-Chef keine Antwort erhält und noch versehentlich fünf Takte aus Ravels »Bolero« mitlaufen, hebt er augenblicklich den Kasten auf, wendet ihn um und um. Er hat bald heraus, daß die »Seele« des Geräts unter dem Deckel sitzt. Als Erwin die gelbe Kassette halb herauszieht, greift er hastig zu, nimmt

Romantisches Flußpanorama bei Sonnenuntergang. Lange Zeit wurde der respektable Rio Napo nur links von der Mitte befahren. Er war die Pioniergrenze zum Auka-Land.

Der schneebedeckte Vulkan Cayambe, dessen blütenweißes Haupt noch vom zarten Rosa der sinkenden Sonne überhaucht ist, während der Mond bereits am Himmel steht.

In Quito beginnt unsere Expedition ins Auka-Land. Der hervorgehobene Fleck auf der Karte bezeichnet das sogenannte »Protektorat« von Gruppen, die die Schwelle zur Zivilisation eben überschreiten. Wir suchen die isolierten Gruppen außerhalb dieses Gebietes.

Für die Ketschua-Indianer im Kordilleren-Hochland sind die Auka Barbaren, Fremde, Rebellen, Verräter. . . ▷

Die Zivilisation zeigt hier Flagge – kaum mehr: der Urwaldposten Curaray.

Im Kordillieren-Hochland – dem Hochparamo – von El Angel und der Llanganatis wachsen in 4000 Meter Höhe die zu den Korbblütlern gehörenden Riesenmönche (Espeletia hartwegiana) – eine botanische Rarität Ekuadors.

Rötlicher Boden schimmert durch die grüne Wipfeldecke – ein Auka-Wohnplatz?

Dramatische Minuten während der Annäherung! Unser Fallschirm mit Geschenken landet im Ziel . . .

Hinter einem Hügel öffnet sich plötzlich der Wald ein wenig. Wir entdecken eine Lichtung mit einem Gemeinschaftshaus.

. . . schemenhaft jagen zwei Krieger aus der Deckung und stürzen mit unseren Fallschirmen davon . . .

Die Männer müssen den Mut von Löwen haben. Nackt und wehrlos wagen sie sich an unseren Hubschrauber, der auf ihrem Plateau einen heftigen Sturm entfacht.

Expeditionsmitglied Peter Baumann zeigt den Männern, wie er Fallschirme hinabgeworfen hat.

Plötzlich stehen die ersten Auka vor uns . . .

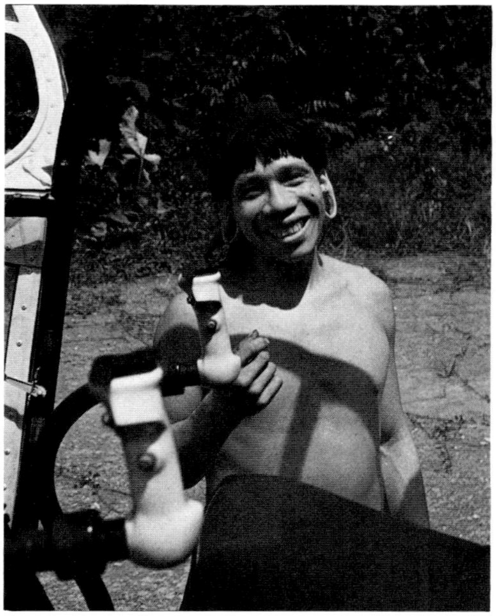

▷

Die Auka stehen nicht offenen Mundes vor unserem technischen Aufwand.

Eine heikle Situation. Ein paar Männer haben den Hubschrauber »okkupiert«. Dies ist denn doch gegen unseren Geschmack. Die Indianer könnten das »Nervenzentrum« des Helikopters beschädigen. Was dann? Rechts: Abschied nach der ersten Begegnung. Erleichterung auf beiden Seiten.

Sie lachen. Reden unablässig. Wir wagen uns aus der Kanzel.

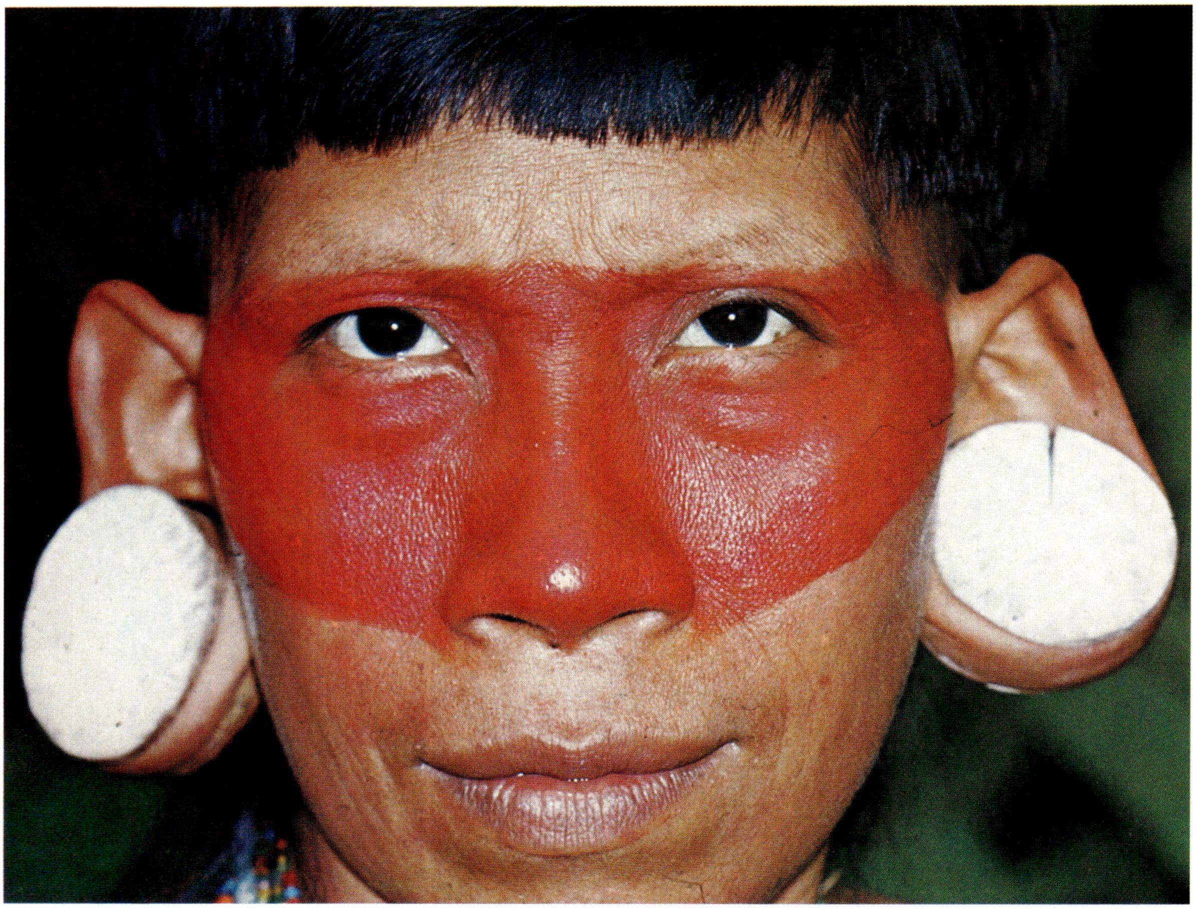

Frauen und Männer tragen den unverwechselbaren Schmuck aus Ohrpflöcken. Diese Frau hat ein breites Zierband aus Achiote-Farbe aufgetragen.

sie ihm aus der Hand und betrachtet sie lange. Dann gibt er sie zurück.

Erwin legt sie wieder ein und läßt den Sam Padilla noch einmal reden. Vielleicht vermittelt der Vorgang dem Auka eine leise Ahnung, wie der Sprachkasten funktioniert? Wir wollen jedoch weiter keine Verwirrung stiften, sonst hätten wir die Männer in das Gerät sprechen lassen und ihnen die eigenen Stimmen vorgespielt. Erwin nimmt die Kassette zum letztenmal heraus und drückt sie dem Wortführer der Auka in die Hand. Der lacht erfreut. Wir können die Sitzung beenden.

Major Pareño hatte mit seinem Tonband die Worte der Auka aufgenommen. Später, wenn wir wieder in den sicheren vier Wänden sitzen, wollen wir uns den Text übersetzen lassen.

Bis zum späten Nachmittag bleiben wir auf dem Plateau. Zwar haben beide Seiten alle Antennen der Wachsamkeit ausgefahren, doch hätte nur eine gründliche Mißdeutung der Pantomimen, die Steinzeitkrieger und Zivilisationsbürger einander vorführen, Ärger bringen können.

Augenblicke der Unsicherheit gibt es schon. Der Jüngste der Auka zum Beispiel – er heißt Boca – hat sich besonders mit mir angefreundet. Nachdem er eine Zeitlang sehr behutsam meine Kleidung untersucht hat, reizt ihn plötzlich mein Gürtel so sehr, daß er daran zu ziehen beginnt. Der Bursche hat Kraft und rüttelt an dem Leder. Ich öffne rasch die Schnalle, und er reißt den Gürtel aus den Schlaufen. Im Laufe des Nachmittags haben sie uns ganz schön ausgezogen. Hätten wir sie nicht gewähren lassen, wer weiß, ob sie nicht aggressiv geworden wären?

Nach drei Stunden spüren wir die emotionelle Erschöpfung auf beiden Seiten. Da sind Momente, in denen das Interesse aneinander nachläßt, das Lächeln verkrampft wirkt. Man verliert die Gelassenheit und fängt unwillkürlich an, die Reaktionen der anderen Seite falsch einzuschätzen. Kapitän Real bittet uns schließlich, wir möchten uns in den Hubschrauber zurückziehen, damit wir vor Einbruch der Dämmerung Camp Curaray erreichten. Einer nach dem anderen verdrückt sich und ist erleichtert, als die Türen geschlossen sind und er angeschnallt in der Kanzel sitzt.

Bange Sekunden während des Starts! In diesem Augenblick sind wir besonders hilflos. Wie, wenn andere Auka jetzt hervorbrächen und ihre Lanzen in den Hubschrauber schleuderten? Das gesammelte Wissen über ihre Taten bedrängen unsere Phantasie. Was sich hinter unserem Rücken tut, wo der empfindliche Motor freiliegt, können wir nicht sehen. Doch nichts geschieht. Unsere drei Auka pressen sich mit den Leibern gegen die Bäume, erwidern unser Winken, während der Hubschrauber sich erhebt – winken, winken, so lange wir sie auf ihrem Plateau sehen können.

In der sicheren Luft bricht sich unsere Erleichterung über die gelungene Annäherung Bahn. Lachend und schreiend wiederholen wir die Episoden, loben uns gegenseitig für Mut, für Geduld und Fingerspitzengefühl.

Im Armeeposten Curaray lassen die Soldaten uns merken, wie sehr sie über unsere heile Rückkehr erleichtert sind. Sie umringen den Hubschrauber, reißen uns die Geschenke der Auka aus den Händen, lassen sie herumgehen und überschütten uns mit Fragen. Trotz der unmitttelbaren Nachbarschaft hat kaum ein Soldat vom II. Urwaldbataillon einen Auka jemals richtig zu Gesicht bekommen.

Zur Feier des Tages hat Major Rivera eine für diesen isolierten Platz opulente Fiesta in der Offiziersmesse vorbereitet. Angesichts der Delikatessen aus Bier, Affenbraten, Truthahn und Salaten (Erwin warnt: »Amöbenmutterschiffe!«) sinkt in uns die Hoffnung, wir könnten nach den Anstrengungen der letzten Tage eine Nacht ausschlafen. Als gegen 20 Uhr eine Kanuladung voll Gäste eintrifft, wissen wir, was die Stunde geschlagen hat. Rivera braucht Zuhörer für seine Gitarre. Er hat den Chef der naheliegenden Missionsstation eingeladen, und Bischof Leste ist mit seinen leicht verblühten, irischen Laienschwestern zu Schmaus und Tanz erschienen.

Zweite Begegnung

Am nächsten Morgen um 10 Uhr starten wir zu unserem zweiten Flug ins Auka-Gebiet. Nach einer Nacht der balzenden Gesänge und Tänze mit des Bischofs Helferinnen sind wir wie gerädert. Wohl gegen zehnmal hat Major Rivera mit klangvollem Tenor zur Gitarre »Vendo unos ojos negros« gesungen, und beinahe genausooft haben wir »Esta noche la paso contigo« genossen. Bier und Bolero können einem die Beine schon schwer machen. Die Gastfreundschaft der Urwaldsoldaten ist ebenso herzlich wie anstrengend gewesen. Hätten wir gewußt, wie sehr wir unsere fünf Sinne noch brauchen sollten, wir hätten gewagt, den Kommandanten von Curaray zu verstimmen.

Bei diesem Flug verlieren wir keine Zeit mehr mit der Suche. Schon bald kreisen wir über dem Auka-Wohnplatz. Als wir das zweite Mal landen, sind es nicht drei, sondern zehn Männer, die sich mit dem Rücken zum Helikopter an die Büsche klammern. Viel mehr Krieger können jetzt kaum noch im Urwald stecken, denn wir haben doch nur eine Hütte in vielleicht 200 Metern Entfernung von der Mesa gesehen und auch nur ein recht kleines Maniok-Feld in der Nähe. Während wir über dem Plateau gekreist sind, haben ein paar Frauen zu uns herauf gewunken. Jetzt, da wir auf dem Platz niedergehen, sind sie wieder nicht dabei. Wir steigen auch diesmal beklommen genug aus, als die zehn Krieger auf uns zukommen. Alle Männer sind muskulös, breitschultrig, gut gewachsen. Keine aufgetriebenen Bäuche deuten auf Mangelerscheinungen hin. Sie halten Geschenke und Tauschgüter in den ausgestreckten Händen – lange, sauber gewickelte Blasrohre und Köcher mit Giftbolzen. Einen schönen, rotblauen Ara und ein paar grüne Amazonen-Papageien bieten sie uns ebenfalls an. Lanzen sind nicht dabei. Während uns die drei Bekannten von gestern entschlossen umarmen, stehen die übrigen Männer noch zögernd zurück. Da gibt der Anführer ihnen ein Beispiel der Zuneigung. Er hält seine Wange mehrmals an Erwins Wange.

Auch die anderen drängen nun heran. Fürs erste wirken sie wie Wachs in unseren Händen und lassen sich willig zum »Gruppenbild« zusammenstellen. Doch nach ein paar Minuten spüren wir ihre Ungeduld. Sie konzentrieren sich kaum mehr auf uns, schauen andauernd in den Helikopter. Schon späht der erste unter die hintere Sitzbank und zerrt ein Bündel hervor. Er hat die Macheten erwischt. Im Augenblick wird er von den anderen umringt. Jeder will ein Buschmesser haben. Genaugenommen sieht das ganze schon nach Raub aus. Aber die Auka zeigen kein schlechtes Gewissen. Vielleicht denken sie, es sei ohnehin alles für sie bestimmt? Einige stürzen mit den Buschmessern an den Rand des Plateaus und hauen mit Inbrunst auf Bäumchen und Büsche ein. Dabei lachen sie uns freudig an.

Erwin mischt sich rasch unter die restlichen drei am Hubschrauber, drückt sie, im freundlichen Tonfall redend, zur Seite, und gibt auch ihnen Macheten. Da hat er das Heft wieder in der Hand und macht einfach die Kabinentür dicht.

Wir haben uns vorgenommen, nicht wild darauf loszuschenken. Diesmal wollen wir ihre praktische Aufnahmefähigkeit kennenlernen, genau wissen, mit welchen Geräten sie etwas anzufangen vermögen und welche ihren geistigen Horizont übersteigen. Jedes Werkzeug, das ihren Alltag nach unserer Meinung erleichtern könnte, wollen wir ihnen einzeln vorführen.

»Spielt nicht den lieben Gott!« hat Erwin uns geraten. »Stellt euch dumm und unbeholfen mit ihren Blasrohren und anderen Geschenken an, laßt euch alles genau zeigen, damit sie ihr Selbstbewußtsein behalten.«

Die erste halbe Stunde soll auch möglichst kein Zivilisationskram die Szene stören. Doch beim Feuerbohren und Blasrohrschießen verlieren die Krieger bald die Geduld. Angesichts der Lockungen im Hubschrauber sind die neuen Männer auf der Szene auch nicht mehr so diszipliniert wie die drei gestern. Sie haben Nachholbedarf und machen sich an unseren Kleidern zu schaffen. Einer öffnet die Knöpfe meines Hemdes und zupft kräftig am Unterhemd. Auch an Kapitän Real und seinem Co-Piloten fummeln ein paar Krieger herum. Nur an Erwin Patzelt kommen sie nicht heran. Der springt hierhin, dahin, läßt die Kamera surren und paßt wie eine Glucke auf, daß niemand im Dickicht verschwindet. Inzwischen ist Pareño, dem eingefleischten Soldaten, ein befremdliches Spiel eingefallen. Er exerziert mit den Auka. Die Hände auf den Schultern des Vordermannes, laufen sie in einer Schlange über das Plateau. Wir dazwischen. Kniebeugen, Liegestütz, Rumpfdrehen, Gliederlockern: »Die müssen uns für total verrückt halten«, meint Erwin auf Deutsch. Immer wieder gibt es Augenblicke vermeintlicher oder tatsächlicher Gefahr: »Schaut bitte nicht direkt hin. Bestimmt wird die Situation gleich ungemütlich, wenn wir nicht mit Geschenken rüberrücken«, warnt Erwin einmal. Drei Auka stehen auf der Seite, die zu ihrer Hütte führt, dicht vor dem Plateauabhang und tuscheln. Wir handeln schnell. Um sie abzulenken, winken wir sie vor dem Hubschrauber zusammen, und Pareño holt eine Metallhacke aus dem Helikopter. Er zeigt den Auka, wie man den Boden damit lockert, Unkraut herauszieht, Pflanzen in das gelockerte Erdreich einbringt und den Boden darum herum wieder festtritt. Der Chef der Gruppe hat sofort begriffen. Er nimmt selbstbewußt die Hacke und beginnt, den Boden zu bearbeiten. Erst hackt er etwas zu flach und zu weit. Nach einer Korrektur durch Tito hat er den rechten Rhythmus gefunden. Er lockert nun systematisch das Erdreich, und drei Männer trampeln in einer Kette nebeneinander hinter ihm her und treten den Boden wieder fest.

Inzwischen ist es Mittag geworden. Die Sonne beginnt unbarmherzig auf uns herniederzustechen. Auch die Indianer, sonst vom dichten Blätterdach abgeschirmt, beginnen zu schwitzen und werden durstig. Aus den Naranjilla-Büschen am Saum des Plateaus pflücken sie ein paar der halbreifen, grüngelben Früchte und teilen sie mit uns. Es ist eigentlich der erste Beweis von Gastfreundschaft von seiten der Auka. Wenn hier die Stimmung durch irgendein Mißverständnis nicht jäh umschlägt, dann haben uns diese Indianer vorerst akzeptiert.

Erwin Patzelt will die verbleibenden Stunden nutzen. Aus unseren Vorräten ziehen wir im Laufe des Nachmittags immer neue Gegenstände hervor und beschenken damit die Indianer. Wir zeigen ihnen, wie man mit dem Spaten Erde abstechen und umgraben kann.

Angelhaken und die Nylonschnur müssen wir den Männern erst gar nicht erklären. Obwohl wir glauben, daß sie den Fischfang mit Barbasco-Gift, mit Netzen und dünnen Fischspeeren bevorzugen, deuten sie durch Handzeichen – das Aufspießen eines Köders und den Biß eines Fisches – an, daß sie etwas vom Angeln verstehen.

Beile, Messer und Spiegel nehmen sie mit großer Selbstverständlichkeit an. Gegengeschenke machen sie längst nicht mehr. Es scheint, als hätten wir Tribut für ihre Duldsamkeit zu zahlen. Doch ist ihnen der plötzliche Segen auch nicht ganz geheuer. Sobald einer von ihnen ein Stück erhalten hat, eilt er damit an den Urwaldsaum, läßt es im Dickicht verschwinden und kehrt zurück.

Kaum hat sich die Anspannung gelöst, lockert sich auch unsere Disziplin. Tito ist mit einem Auka plötzlich verschwunden. Hallende Hiebe und das Niederbrechen eines dünnen Baums zeigen an, daß er mit ihm beim Ausholzen beschäftigt ist. Kapitän Real tauscht seinen Gürtel gegen einen Köcher, Erwin verschenkt ein paar Kleidungsstücke und freut sich mit den anderen Indianern darüber, wie ihr Gruppenchef mit dem Kopf in einem Unterhemd hängenbleibt.

Drei Auka haben den Hubschrauber okkupiert. Eine heikle Situation: Wir sind draußen, sie drinnen. Sie machen ihre Bekanntschaft mit dem Helikopter freilich sehr zögernd. Einer von ihnen hat sich beim Niederlassen auf dem Kunststoffpolster empfindlich den Hintern verbrannt und ist mit einem Satz aus der Kabine gesprungen. Die zwei anderen schweben mit ihren empfindlichen Kehrseiten über den Sitzen. Sie betasten Metall und Glas, fahren mit den Fingern Gummiwülste und Verkleidungen nach und dehnen allmählich das Feld ihrer Entdeckungen aus. Dies ist denn doch gegen unseren Geschmack. Die Indianer könnten das »Nervenzentrum« des Apparats beschädigen. Sie haben auch längst herausgefunden, wo im Hubschrauber die Quelle ihres Geschenksegens ist. Da sie nackt sind, können sie jedoch nichts verschwinden lassen.

Real und Pareño besteigen nun den Hubschrauber von der anderen Seite und drängen die Auka unter gutem Zureden sanft hinaus.

»Das darf nicht noch einmal passieren!« Real ist über seine eigene Unerschrockenheit erschrocken und verabredet mit seinem Co-Piloten Raul Torres, abwechselnd in der Maschine zu bleiben.

Unsere Möglichkeiten, die Auka zu beschäftigen, sind allmählich erschöpft, die meisten Geräte verteilt. Ein Abstiegsversuch zu ihren Hütten ist gescheitert. Pareño, der dies versucht hat, ist von ihnen bei den Händen genommen und kraftvoll auf das Plateau zurückgezogen worden. Die Krieger lassen sich nicht überlisten, wollen unsere Neugier auf ihre Hütten auch heute sowenig befriedigen, wie sie dies gestern getan haben. Fürchten sie unheilbringende Konflikte mit einer dort etwa verbliebenen Partei, die gegen uns ist? Oder fürchten sie gar einen Frauenraub?

Unser Entschluß steht fest: Wir müssen einmal zwischen den Hütten landen. Das Wagnis steht uns noch bevor!

Ehe der kritische Punkt der Erschöpfung auf beiden Seiten erreicht ist und wir am frühen Nachmittag zum Rückflug starten wollen, holen wir noch ein paar große, rote Bälle aus der Kiste, stellen uns zu viert auf und beginnen, vor den staunenden Indianern Hand- und Fußball zu spielen. Als der erste von ihnen den Ball in die Hände bekommt, dreht und befühlt er ihn zwar erst einmal gebührend, wirft ihn dann aber auf Zuruf seinem Nachbarn zu. Der läßt den Ball springen und wirft ihn dann weiter. Nach ein paar Minuten ist das Auka-Plateau mitten in der Wildnis ein Spielfeld. »Vielleicht«, lacht Pareño, »werden wir eines Tages hier eine Mannschaft aufstellen und gegen sie Fußball spielen!« Daß die Indianer dann sobald gegen die Blancos kein Bein auf die Erde kriegen werden, demonstriert ihnen Raul Torres mit einem virtuosen Alleingang. Er nimmt den Ball auf die Spitze, die Hacke, dribbelt und bombt ihn schließlich in hohem Bogen in den Busch. Drei, vier Auka spritzen hinterher, um ihn zurückzuholen.

Einige von ihnen kennen wir bald mit Namen. Der Anführer heißt Ginkawe. Der älteste Krieger der Gruppe nennt sich Apa, ein paar weitere Männer werden Menga, Boca und Karuä gerufen. Diesmal sind wir lange bei den Auka geblieben. Als die Maschine im Schwirrflug ein paar Meter über dem Platz steht, werfen wir noch ein paar Bälle aus der Kabine auf die winkenden Auka hinunter. Und ehe Real abdreht, belebt sich plötzlich der Busch unter uns. Immer mehr Indianer kommen auf das Plateau – Frauen, Kinder, Alte und noch ein paar junge Männer. Stundenlang haben sie vermutlich um den Landeplatz herum in Deckung gelegen. Nicht einen von ihnen haben wir gesehen! Auch dieser Besuch bei den Auka ist gut ausgegangen. Der Erfolg hat uns Mut gemacht. Wir nehmen uns vor, von unserer Basis in Curaray aus morgen eine andere Auka-Gruppe zu suchen.

Gefahr bei Tivacuno

Nachmittags um drei kräht auf einem Auka-Wohnplatz hinter Tivacuno ein Hahn. Wir haben das vollkommen zerstörte Ölcamp mit seinen teils verbrannten, teils zertrümmerten Hütten, seinen Fliegen und Kakerlaken, die jetzt Herren im Lager sind, verlassen. Die sehr besorgten Piloten haben wir nach einem endlich erfolgreichen Suchflug überredet, bei den zwei Auka-Hütten hinunterzugehen, die auf dem Rückflug nach Curaray neben dem fahlen Ocker einer Rodung auftauchen. Die Hütten – wir erkennen sie an ihren typischen, bis zur Erde abfallenden Giebeln – liegen menschenleer in der lastenden Hitze, und Real vermutet eine Teufelei: »Wollen Sie da wirklich 'runter?«

»Und wenn ich springen müßte!« antwortet Erwin.

»Wir haben aber nur noch Benzin für eine halbe Stunde!« erwidert der Pilot. »Lohnt sich die Landung bei den leeren Hütten?«

Der Major als oberste Gewalt in der Kapsel weist mit dem Daumen stumm nach unten.

In etwa 150 Metern Distanz von den Hütten setzt die Maschine auf.

Wie die Luftschraube nun still steht, ihr kraftmeierisches Zerren an der Blätterwand bleierner Stille gewichen ist, sitzen wir unentschlossen in unserer zerbrechlichen Kapsel und spähen in die grünen Wände des Sekundärwuchses[1], der sich links und rechts von uns auf diesem von Auka gerodeten Platz ausbreitet.

[1]Sekundärwuchs ist Zweitwuchs, der sich auf einer Rodung ausbreitet

Wieder kräht irgendwo im Busch dieser Gockel. Die Piloten schieben, wie um sich abzulenken, ihren Navigationspotter auf der Spezialkarte hin und her und rechnen mit sorgenvollen Gesichtern an den verbliebenen Gallonen Benzin herum. Es sind wohl nicht die ängstlichsten Gemüter unter uns, die sich fragen, ob wir noch hochkämen, wenn ein Dutzend eisenharter Chontaspeere durch das Plexiglas der Kapsel splitterte . . .

Die Piloten, Pareño und ich haben ein ungutes Gefühl bei diesem Besuch. Wir glauben uns von argwöhnischen Augen beobachtet. Nur Erwin freut sich, als der Hahn kräht: »Das ist der Gockel, den ich ihnen geschenkt habe, als ich mit dem Hubschrauber der Ölleute hier war. Die Auka sind mit Kind und Kegel hier irgendwo im Busch. Bestimmt wären sie schon 'rausgekommen, wenn wir wieder den gelben Hubschrauber benutzt hätten. Der rote ist ihnen zu fremd. Los, laßt uns aussteigen!« Er ist der erste, der sich mit seinem Kamerabündel aus der Kanzel schwingt.

Unsere obligatorische Begrüßungsansprache aus dem Tonband schallt weithin über den Platz. Als der Hahn ein zweites Mal kräht, viel zu kräftig und gleichmäßig, ganz nahe beim Platz, und ebenso selbstbewußt aus der Tiefe des Waldes Antwort erhält, sage ich zu Erwin: »Nachmittags um drei kräht kein Hahn. Und woher kommt das zweite Exemplar, wenn nicht von dir?«

Wir erstarren. »Wenn wir jetzt nicht abhauen, kräht bald kein Hahn mehr nach uns«, meint Pareño.

Die Besessenheit in Erwins Entdeckerseele indessen reißt zwei der Zaudernden mit – Tito und mich. »Los, meint ihr nicht, daß es hier noch was zu sehen gibt?« Kapitän Real schützt Verantwortung für die Maschine vor und kehrt um.

Je näher wir den leeren Hütten kommen, desto schwerer wird das Blei in unseren Füßen.

Weiteres Hähnekrähen.

Rundgang um die Hütten. Es riecht noch nach frischem Rauch. Tito bleibt, absichernd, auf Distanz. Erwin nimmt in diesem Augenblick die Eingangszweige einer Hütte zur Seite, hat dem Busch dabei einfach den Rücken zugekehrt. Das ist ein Schritt mehr, als ein versteckter Krieger dulden will.

Mit einem schrecklichen Schrei, katzenhaft wie ein Jaguar, ist er in Sekunden heran. Erwin wirft sich herum und lacht den jungen Krieger mit gekonnter Herzlichkeit an. Der Schreck sitzt ihm zum Glück nicht in der Kehle, wo er ihn am Reden gehindert hätte. Ein Wortschwall kommt ihm über die Lippen. Der widerwillige Auka sieht sich freundlich umarmt. Für den Augenblick ist ein Kampf abgewendet. Das Mißtrauen aber bleibt. Erwin ist über den unfreundlichen Empfang schockiert; denn dies ist der Platz, wo er vor drei Jahren die erste Landung gewagt hat. Mit Wepe, dem Chef der Gruppe hier, ist er damals besonders gut zurechtgekommen. Aber seither ist viel geschehen. Der größte Teil von Wepes Gruppe wurde seit Erwins erstem Besuch von den Missionaren »vereinnahmt«. Hier am Ort muß auch der von Tigueno vorbereitete Auka mit Namen Toña umgebracht worden sein. Der Einfluß der Mission mag Wepes Gefolgsleute inzwischen »gezähmt« haben. Den Rest hat er vielleicht besonders böse gemacht. Das zerstörte Ölcamp in der Nachbarschaft ist ein Zeichen dafür.

Unsere beiden Piloten hat der Schrei aus dem Helikopter getrieben. Sie sind aus der Kanzel gesprungen, winken mit Geschenken und helfen, den jungen Krieger zum Hubschrauber zu locken. Er geht nur sehr zögernd mit. Obwohl er dauernd unser Wort »Amigos« wiederholt, ändert sich sein grimmiger Gesichtsausdruck kaum. Er deckt unseren Rückzug, und das weiß er. Am Helikopter spielen wir dem Auka wieder unser Tonband vor und beobachten die Wirkung. Er hat sich niedergehockt und begleitet jeden Satz mit lebhafter Gegenrede. Unsere Geschenke reißt er wild an sich. Dann wendet er sich rasch zum Gehen. Wir wollen ihm folgen. Doch er bleibt stehen und schimpft auf uns ein.

»Laßt man, das haben wir gleich«, meint Erwin, der sich nicht geschlagen geben will. Er holt das an den Füßen zusammengebundene Hühnervolk, das wir heute morgen aus Curaray mitgenommen haben, aus dem Hubschrauber, und hält die verzweifelten Vögel hoch. Pareño und mich bittet er, zwei Macheten, Kämme, Spiegel und Messer herauszuholen. Das ist mehr als ein Auka vertragen kann. Er muß uns mitnehmen, wenn er nicht verzichten oder riskieren will, daß die anderen auf ihn böse sind!

Wir tragen alles gemeinsam zu den beiden Hütten. Zu unserer großen Überraschung begegnen wir dort der ersten Auka-Frau während unseres ganzen Unternehmens. Ausgerechnet bei der Gruppe, von der uns die Feindseligkeit am heftigsten entgegenschlägt! Sie ist sehr jung. In einem über der Schulter verknoteten Baumrindentuch trägt sie ein Baby. Ihr hübsches, ebenmäßiges Gesicht ist von sorgfältig gekämmtem Haar gerahmt, das über die mit weißen Pflöcken gezierten Ohren auf die Schultern fällt. Kaum mehr als eineinhalb Meter ist sie groß. Ihr etwas kastenförmiger, taillenloser Körper wirkt trotz der viel zu schweren herunterhängenden Brüste noch unverbraucht. Im Gegensatz zu den Auka-Männern hat sie kaum Schamhaare.

Erwin will sie trotz der angespannten Situation filmen. Um sie zu beruhigen und bei Laune zu halten, beschenken wir sie mit Kamm und Spiegel. Sie nimmt beides wie selbstverständlich entgegen. Nur ihr unablässiges Bohren in der Nase zeigt uns, wie aufgeregt sie ist. Angesichts der Übergabe der Geschenke hält es eine ältere Frau und den wohl zu ihr gehörenden Mann nicht länger im Verborgenen. Wie aus dem Boden gewachsen stehen sie plötzlich vor uns. Beide müssen schon Zivilisationskontakte gehabt haben. Friedliche? Er trägt jedenfalls ein Paar am Schaft auf halber Länge abgeschnittener Gummistiefel, sie eine lange, schlotternde Turnhose.

Vielleicht stammen sie aus dem verlassenen Lager Tivacuno?

Der alte Haudegen ist schrecklich anzusehen. In seinem mageren Gesicht fehlt ein Auge. Das Gebiß mit den überlangen Zähnen ist noch kräftiger ausgebildet als bei den meisten anderen Auka, die wir kennen. Die Lippen können es kaum bedecken. Sein ausgemergelter Kopf bekommt dadurch etwas Maskenhaftes. Auch sein Körper ist sehnig und hager. Die Frau wirkt verwüstet vom vielen Gebären. Ihre schlaffe, rissige Haut fällt in Wellen über den Unterleib. Im Mund fehlen ihr die wichtigsten Zähne. Auch sie trägt ein Kind im Schultertuch. Ist sie die Mutter? Es wäre kaum zu fassen.

Noch zwei Kinder schlüpfen vor uns aus dem versteckten Eingang der Hütte. Damit scheint die Gruppe ihre mutigsten Leute aufgeboten zu haben. Vielleicht stört den Rest des Stammes Titos Overall, erinnert ihn an das Militär in Curaray oder die Männer im Ölcamp, mit denen sie auf Kriegsfuß stehen müssen? Nach der Größe der beiden Hütten, könnten mindestens 30 Auka auf diesem Platz wohnen, darunter vielleicht zehn Lanzenträger, die uns beobachten dürften. Schon mit den sichtbaren Auka verläuft die Begegnung schwieriger und zäher als bei den Auka im tiefsten Hinterland. Sie können hier keine guten Erfahrungen mit den Vorposten der Zivilisation gemacht haben – und die Vorposten der Zivilisation nicht mit ihnen: Noch in jüngster Zeit hat es beim Ölcamp Cononaco Scherereien gegeben. Drei Soldaten sollen von Auka-Kriegern getötet worden sein. Ob Auka-Krieger erschossen worden sind, wissen wir nicht.

Wir überlassen den beiden Paaren den Grundstock eines Hühnervolkes. Die »Gebrauchsanweisung« in Auka spielen wir vom Tonband ab: Sie besagt, daß die beiden Hühner jeden Tag legen würden, daß man die Eier roh und gekocht essen könne, daß sie den Gockel nicht töten sollten, weil er für den Nachwuchs sorgen könne.

Eine große Lebenschance räumten wir den drei Scharrvögeln freilich nicht ein. Von Patzelts früherem Hühnergeschenk ist hier nur der Hahnenschrei übriggeblieben. Wir meinen freilich, einen Hahn bei den Hinterland-Auka nahe der Mesa gesehen zu haben, als wir über ihren Hütten kreisten. Es war ein goldgelber Gockel, der sich mit zwei großen Aras um Futter stritt. Vielleicht ist das ein Indiz dafür, daß jene Krieger Wepes Restgruppe hier überfallen haben und diese paar Menschen am Ort von der ehemals großen Gruppe übriggeblieben sind? Wir binden den Tieren die Beine los. Von der anhaltenden Panik und der langen Reise völlig erschöpft, bringt der Hahn nur ein verzweifeltes Krächzen heraus, während die beiden Hühner überhaupt nicht protestieren, als wir sie den Auka in die Hände geben. Deren Freude ist groß. Mit Behutsamkeit legen sich die Männer und die ältere Frau die Vögel in die Armbeuge und streicheln den Tieren behutsam das Gefieder. Dann verschwinden sie eiligst mit ihnen im Haus.

Zu gern wüßten wir, wie es im Innern dieser Hütten aussieht. Aber die Situation ist nicht ermutigend. Zu nahe sind wir den Frauen und Kindern. Und die unverhüllte Feindseligkeit im hübschen Gesicht des jungen Kriegers läßt uns – trotz der Geschenke – kaum auf Fortschritt der diplomatischen Beziehungen hoffen.

Nach einer halben Stunde haben wir neben unseren restlichen Geschenken überdies soviel Nerven bei dieser Gruppe gelassen, daß wir uns über den Abflug einig sind.

Auch diesmal gehen zum Glück die beiden Männer und zwei der Kinder ein Stück mit. Unterwegs trenne ich mich noch von meinem Hemd und meinen leichten Schuhen. Der Altkrieger hat andauernd auf einen langen Schnitt an der Seite seines Gummistiefels gezeigt, der bis in die Haut des Fußes gegangen ist. In unmittelbarer Nähe des Helikopters soll der Mann seinen Willen haben: Ich fliege ohne Schuhe zurück.

Die Regenzeit macht den Himmel über dem Oriente trügerisch. Während unseres Aufenthaltes haben sich dunkle Gewitterwolken heraufgeschoben. Das von weißen Wölkchen durchzogene Blau über uns hat uns getäuscht, weil uns die nächsten Hügel den Blick verstellen. Bald nach den ersten Flugminuten merken wir, daß wir von einer Schlechtwetterfront eingekreist sind. Dicke Cumulonimben haben sich bedrohlich über das Land gelegt. Das Suchen und andauernde Kreisen hat viel Benzin gekostet.

»Das wird knapp«, sagt Erwin als gelernter Flieger. »Wir haben Sprit für etwa 30 Minuten.« Der Pilot bestätigt seine Prognose nach einem Blick auf den Benzinmengenanzeiger. Bei den ersten Wolkentürmen leistet er sich noch einen Kurswechsel, dann aber muß er die Maschine hinunterdrücken. Die Wolken haben sich dichter zusammengeschoben, versperren in dieser Flughöhe Sicht und Orientierung. Umgehen können wir die Gewitterfront jedenfalls nicht. Eine Anzahl von Ausweichkilometern wäre bei unserem geringen Benzinvorrat bedrohlich. Trotz der Spannung in der Kanzel genießen wir das grandiose Bild ringsum. Wir hängen unter einer schweren, bleigrauen Decke, während im Westen blendend weiße, sich bauschende Blumenkohlwolken stehen. Im Osten aber ballt sich das Unheil mehr und mehr zusammen. Das Reifestadium ist zum Glück noch nicht erreicht. Die Turbulenzen durch die Aufwinde halten sich in Grenzen. Aber schon ein paar Minuten weiter herrschen plötzlich Abwinde. Schwerer Regen prasselt gegen die Kanzel, tropft durch undichte Ritzen. Nach einer Viertelstunde wird der Regen gleichmäßiger, dann schwächer. Wir haben eine Vorhut der Schlechtwetterfront durchflogen. Das Bild wird freundlicher, eine gelockerte Decke liegt vor uns. Es können nur noch wenige Minuten bis Curaray sein. Die ersten Hütten der Flußleute im Schutz des Urwaldpostens tauchen auf.

Als wir die schimmernden Aluminiumdächer und die roten Blumenrabatten am Fluß erblicken, der Hubschrauber ohne Landeschnörkel mit den letzten Tropfen Benzin auf den Basketballplatz zwischen Offiziers- und Mannschaftshäusern zuhält, geraten wir doch etwas aus dem seelischen Gleichgewicht. Das Leben erscheint uns wie neu geschenkt. Ob die isolierten Menschen auf ihrem Plateau ähnlich empfinden? Hinter uns fällt unter Krachen und Blitzen der Regenvorhang ins Auka-Land.

Vom Campamento Curaray fliegen wir tags darauf mit unserem Hubschrauber nach Pastaza zurück. Von dort wollen wir zu unserer zweiten Expedition aufbrechen – vorausgesetzt, unser Kundschafter Cäsar Estrella wartet mit interessanten Nachrichten und hat alles vorbereitet. Dann werden wir vom Flußhafen Misahualli aus mit Kanus den Rio Napo hinunterfahren. Bei Campana Cocha möchten wir eine Gruppe unruhiger Grenzland-Auka besuchen, die noch ein Standbein in der Wildnis haben, mit dem Spielbein unsicher in der Zivilisation Fuß fassen. Im Tal des Rio Napo werden noch manche Todesfälle einfach auf ihrem Konto verbucht.

Im Wilden Osten von Ekuador

Rio Napo

Der schneebedeckte Sangay[1], dessen blütenweißer Vulkankegel im zarten Rosa der sinkenden Sonne leuchtet, begrüßt uns in Pastaza. Wir wissen, daß dies eine Auszeichnung ist. Der Berg läßt sich oft wochenlang nicht blicken.

Unsere Absprache mit Cäsar Estrella hat wider Erwarten reife Früchte getragen. Während unserer kleinen Abschiedsfeier für die Hubschraubermannschaft übergibt uns die Patrona des Hotels »Azuay« eine Notiz unseres Buschläufers. Estrella teilt darin mit, daß die protestantische Mission »Los dos Rios« einen Lehrer namens Pedro Chimbo-Andi vorbereitet, und zu einer Auka-Gruppe geschickt hat. Sie ist nach einer Flußfahrt von eineinhalb Stunden auf dem Napo und einem anschließenden Fußmarsch von acht Stunden zu erreichen.

»Dreißig bis vierzig Auka sind dort«, notiert Estrella. »Sie haben sich um eine Frau namens Zoila und einen Krieger namens Dabo gesammelt.« Zoila, schreibt Estrella, spreche Spanisch, Ketschua und Auka. Sie sei vor Jahren vor den Fehden innerhalb ihres Volkes in die Außenwelt geflohen und habe auf der Hazienda »Ila« des Don Carlos Sevilla gelebt. Später sei sie mit Dayuma, die auch auf der Hazienda arbeite, und den amerikanischen Missionarinnen nach Tigueno gegangen. Rivalitäten zwischen Dayuma und Zoila hätten zur Absplitterung der dreißig bis vierzig Menschen starken Zoila-Gruppe geführt. Und zum Schluß der für uns frohen Botschaft heißt es: »Die Verständigung mit diesen Auka ist möglich. Sie sind halb zivilisiert. Soviel ich weiß, kommen auch wilde Auka zu ihnen nach Dayuno.«

Cäsar hat gute Arbeit geleistet. »Der Lehrer«, verkündet er noch, »kommt am 30. Dezember zu einem Missionarstreffen nach Tena. Ich bringe ihn zu euch nach Misahualli.«

Estrellas Notiz läßt uns keine Zeit fürs Atemschöpfen. Noch am selben Nachmittag sind wir unterwegs nach Misahualli. In Puyo wollen wir kurz rasten und neue Kräfte sammeln.

Wir haben für die erste Etappe ein klappriges Taxi erwischt. Unser schweres Gepäck drückt den »Chevy« mit seiner müden Federung tief in den Lehm der Straße oder läßt ihn auf Steine auflaufen. Bei jeder Bodenwelle ziehen wir unwillkürlich den Steiß ein. Das Gaspedal des Autos ist durch ein

[1] Der Sangay, 5230 Meter hoch, ist ein tätiger Vulkan

Gummiband gefedert, das durch die Befestigung am Bremsgriff in Spannung gehalten wird. Das knirschende Geräusch beim Bremsen läßt auf abgefahrene Beläge schließen. Erwin hat den Fahrer nach langem Suchen in Pastaza aufgetrieben. Dort will vor der Jahreswende sonst niemand fahren.

Die Straße nach Puyo geht wie auch der exotische Ort in der Substanz noch auf die Shell zurück. Auch das schäbige Lustzentrum vor Puyo. Das Gunstgewerbe paßt wohl nicht in das Bild einer moralisch einwandfreien Ortschaft. Es hat sich vor den Toren zu halten, die Besucher müssen hinausfahren. Puyo mit seinen paar hundert Einwohnern ist für viele Ölarbeiter und Soldaten das Wochenend- und Urlaubsparadies. Die meisten der in kräftigen Farben gestrichenen Holzhäuser haben etwas anzubieten, Unterkunft oder Waren: Transistor-Radios, Fotoapparate, Stoffe, Kleidung, Uhren, Schmuck. Puyo ist auf schwankendem Boden gebaut. Viele Häuser ächzen oder bewegen sich, wenn ein schwerer Wagen an ihnen vorbeirollt. Gilt für das Oriente-Gebiet allgemein die Binsenweisheit, daß es dort täglich regne, so erleben wir in Puyo, daß es stündlich regnet. Hinter dem Ort stoßen die schweren Wolken, die vom Amazonas-Becken heraufziehen, an den Kordilleren-Abhang, kühlen sich ab und entleeren sich mit wahren Sintfluten über dem Land.

Am Eingang des Ortes lebt ein Mann, der diesen Nachteil in einen goldenen Vorteil zu verwandeln weiß. Bei ihm gedeiht die kostbare Catleya maxima-Orchidee wie in Deutschland das Fleißige Lieschen. Der Orchideenzüchter Joe Brenner exportiert seine Pflanzen Jahr für Jahr an amerikanische Abnehmer oder empfängt sie gleich in seinem Hotel »Thuringia«, wo sie inmitten eines paradiesischen Gartens Urlaub machen und kaufen. Er wuchert, weil er im Gegensatz zu vielen Einheimischen hier Spezialwissen besitzt, mit den natürlichen Pfunden des Landes. Das »Thuringia« besteht aus einer Anzahl rustikaler Einzelhäuschen, die unter strotzenden Palmen über den Orchideengarten verteilt sind.

In Joe Brenners Restaurant haben wir nach der Rückkehr von den Auka unsere erste vernünftige Mahlzeit, können unsere überanstrengten Körper einen Tag lang pflegen und entspannen. Am Abend platzt uns der rastlose Erwin Patzelt in die verdiente Siesta. Beim Umherstreifen in Puyo hat er Armando Valverde wiedererkannt, der in seinem Taxi träge auf Kundschaft wartete. Der junge, etwas weich wirkende Mann, ist gegen ein paar Flaschen Bier bereit, sein vergebliches Warten auf eine Fuhre aufzugeben und sich an sein Jahr in Tivacuno zu erinnern, wo Erwin ihm begegnet ist. Er will uns erzählen, was Leute auszustehen haben, die von den Auka als Feinde betrachtet werden. Zur Unzeit war Erwin 1971 ins Explorationscamp Tivacuno gekommen. Unter den verstörten Arbeitern traf er nur auf Ablehnung und Verständnislosigkeit, weil er zu den Auka fliegen wollte. Die Leute standen noch knieweich unter dem Schock, den der Speertod ihres Kochs verursacht hatte.

Armando Valverde war damals auch in Tivacuno. Er fühlte sich viel zu jung, um ans Sterben zu denken. Als er jedoch den heiklen Job bei der Western Geophysic antrat, wußte er, daß er in Tivacuno einen Lohn der Angst empfangen würde. Aber wie sollte ein armer, junger Ekuadorianer mit Weib und Kind zu Hause sonst seinen Traum von einer eigenen Taxe verwirklichen? Hätte Armando jedoch geahnt, wie sehr ihn sein Jahr im Auka-Land an die Nieren gehen würde, Tivacuno hätte ihn nie gesehen.

In seinen Erinnerungen werden die Ereignisse von 1971 wieder lebendig. Armando erzählt abgehackt, mit belegter Stimme, vergißt zeitweilig ganz, daß er im sicheren Puyo vor einem Bier sitzt.

»Als ich nach Tivacuno kam, merkte ich, wie niedergedrückt die Leute waren«, beginnt Armando. »Ich hörte dann, warum die Verwaltung nachts die großen Hunde freiließ, warum Scheinwerfer das Lager und die nächste Umgebung in gleißend helles Licht tauchten. Das alles galt den Auka.«

Erwin stellt die Fragen.

»Hatten sie Grund für besondere Wachsamkeit, gab es Schießereien oder waren die Ölleute den Indianerfrauen zu nahe gekommen?«

»No! Die Leute im Lager hatten viel zuviel Angst vor den Kriegern. Wenn sie überhaupt einen zu Gesicht bekamen, versuchten sie Freundschaft zu schließen. Beim Wege-Schlagen standen sie manchmal plötzlich vor uns. Sie nahmen Essen und Wäsche und brachten Papageien oder Affen.«

»Das war doch ein guter Anfang?«

»Ja und nein. Der Umgang mit ihnen blieb immer gefährlich. Bei jeder Begegnung herrschte unerträgliche Spannung, weil man nie wußte, woran man mit ihnen war.«

»Wie äußerte sich das?«

»Tagsüber nahmen sie Geschenke. Nachts schlichen sie um die Zelte und warfen mit Knüppeln. Sie haben auch Lanzen in die Zelte geworfen und einmal die Brüder Rivas getroffen, einen von ihnen in die Leber.«

»In Tivacuno?«

»Nein, als die Leute draußen im Urwald waren, um einen Pfad zu schlagen, oder bei der Vermessung. Machten wir den Fehler und ließen bei der Arbeit die Zelte ohne Aufsicht, dann raubten sie das Essen, Wäsche oder Töpfe.«

»Hatten die Auka denn keine Angst vor euch?«

»Beide Seiten waren übernervös. Das Campamento Tivacuno war auch relativ sicher. Aber wir konnten ja nicht den ganzen Tag im Lager 'rumsitzen, und im Busch waren sie uns überlegen.«

»Warum haben sie überhaupt angegriffen?«

»Raub- und Mordlust!«

»Vielleicht auch, weil es ihr Land ist?«

»Vielleicht auch. Weil es diese Schwierigkeiten gab, hatten wir den Dolmetscher Sam Padilla. Die Missionare hatten ihn uns geschickt. Sie wissen schon, er ist der Sohn der Dayuma, die in Tigueno lebt. Er kann Auka und Ketschua. Damals, als er kam, war die Situation besonders brenzlig. So ein verrückter Amerikaner hatte vom Flugzeug aus ein Dutzend Gewehre abgeworfen. Keiner weiß, warum. Bei Cononaco haben die Soldaten später auch Schüsse gehört. Die Missionare versuchten, die Gewehre wieder einzusammeln. Ich weiß nicht, ob sie Erfolg hatten.«

»War Samy eine Hilfe für euch?«

»Wie konnte er überall sein, wo sich Gefahr anbahnte? Als der Koch umgebracht wurde, war er jedenfalls nicht zur Stelle.«

»Wie war das mit dem Koch? Hat er wirklich eine Schildkröte gestohlen, wie in den Zeitungen zu lesen stand.«

»Das ist Blödsinn. Der Koch hat ja gar nicht gejagt. Er sollte die Schildkröte zubereiten.«

»Waren Sie dabei, oder können Sie den Hergang genau schildern?«

»Dabei war ich nicht. Ich war ja bei der Verwaltung im Camp. Die Geschichte passierte am 29. März 1971. Das Zelt stand 32 Kilometer von Tivacuno entfernt in der Linie 37.«

»Woher wissen Sie den genauen Hergang?«

»Nick Ayalla und seine Leute haben uns bei der Rückkehr nach Tivacuno alles erzählt. Sie flatterten noch vor Angst. Schließlich hätte es jeden von ihnen treffen können. 14 Arbeiter waren damals draußen. Sie waren so nervös, daß sie öfter mit roten Leuchtraketen um sich schossen, vielleicht auch mal mit Blei.«

»Was dann mit dem Koch geschah, war sicher die tödliche Entladung der durch Aktion und Gegenaktion aufgestauten Spannung?«

»Ja, ein paar Mann waren auf der Jagd gewesen und hatten dem Koch eine Schildkröte gebracht. Als sie das Tier fanden, lag es hilflos auf dem gepanzerten Rücken. Klar, daß es den Auka gehörte! Bestimmt wollten sie die Beute am Ende ihres Streifzuges mitnehmen. Der Koch – ich glaube er hieß José Chiliguinga – entfernte sich so gegen fünf Uhr nachmittags mit seinem Freund aus dem Lager, um die Schildkröte zu waschen.

Die Küche lag nur etwas mehr als 30 Meter vom Zelt entfernt an einem Bach. José stieg das Steilufer hinunter. Sein Freund blieb oben zurück. Beide waren ohne Waffen. Plötzlich tauchten die Auka lautlos auf, und im selben Augenblick flogen die Lanzen. Gleich die erste davon hat Chiliguinga in die Brust bekommen. Sein Freund stand oben wie gelähmt. Er sah, wie der Koch buchstäblich gegen die steile Uferwand genagelt wurde. Schreiend rannte er zum Zelt und alarmierte die Arbeiter. Alle liefen in Panik davon zu einem vier Kilometer entfernter Nachbarzelt. Zurück ließen sie einen unkenntlichen Fleischklumpen mit sechsundzwanzig Lanzen im Körper.«

Erwin löst sich als erster von dem schrecklichen Bild, das die Schilderung unseres Gesprächspartners vor uns aufbaut hat: »Wie habt ihr den Mann aus der Schlucht geborgen?«

»Von den Arbeitern hat sich keiner herangetraut. Am nächsten Tag kam Militär aus Coca. Die Soldaten waren von Tivacuno durch Radio herbeigerufen worden. Sie fanden José gegen die Flußwand gestellt. Überall Lanzen. In den Armen, in den Beinen, im Körper. Seine Hände waren um die eine verkrampft, die in seiner Brust steckte, so, als wollte er sie herausziehen. Eine Lanze war ihm durch den Mund gefahren und verzerrte sein Gesicht zu einer lächelnden Grimasse.«

»Haben die Soldaten eine Strafexpedition unternommen?«

»Das war praktisch unmöglich. Selbst wenn man eine Auka-Hütte aus der Luft angreift, trifft man allenfalls die Kakerlaken. Sie hören jede Maschine bei der Annäherung, wenn sie noch mehrere Minuten entfernt ist, und können im Busch verschwinden. Folgten ihnen die Soldaten dorthin zu Fuß, drehten sie den Spieß um und träten selbst zur Strafexpedition an.«

»Also beschränkten sich die Soldaten darauf, die Leiche. . .«

»Ja, aber erst am nächsten Morgen. Sie holten den Körper aus der Schlucht und brauchten eine Ewigkeit, bis sie die schweren Lanzen mit den Widerhaken aus dem Körper heraus hatten.«

»Liegt Chiliguinga im Busch begraben?«

»Nein, der Körper kam nach Limoncocha. Von dort haben ihn die Missionare hinausgeflogen, ich glaube, nach Quito. Fünfzehn Lanzen wurden unter die Arbeiter verteilt. Einige waren rot von Achiote-Farbe und braun vom Blut. Die anderen Lanzen hat das Militär mitgenommen.«

Die Geschichte vom unglücklichen José Chiliguinga hat tragische Konsequenzen für seine Familie. Der Koch war 38 Jahre alt, als er starb. Sein »Lohn der Angst« hatte täglich 35 Sucre betragen. Seine Familie in Salzedo – die Ehefrau und sechs Kinder – erfuhr angeblich durch Radio erst von Josés Tod, als er bereits in Quito begraben lag.

Wir haben Armando Valverde genug mit unseren Fragen strapaziert. In diesem paradiesischen Orchideengarten in Puyo haben wir Schreckensbilder der Erinnerung an sein bösestes Jahr zurückgerufen.

Am nächsten Morgen sind wir in aller Frühe mit seinem brandneuen Jeep auf dem Weg nach Tena. Obwohl das Land zwischen Puyo und der alten Stadt längst kultiviert ist, verbindet nur eine Schotter-Straße all die kleinen Flecken wie Fátima, Tnte. H. Ortiz, Santa Clara, Arosemena, Tola, Apuya und Puerto Napo. Sie windet sich zwischen den kleinen Fincas hindurch, deren Besteller von Zuckerrohr, Bananen, Tee, Kakao, Ananas , Papaya und der vitaminreichen Naranjilla[1] ihr Auskommen haben, und scheint froh, wenn das ansteigende Land zur Rechten unterm Dauerregen nicht auf sie herunterkippt. Zeitweilig geschieht das. Dann ist die Straße für Tage gesperrt. Die Bauern, Ketschuas und Mischlinge zumeist, sind gewohnt, mit dem Regen zu leben. Wie Pfahlbauten wirken ihre dürftigen Holzhäuser.

Gegen Mittag erreichen wir den breit dahinströmenden Napo. Wo die Straße nach Tena ihn trifft, ist er, von zahlreichen Nebenflüssen gespeist, nach kurzer Talfahrt von den Anden herunter respektabel geworden. Die neue Brücke nach Puerto Napo muß

[1] Naranjilla, ein Nachtschattengewächs mit tomatenähnlichen, ockergelben Früchten

mehr als hundert Meter überspannen. Wir machen Halt: Das also ist die fließende Auka-Grenze! Erwin will einen Strom filmen, den man noch vor wenigen Jahren lieber links von der Mitte befuhr . . .

Inzwischen fühlen sich hier ein paar Amerikaner auch auf der rechten Seite sicher genug, um Gold zu waschen. Lange haben sie den Flußleuten zugesehen, die dem Land in flachen Pfannen zwei bis drei Gramm Gold mühselig pro Tag abringen. Jetzt packen sie das Geschäft amerikanisch an, und das heißt industriell. Am strategisch wichtigsten Punkt, neben der Brücke, steht ihr Haus. Von hier aus läuft flußauf- und -abwärts ein Uferstreifen von 26 000 Hektar, den sie von der Regierung gepachtet haben. Mehrere Bohrungen in die Tiefe des Flußbettes brachten die erwarteten Ergebnisse: Kein Zweifel, daß die Amerikaner ihren Schnitt machen werden. Hier ziehen die Auka keinen Strich mehr durch solche Rechnungen!

Wir überfahren die Brücke nach Puerto Napo und nehmen dann auf der anderen Seite einen Pfad parallel zum Fluß in Richtung Misahualli. Der grobe Schotter auf dem Pfad will den Wagen von unten zerschlagen. Es ist eine ungemütliche Tour. Wir werden jedoch durch malerische Ausblicke von der überhöhten Uferseite hinab auf das breite Band des hellbraunen Stromes entschädigt.

Misahualli. Ein Bretterbudengeviert um eine Plaza. Pointiert von einer viel zu aufwendigen weißen Kirche. Blecherner Trompetenklang, kurzatmig, plärrt aus diversen Transistorradios. Die Läden haben den Bauch geöffnet. Früchte, Kurzwaren, Hausrat und bunte Stoffe quellen der müßigen Menge entgegen, die hier auf ihren Autobus wartet, auf einen Einbaum, der sie flußabwärts bringt, nachdem sie ihre bescheidenen Geschäfte erledigt hat. Polizeistation und letzter Hafen am Tor zur Wildnis – das ist Misahualli.

Wir halten auf das einzige winzige Restaurant am Platz zu. Noch bevor wir den zweistöckigen wellblechgedeckten Bretterbau erreichen – er hat sogar eine umlaufende Veranda – eilt uns winkend Cäsar Estrella entgegen. Schulterklopfen, Händeschütteln, Umarmen, prüfender Blick: Ja, er habe gewußt, daß es gutgehen werde. Alle neigten zur Übertreibung, was die Auka angehe.

Dafür hat der kleine Buschläufer seine Auka-Erkundigung weniger gut überstanden. Er sieht grau und übernächtigt aus. Seine Augen wirken verschwiemelt. Der Zuckerrohrschnaps spielt eben eine wichtige Rolle, wenn man hier draußen erfolgreich um Auskünfte bittet. Natürlich hat Estrella mächtig Spesen gemacht und fragt diskret nach einem Tausender, als wir in »La Posada« am rohgezimmerten Tisch die Begrüßungsfeierlichkeiten beendet und die erste heiße Suppe gelöffelt haben.

Es gibt Neuigkeiten. Pedro Chimbo-Andi, der Auka-Lehrer, komme heute abend, verspricht Estrella: »Ich habe seinen Bruder mit einem Wagen nach Pano geschickt. Pedro nimmt an einer Sitzung der Missionare in Los dos Rios teil. Wenn er zu seinen Auka zurück will, muß er von hier aus ein Boot nehmen.«

Das Warten auf den Missionar ist erholsam. Wir baden im Fluß und halten Siesta im Schatten majestätischer Brettwurzelbäume.

Am späten Nachmittag stellt uns Estrella den Geschäftsmann Gutierrez vor. Der dickleibige Mann scheint sich dessen bewußt, daß sein Restaurant »La Posada« so etwas wie ein geschichtsträchtiger Ort ist. Davon künden nicht nur die gebrauchten Lanzen über der Theke. Hier in der Nähe ist die Stelle, wo die ersten Auka-Frauen vor den Fehden ihres Stammes flohen und über den Fluß gekommen sind. Dayuma und Zoila haben dann auf der Hazienda »Ila« eine andere Welt kennengelernt, sind später mit den Missionarinnen um Rachel Saint zu ihrem Volk in den Urwald gegangen, um an seiner Bekehrung mitzuwirken.

»Ja, so hat es angefangen«, bekräftigt Gutierrez. »Die beiden Weiber haben sich dann später zerstritten. Jetzt hat jedes seine Gruppe. Dayuma lebt in Tigueno, Wiñame (Zoila) haust hier in der Nähe – in Dayuno.«

Die Vertrautheit der Wiñame im Umgang mit Weißen, ihre Kenntnisse der spanischen Sprache, die sie als Serviermädchen bei Don Sevilla gewonnen hat, würde sie zur idealen Mittlerin zwischen uns und ihrem Volk machen. Sie soll auch einmal mit einem Ketschua aus der Gegend um Puyo verheiratet gewesen sein. Auf der Hazienda »Ila« hat sie übrigens den Namen Zoila erhalten. Den Flußhafen Misahualli haben Angehörige ihrer Gruppe schon mehrmals als Schwelle vom Urwald in die Außenwelt benutzt. Zoila-Wiñame hat sie dabei geführt. Im Jahre 1972 hat gar ein Kapitän Villalba einige der Dayuno-Auka aus dem Urwald mit zum Präsidenten nach Quito genommen: »Heilige Mutter, diese Menschen haben dort sogar Gewehre bekommen«, erzählt der Wirt.

Immerhin hat der Offizier Villalba die Indianer an die Mission der Evangelistas gebunden, und der alteingesessene Geschäftsmann Gutierrez hofft, »daß es an der Grenze bald ruhig werden wird«.

Schon mehrere Besuche haben Abordnungen von Zoilas Gruppe inzwischen der Siedlung am Fluß gemacht, die Waren der Zivilisation gegen Handarbeit und zahme Papageien eingetauscht.

Mitte Dezember ist Zoila mit Dabo hier gewesen. Das ist ihr neuer Mann. Ein großer Jäger, wie es heißt. Der Lehrer Pedro ist kürzlich mit »draußen« gewesen, um ein Wellblechdach für seine Urwaldschule zu holen. »Jedesmal, wenn die Auka hier irgendwo auftauchen, steht die Bevölkerung Kopf«, erklärt Gutierrez. Die Aufregung ist zu verstehen, auch wenn diese Auka jetzt Hemd und Hosen tragen: »Schließlich werden wir noch immer von Aukas angegriffen.« Obwohl diese Behauptung Skepsis verdient, erinnern wir uns an Worte von Major Rivera. Er hat uns gegenüber im Militärposten Curaray die Meinung vertreten, daß die Missionierung den Umgang mit den Auka kaum erleichtere: »Viele sind böse wie zuvor, nur verschlagener und dreister, weil sie die Scheu vor uns verloren haben.«

Nicht nur Gutierrez verkürzt uns das Warten auf Pedro Chimbo-Andi. Mit dem letzten Licht zieht unten am Fluß ein rothaariger Amerikaner seinen motorisierten Einbaum ans Ufer. Wir lernen einen vielleicht fünfzigjährigen Pendler kennen, der die vermeintliche Romantik eines versunkenen Zeitalters in Nordamerika hier konserviert. Am Rio Napo darf er Grenzgänger zwischen Wildnis und Zivilisation sein, darf die würzige Luft einer ungebändigten Natur atmen und – wenn ihm danach ist – als verwilderter Hahn im gepflegten Korbe ein paar Wochen Fettlebe zwischen den Damen am Swimmingpool des American-Standard-Hotels »Quito« machen.

Wir helfen ihm, seine Packen aus dem Boot in seine Hütte zu tragen. Er ist bis in Santa Rosa unten gewesen, hat den Menschen am Ufer Stoffe, Werkzeug, Salz, Zucker, Kaffee und Hausrat verkauft, unter den Winddächern der Campesinos Waschgold erworben. Und er hat Nachrichten und Gerüchte verbreitet. »Bei Coca«, sagt er uns beiläufig, »haben die Aukas vor drei Wochen wieder Ketschuas massakriert.«

Auf seiner Veranda, die ihm einen Blick auf verdorbenes Obst, Blechbüchsen und anderen Abfall verschafft, auf schwarze Schweine und fette Enten, die im nahrhaften Uferdreck wühlen, wird er gesprächiger. Erwin hat ihm Whisky spendiert. Für die Leute hier ist unser Amerikaner zwar immer noch ein Gringo, aber von den Dingen am Fluß weiß er mehr als die meisten. Nicht, daß er seine Geschäfte nötig habe, er sei schon gut dran gewesen, als er aus den Staaten gekommen sei. Aber er genieße es, hier zu sein, sei rastlos beim Handeln, Reisen, Fischen, Jagen.

Erwin fragt ihn nach George Kiederle, der einst den unglücklichen Dr. Tremblay geführt und auch hier gelebt hat. Wir erfahren, daß Kiederle inzwischen gestorben ist: »Auch sein Sohn ist tot. Sie wissen, der Junge, den die Negerin mit in die Ehe gebracht hat? Sie wohnten in der Nähe von der Brücke bei Puerto Napo. Der Bursche spielte aus Langeweile mit einem Polizeimensch Russisch-Roulette, so ein Spiel, wo man nur eine Kugel in der Revolvertrommel behält. Als er die Trommel an der Handfläche drehte, steckte die Kugel dann genau vorm Lauf. Die Negerin hat nun niemanden mehr.«

Den Auka-Lehrer, auf den wir warten, nennt der Händler einen armen Teufel, den seine Schüler eines Tages massakrieren würden: »Er war erst Pfarrer, heißt es, bevor er Lehrer geworden ist. Er ist ein Ketschua, der kaum ein Wort Auka spricht. Ist viel zu jung, um erfahren zu sein. Er unterrichte die Auka in seiner Sprache, und die Zoila übersetzt.«

Der Erfolg solchen Strebens hängt vom Fassungsvermögen der Auka-Frau ab. Vielleicht ist das gut so. Der Unterricht geht auf diese Weise nur langsam voran. Achtzehn Erwachsene sollen um Zoila gruppiert sein und fünfunddreißig Kinder. Nein, kein Mensch aus Misahualli habe bisher die Gruppe besucht, beantwortet der Amerikaner unsere Frage. Das sei denn doch zu gefährlich: »Pedro Chimbo-Andi lebt auch erst seit dem 1. Dezember mit ihnen und niemand weiß, wie lange noch.«

Wir sind gespannt auf den jungen Mann, der in den Augen mancher Einwohner ein Todeskandidat ist. Die meisten haben sich längst zum Schlafen niedergelegt, und nur zwischen den Planken einiger Holzhäuser hindurch schimmert Kerzenschein hindurch, als der Lehrer endlich kommt. Er ist ein mittelgroßer, schlanker Mann mit sauber geschnittenem Haar.

Sein Gesicht zeigt Spuren der Überanstrengung um den Mund. Er begrüßt uns zurückhaltend. Der überfallartige Besuch Estrellas und nun die Begegnung mit drei Männern, die bis kurz vor Mitternacht in der »Posada« auf ihn gewartet haben, sind nicht dazu angetan, ihn gesprächig zu machen. Doch Erwin findet Zugang zu Pedro, indem er sich als Lehrer-Kollege von der deutschen Schule in Quito vorstellt. Tito Pareño bringt seine Zeit als Kommandant von Curaray geschickt ins Spiel. Wir fragen den Lehrer nach Schulbedarf, der sich in Quito für ihn decken ließe. Da es in seiner Schule noch an vielem mangelt und Chimbo-Andi Sachkenntnis bemerkt, kommt nach einiger Zeit das Gespräch in Gang, ein Frage-Antwort-Spiel, das mit Unmengen von Coca, Bier und Zigaretten bis zum ersten Hahnenschrei dauert – bis Pedro sein Boot nehmen kann und wir nach Pastaza fahren können.

Nach allem, was uns Pedro wissen läßt, hat diese Schulgründung bei den Auka nichts zu tun mit einem jähen Hineinplatzen ins Auka-Gebiet. Chimbo-Andi ist nicht ungerufen zu den Auka um die Zoila gegangen. Nach seiner Meinung sind sie aus dem »Missionsgefängnis« in Tigueno ausgebrochen, weil sie die Unfreiheit, die Abriegelung gegenüber der Außenwelt dort hassen. Sie sind in Tigueno auf die Außenwelt vorbereitet worden und wollen sie nun eher kennenlernen als die Missionarinnen erlauben. Auch das Bedürfnis der Freizügigkeit im Urwald hat die Zoila-Gruppe fortgetrieben.

Die Geschichte von Pedros Schule ist nur eine Kurzgeschichte. Sie beginnt Anfang Mai 1971. Kapitän Villalba, der mit seinen Soldaten ein Ölcamp zu schützen hat, begegnet zehn Auka an der Stelle, wo heute die Schule liegt. Der Ort heißt Dayuno. Die Auka sind freundlich, wollen essen. Villalba lädt später vier von ihnen ein, mit ihm nach Quito zu fliegen. Sie werden vom Präsidenten empfangen und erhalten Geschenke. David Miller, der Chef der Mission »Los dos Rios«, bringt die vier zurück in ihren Urwald – dorthin, wo sie die Gegend genau kennen. Bald darauf kommt eine weitere Gruppe aus dem Urwald an den Rio Napo. David Miller bringt sie mit den Siedlern am Fluß zusammen und zeigt ihnen, daß eine solche Begegnung auch friedlich ausgehen kann. Nach einem regelrechten Versöhnungsfest von Ketschua und Auka im Mai 1971 bringt David Miller das erste Mal den Lehrer Pedro Chimbo-Andi nach Dayuno. Sie finden eine große Hütte bewohnt, bleiben drei Tage bei der Gruppe und nehmen zehn Auka mit zu der Siedlung Campana Cocha am Rio Napo. Auka und Ketschua tauschen dort Waren miteinander. Dann kann David Miller in der Siedlung zehn Männer gewinnen, die mit den zehn Auka in den Urwald gehen. Sie arbeiten mit der Zoila-Gruppe, roden, pflanzen, bauen Hütten mit auf und bereichern die Materialkultur der Auka durch den Einbaum. Die Gruppe lernt, wie man einen geeigneten Baum ausbrennt und bearbeitet, bis ein zuverlässiges Boot daraus wird.

Nach solch glücklichen Anfängen wagt Pater Miller, mit sieben Auka nach Misahualli und weiter nach Tena zu fahren. Aus Missionsmitteln erhalten sie Kleidung, Hausrat und eine Nähmaschine, mit der Zoila schon gut umgehen kann.

Auch Mittel gegen Malaria und Schlangenbisse gibt Miller der Gruppenchefin mit. Anfang 1973 zeigt ihr David Miller einen Weg, wie sie für ihre Leute vom Staate Ekuador eine Schule erhalten könne. Mit seiner Hilfe wird eine Anfrage beim Concejo Provincial in Tena positiv beschieden. Die Behörde gewährt zwanzigtausend Sucre[1] für Schulbau und Lehrmittel und bewilligt einen Hilfslehrer. Das ist die Stunde für Pedro Chimbo-Andi, 32 Jahre alt, bis dahin evangelischer Pastor im Dienste der Mission »Los dos Rios«. Pedro fliegt mit Kapitän Villalba in einem Hubschrauber nach Dayuno. Mit gemischten Gefühlen anfangs. Er baut dann mit fünf Ketschua-Arbeitern eine Auka-Schule aus öffentlichen Mitteln! Am 17. Mai 1973 wird sie eingeweiht, trägt auf Zoilas Wunsch den Namen ihres Großvaters: »Care Iremenga«. Er ist ein respektierter Lehrer in der alten Auka-Gesellschaft gewesen. So weise war er, daß die Nachbargruppen auf den Wohlstand seiner Leute neidisch wurden. Sie stellten eine Falle. Ganz in der Nähe der Schule, wo eine Furt durch den Fluß führt, hängten sie einen Chicha-Krug über dem Pfad in ein Seil, das sie zwischen zwei Bäumen ausspannten. Als der durstige Iremenga anhielt und von dem Krug trank, töteten sie ihn in diesem Augenblick mit ihren Lanzen.

Heute lassen sich Nachbargruppen aus der Umgegend vom Namen Iremenga anziehen. 20 Hütten stehen um die Schule. Meist nur eine Familie, keine ganze Gruppe mehr, wohnt in einer Hütte. Hühner, Schweine, Enten, sogar Katzen und Hunde beleben die Lichtung. Zwei Kälber sollen den Grundstock eines Viehbestandes bilden. Seit dem 1. Dezember 1973 wohnt Pedro mit seiner Frau ständig in Dayuno – einem Auka-Dorf, das noch auf keiner offiziellen Karte Ekuadors verzeichnet ist! Ganz sicher fühlen sich die Einwohner freilich nicht. In jeder Hütte stehen Speere neben dem Eingang bereit. Für alle Fälle.

Flußfahrt

Eine Woche nach unserer langen Nacht mit Pedro fahren wir den Napo abwärts. Hinter Misahualli läßt der Fluß kaum etwas vom späten Abenteuer unserer Reise ahnen. Die Morgensonne schwimmt in der trägen Strömung. Wir begegnen Flußleuten, die gemütsruhig ihre beladenen Einbäume zu einem der oberen Häfen staken, gleiten an Goldwäschern vorbei, die vor ihren Regendächern am Ufer kauern. Der Fluß ist in der einen Woche, in der wir für Pedro in Quito Schulmaterial besorgt haben, um ein Drittel zurückgefallen. Nur zwei mit dem Flachwasser gut vertraute Kanuführer können uns jetzt mit unseren sechs Zentnern Gepäck nach Campana Cocha bringen. Ein Mann am Bug hält über eine lange Stange Fühlung mit dem Flußbett. Ein zweiter Mann am Außenborder steuert auf labyrinthischem Kurs traumwandlerisch sicher durch den Strom. Pedro Chimbo-Andi hat uns versprochen, mit einem Teil der Zoila-Gruppe aus dem Urwald in die

[1] Im Jahre 1975 etwa 2000 DM

Intimer Kenner der Indianer und der Fauna und Flora des Urwaldes: unser Expeditionsleiter Erwin Patzelt.

Die »Noratlas« auf dem Flugfeld von Pastaza bringt Gepäck und Flugbenzin für uns nach.

Auf Kurs nach Curaray: Unser Pilot Jorge Real hat große Buscherfahrung.

Fort Curaray.
Rote Fallschirme mit Geschenken sind ein Bestandteil unserer Annäherungstaktik an die Auka.

Als die Auka das erste Mal mit den Autoren aus dem Busch kamen, versammelten sich sofort die Einheimischen um die Ankömmlinge.

Der Flughafen Misahualli ist nur ein Bretterbudengeviert um eine Plaza. Von hier aus kann man mit abenteuerlichen Bussen bis nach Quito reisen. Für unsere Expedition begann hier die Kanureise zur Dayuno-Gruppe der Auka.

Zoila.

Dabo.

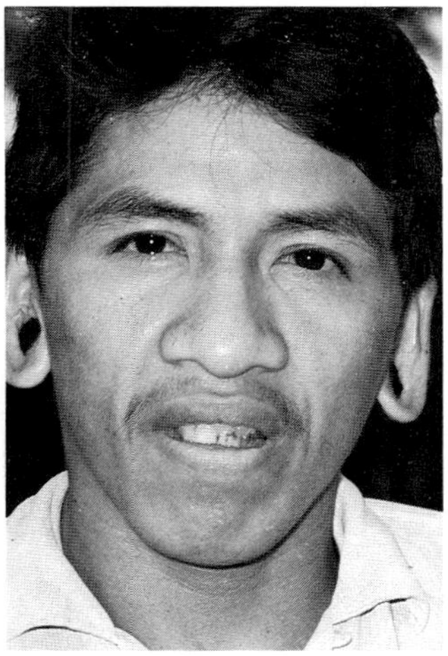

Der Lehrer Pedro Chimbo-Andi.

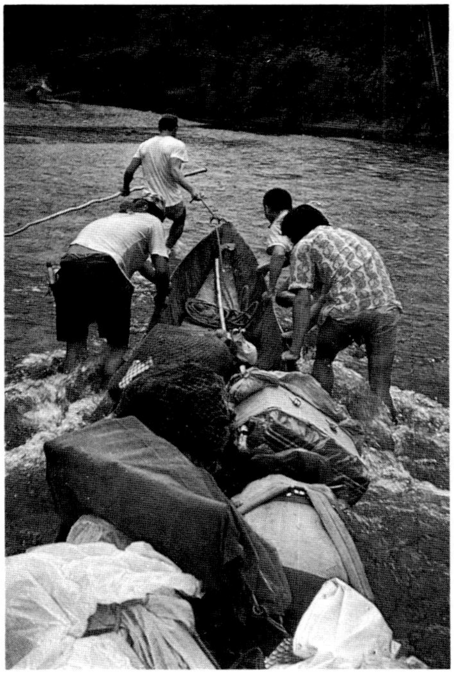

Hinter Misahualli läßt der Rio Napo kaum etwas von späteren Widrigkeiten ahnen.

Der Weg nach Dayuno ist voller Tücken. Tito Pareño nimmt das Kanu im Flachwasser in Schlepp.

Das komfortable Dschungelbett – die Hängematte – hält die Leiber im gesundheitsfördernden und entspannenden Schwebezustand zwischen Himmel und Erde.

Die gewaltigen Blätter der Banane und anderer Pflanzen dienen als Servierteller, Schlafmatten und Sonnenschirme.

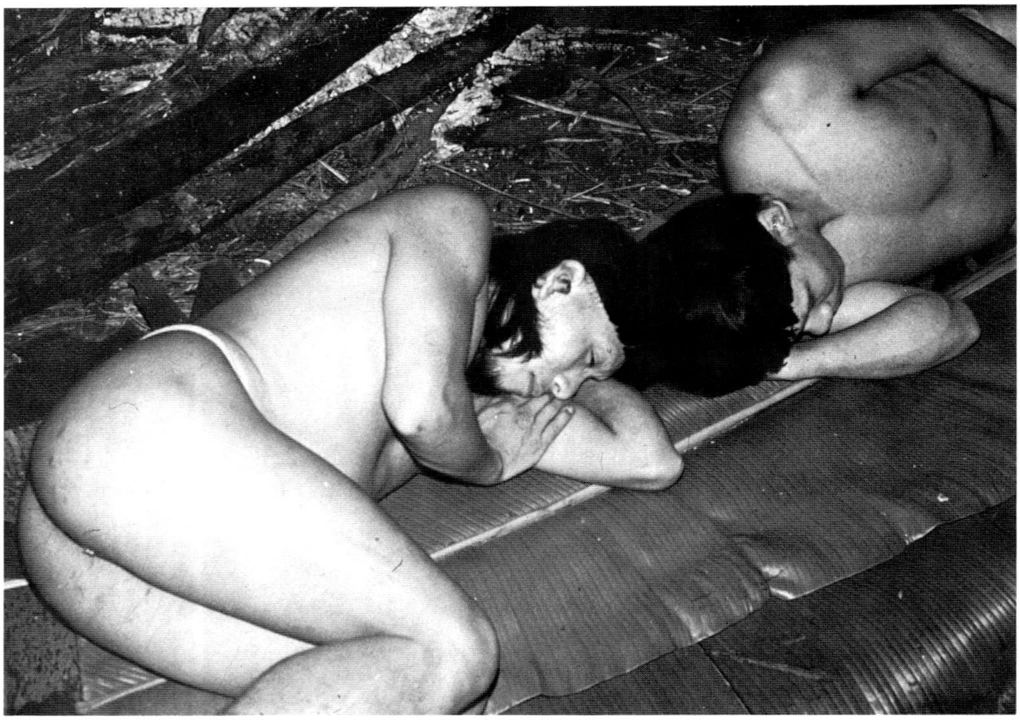

Der kunstlos geformte Tontopf ist ein wichtiger Haushaltsgegenstand. Neben der Feuerstelle liegen Holz, Chonta- und Naranjilla-Früchte.

Aufteilung des Innenraumes in einem Gemeinschaftshaus.

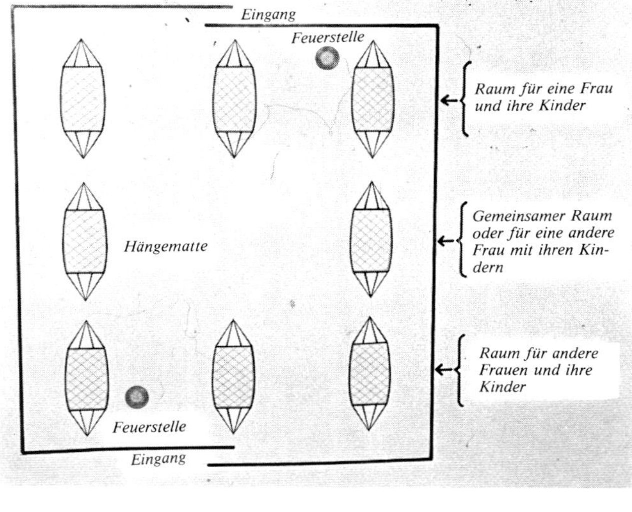

Während eines schweren Tropenregens zieht diese Frau ein breites, festes Blatt zur Abdichtung ins Dach ein.

Fast ein historischer Augenblick: erster Besuch in einer Auka-Hütte. So nahe bei Frauen und Kindern dulden die Krieger Fremde sonst kaum.

Zum alsbaldigen Verbrauch bestimmt! Ihre Vorräte – hier ein erlegtes Gürteltier und Bananen – hängen die Familien unters Dach.

Leichte Beute, die man gern lebend mit nach Hause nimmt: das Faultier.

Nemunga bei der Speerarbeit. Der Fischer muß die blitzschnelle Fluchtbewegung der Beute vorausahnen und die Lanze unter Berechnung des »optischen Knicks« im Wasser ins Ziel bringen.

In der Auka-Diät spielen Affen die bedeutendste Rolle. Das Fleisch wird samt Haut gekocht. Abgezogene Gliedmaßen und Köpfe werden dagegen mit Vorliebe geräuchert.

Hacke (links) und Machete (unten) werden begutachtet und erprobt.

Von den versteckten Ausgängen der Auka-Häuser geht der eine meist zur Lichtung, der zweite zum Urwald.

Angesichts ständiger Speerfehden zwischen den Familiengruppen ist größtmögliche Fruchtbarkeit »die einzige Waffe« – wie Coronel Carlos Espinoza es ausdrückte – »gegen den Untergang«.

Schon dem Kleinkind stechen die Mütter mit einem Splitter Löcher in die Ohrläppchen und weiten sie allmählich mit größeren Pflöcken.

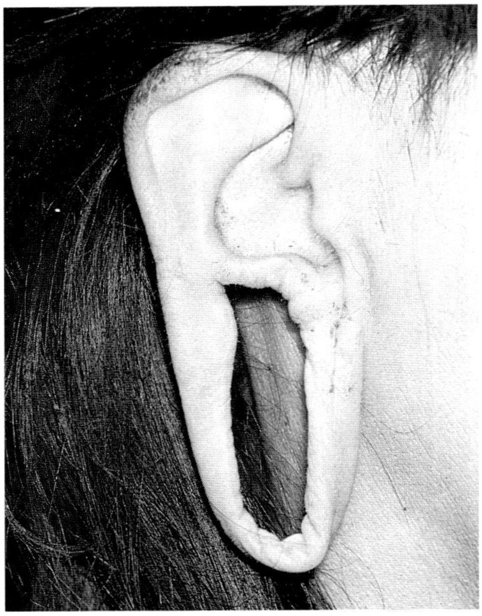

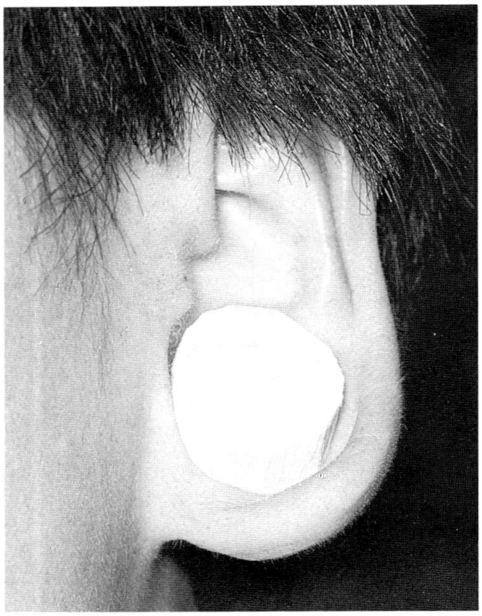

Unten links:
Ohrpflöcke aus Balsaholz werden mit Flußgips geweißt. Sie sind federleicht und haben einen Durchmesser von zwei bis fünf Zentimetern.

Geschmücktes »Tanzbein«. Fruchtbänder um die Waden sorgen beim Tanz für ein rhythmisches Rasseln.

Ketschua-Siedlung zu kommen, wo Tito Pareño, Erwin und ich mit unserem Kanu voll Schulbedarf auf die Auka warten wollen.

Wir verlassen uns ganz auf unsere Kanuführer und genießen die ständig wechselnden Uferlandschaften. Von den Steilufern mit ihrer roten Erde ranken sich violett blühende Windengewächse herunter. Der Königsbambus, 10 bis 15 Meter hoch, tritt immer wieder zu dichten Uferwäldern zusammen. Was hier der Zufall arrangiert, könnte kein Tiergärtner eindrucksvoller gestalten. Ein eleganter weißer Reiher streicht ab, als wir uns nähern, und der schillernde Martinsfischer räumt kurzfristig sein Revier. Gelegentlich zwingt uns der Kurs dicht unters Ufer, wir gleiten unter Helikonien hindurch, die mit langen, rotgelben Blüten vom Fels herunterfließen.

Ein paar Windungen weiter öffnet sich plötzlich die Landschaft. Der Urwald mußte weit zurücktreten: Brandrodung! Bis zu vier Meter hohes Ufergras hat einen Teil des gerodeten Terrains erobert, der Rest gehört dürftigen Anpflanzungen mit Papaya, Bananen, Yukka, Erdnuß, Chonta und anderen Nutzpflanzen. Nur ein paar einsame, ragende Baum-Riesen sind vom Urwald zurückgeblieben. Das Missionsdorf Ahuano liegt auf dem linken Steilufer. Menschen, für die jedes passierende Motorkanu ein Ereignis ist, grüßen herunter.

Der Fluß wird eiliger, wirft im raschen Lauf hohe Wellen mit Schaumkämmen. Wir kommen an langen Geröllbänken vorüber, die mit kopfgroßen Rundsteinen übersäht sind. Der Urwald nimmt hinter der Mission erneut Besitz von steilen Ufersäumen, an denen große Anthurienarten vorherrschen. Abgestürzte Bäume greifen nach dem Boot. Ein Schwarm Papageien, in lauter Unterhaltung begriffen, wechselt über den Strom. Auf einigen Faulstämmen am entfernten Ufer siedelt eine Kolonie Kormorane am fischreichen Revier. Sie läßt sich von uns nicht beeindrucken.

Wie viele hundert Tier- und Pflanzenarten mehr rangeln in diesem scheinbaren Paradies um Raum und Nahrung! Wollten wir sie alle beobachten, müßten wir die Fahrt für Monate unterbrechen. Hier leben die schönsten Tangaren, hier sind Gelbrücken-Tangaren so häufig wie in Mitteleuropa der Grünfink, sind Kolibris und Südamerikaweber sowie all die kleinen und mittleren Papageienarten noch zahlreich. Zu den schon seltenen Kostbarkeiten gehören die großen Aras und der Weißbrust-Tukan. Die Indianer stellen dem bizarren, rabengroßen Vogel nach, verarbeiten den Balg mit dem überdimensionalen Schnabel zu Brustschmuck, zu Federkronen und essen sein Fleisch. Die Bejagung hat den schönen Vogel scheu gemacht. Dabei ist er sonst so dreist. Die plakative Wirkung seines »fliegenden Dolches« lähmt selbst kleinere Greifvögel, so daß er ihre Nester plündern kann, wenn er zu seiner Hauptnahrung an Früchten eiweißhaltige Zukost in fremden Gelegen sucht. In Wirklichkeit ist der große Schnabel von federleichten Hornbälkchen durchzogen und könnte den Greifen kaum gefährlich werden.

Der Rio Napo hat hier in der Montaña, am Rande des Amazonas-Beckens, noch feste Ufer und einen schnellen Lauf. Weiter östlich, wo das Relief der Montaña allmählich flacher wird, bildet er jenes Mäanderband, das für die Amazonas-Zuflüsse im oberen Becken typisch ist. (Den kennzeichnenden Namen tragen die schleifenreichen Ströme nach dem Fluß Mäander im antiken Lydien.) Bis weit hinein nach Peru hat der Napo seine Schleifen. Tiefer im Becken dann, wo hinter dem Flughafen Nauta der Marañon und der Ucayali den Solimões bilden, erstrecken sich zu beiden Seiten der Flüsse oft ausgedehnte Sumpfwälder, die selbst den Urwaldsöhnen unzugänglich sind. Schwimmende Dornen, ungründlicher Boden, Wurzelwerk und Moskitoschwärme sind Hindernisse, über die man nicht ungestraft in die Wildnis eindringt.

Unsere Flußfahrt führt streckenweise noch an unberührten Ufern entlang. Auf diesem letzten Teil der Reise mögen die Auka dafür gesorgt haben, daß auf der rechten Seite nur ein paar verwegene Leute siedeln. Heute sind diese Indianer vielleicht erst vom Hotel »Jaguar« an ein Risiko. Im November soll es noch bei Coca einen Auka-Überfall gegeben haben. Aber das ist immerhin eine Tagesfahrt entfernt.

Erwin hat in vielen Filmexpeditionen die Uferwälder auch auf der Auka-Seite unbehelligt durchforscht. Die Angst vor den Lanzenmännern hat dort das Tierleben in seinem ganzen Reichtum erhalten. Zu seiner filmischen Ausbeute gehören der Fischotter und das behäbige Dreizehen-Faultier, der Grison – er vertritt in Südamerika den Iltis –, der Nasenbär, der Wickelbär, der hörnchengroße Zwergameisenbär und der Tapir. Capybaras, die man fälschlich Wasserschweine nennt, sind besonders zahlreich. Weil ihr Fleisch nicht wohlschmeckend ist, werden diese größten Nager der Welt kaum bejagt. Einmal tummelten sich gleich vier der Tiere im Ufersand, als unser Kanu vorüberglitt. Eine leuchtende Wolke von Schmetterlingen deckte ihren Salzbedarf vom Urin der Nager.

»Campana Cocha kann nicht mehr weit sein«, verkündet der Mann am Außenborder. Erwin läßt ihn an ein paar Faulstämme heransteuern, die von Aufwuchsspezialisten überwuchert sind. In einem der großen, wasserhaltigen Bromelienkelche entdecken wir Frösche der Familie Dendrobatidae. Sie legen in dem Miniatur-Weiher ihren Laich ab, machen hier eine Metamorphose über die Kaulquappe bis zum fertigen, bequemen Frosch durch, der die Pflanze lebenslang als Heimat behält. Am Agua Rico, der nicht weit von hier fließt, hat Erwin auf mehreren Exkursionen, die den Lurchen galten, auf einem Gebiet von zwei mal zwei Kilometern bei Santa Cecilia nicht weniger als 48 verschiedene Froscharten gezählt. Für die Dendrobatis-Frösche und auch kleine Schlangenarten sind Bromelien ein Refugium, das ihnen Wasser bewahrt und Insekten zuführt.

Die ganze Üppigkeit des Pflanzenlebens ist auf die Ufersäume des Rio Napo konzentriert: Farne, Moose, Schwämme, Pilze und Bärlappe wachsen riesenhaft. Baumfarne werden acht bis zehn Meter hoch. Aronstabgewächse erreichen Blattgrößen bis zu einem Meter Länge und siebzig Zentimetern Breite, ihre großen Blätter werden von den Indianern gern als Sonnen- und Regenschirm benutzt, die gelblichweißen Blüten sind von der Natur als Insektenfallen konstruiert. Sie morden jedoch nicht, sondern locken die Tiere mit Nahrung nur zur Befruchtung in den bauchigen Unterteil der Blüte und halten sie in einer Art Reuse gefangen. Sobald die Befruchtung vollzogen ist, »klappen« die Falltüren herunter und die Gefangenen kommen frei. Könnte die Blütenkonstruktion als Vorbild für Fischreusen der Ketschua-Indianer gedient haben?

Bis zu 200 Baumarten wachsen im Regenwald des Amazonas-Beckens mitunter auf nur einem Quadratkilometer. Herrliche Blütenbäume – zum Teil Korbblütler und Schmetterlingsblütler – triumphieren mit ihrer zinnoberroten, violetten, gelben oder orangefarbenen Pracht über das Grün der schlichten Kronen. Eine Anzahl Baumarten hier ist bislang kaum wissenschaftlich erfaßt und beschrieben. Manche Bäume sind so schnellwüchsig, daß sie gut und gern ein bis zwei Meter im Jahr an Höhe zulegen. 20 Meter ist die in wenigen Jahren erreichte Durchschnittshöhe, doch sind Baum-»Kathedralen« von 30 und mehr Metern keine Seltenheit.

Campana Cocha. Auf dem linken Steilufer liegt es so hoch, stehen die wenigen Gebäude so weit zurück, daß man daran vorbeifahren würde, lägen nicht ein paar Einbäume am Ufer und hätte das Gebrumm unseres Motors nicht die gesamte Einwohnerschaft dort oben versammelt. Sind Auka in der Menge? Hat Pedro Wort gehalten?

Kaum gleiten unsere Kanus ins Flachwasser, waten uns vier außergewöhnlich kräftige Männer entgegen, helfen, die Boote mit Schwung ans Ufer zu schieben. Es sind Auka. Aber wie haben sie sich gegenüber ihren fernen Vettern verändert! Die Haare wurden ihnen mit grobem Scherenschnitt gestutzt. Ihres traditionellen Pflockschmucks beraubt, hängen die leeren Ohrlaschen häßlich herunter. Verwaschene Hemden und dünne Turnhosen schlottern am Körper, stinken vom Schweiß der unterm Stoff erhitzten Leiber, sind zerlöchert von den zahllosen Krallen des Dschungels. Noch nicht in dieser Generation werden die in textile Ausschußprodukte gehüllten Auka die Zähigkeit ihrer »wetterfesten« Haut verlieren. Doch schon werden die in den Kleidern hängengebliebenen Ausdünstungen bluthungrige Insekten zahlreicher anlocken. Nicht mehr lange auch und abgeschnittene Gummistiefel werden ihre Füße dem Dschungelboden entfremden. Die Sohlen werden seine Dornen und Äste nicht mehr spüren, aber auch den warmen, sanften Sand am Fluß und die Kühle im Schatten der Bäume nicht mehr. Diese Auka sind dann bald reif und empfindlich genug für Infektionen, die etwa den Grenzland-Jivaro in der Cordillera de Cutucú schon zu schaffen machen.

Der Preis, den sie für die Integration zahlen müssen, wird hoch sein. Doch diese vier ahnen nichts davon. Die Begegnung mit der Außenwelt – die erste Stunde ist gerade angebrochen – beschert ihnen ständig neue Reize.

Wir können uns nicht mit ihnen verständigen. Wie selbstverständlich nehmen sie am Ufer die schwersten Packen auf und tragen sie geschwind den rutschigen Pfad hinauf. Erwin Patzelt stürmt hinter ihnen drein, den Lehrer zu begrüßen, der bei seinen Leuten geblieben ist. Tito Pareño, die Kanuleute und ich machen uns gemächlicher an den Aufstieg. Unterwegs begegnen wir ein paar neugierigen, scheuen Auka-Mädchen, die sich nicht zum Fluß hinunter gewagt haben. Sie machen vor uns kehrt und wieseln den Berg hinauf. Dabei halten sie die Röcke fest an die Oberschenkel gepreßt. Sie können noch nicht einmal Spanisch sprechen, doch schon hat ihnen die engherzige dominierende Kultur beigebracht, sie hätten sich gewisser Körperpartien zu schämen. Keine 100 Kilometer weiter östlich von hier, gehen zur selben Stunde die Auka-Frauen noch nackt!

Oben auf dem Plateau begrüßt uns Pedro Chimbo-Andi. Erwin hat ihm bereits 1000 Sucre für seine Schule zugesteckt, was seine Herzlichkeit beim Gruß beträchtlich vergrößert. Campana Cocha besteht aus fünf Gebäuden. Eines davon ist massiv gebaut, mit Wellblech gedeckt und hat große Glasfenster, von denen freilich keine Facette heil ist. Die anderen Hütten sind nach Ketschua-Art aus Bambus errichtet.

Pedro Chimbo-Andi stellt uns der jungen Professora Yolanda Paredes vor, die hier mutterseelenallein einen Schwarm von Ketschua-Kindern unterrichtet, die von den Pflanzern am Fluß mit dem Kanu zur Schule gebracht und wieder abgeholt werden. Die junge Frau hat Mut. Vor vier Jahren hat hier noch niemand gewohnt! So einsam, überfordert und auch gefährdet die Lehrerin hier draußen ist, so bitter notwendig jeder Unterricht für die Fortentwicklung auch der isolierten Teile des Volkes sein mag, so schlecht wird sie bezahlt: Ganze 180 DM beträgt, umgerechnet, ihr Monatsgehalt.

Heute ist Yolanda sichtlich nervös. Pedro gelingt es nur in den ersten Minuten, seine Spannungen mit der Lehrerin vor uns zu verbergen. Sie hat ihm deutlich zu verstehen gegeben, daß sie von seinem Experiment, mit der halben Auka-Gruppe über den Fluß zu kommen, gar nichts hält. Pedro mußte sich mit der Zoila und ihren Leuten ganz auf die zwei entferntesten Hütten am Waldrand zurückziehen und jeden einzelnen im Auge behalten. Trotz der ersten Kontakte, die doch gerade am Ort glimpflich verlaufen sind, traut die Lehrerin einem streunenden Hund eher als einem Auka.

Die Sorge bricht aus ihr heraus: »Als sie gestern abend in so großer Zahl über den Fluß kamen, waren meine Schüler außer sich vor Angst. Ein Teil ist zu den Eltern geflohen. Bei den bisherigen Begegnungen war doch immer Militär dabei.« Wir fühlen uns mitverantwortlich und versprechen ihr, so lange zu bleiben, bis der letzte Auka abgezogen sei. Ein paar Schülerinnen bringen unser Gepäck ins Klassenzimmer, wo wir auf den Bänken übernachten werden.

Auf unsere drängenden Fragen meint der Lehrer, er habe seine Gruppe ganz fest in der Hand. Er gibt dann aber zu, daß der alte Haudegen Dare nicht zu lenken sei: »Heute nacht hat er einer Auka gedroht, er werde seine Lanze vom anderen Napo-Ufer holen. Die Kleine, fast noch ein Kind, wollte nicht mit ihm schlafen. Jetzt schleicht er in der Gegend herum und sinnt auf eine Teufelei.«

Davon weiß die Professora nichts. Pedro bittet uns um Stillschweigen. Er weiß genau, daß die Ketschua am Fluß ihr Pulver trocken halten, und er fürchtet den Funken.

Dare ist, wie wir erfahren, ein alter Töter. Vielleicht lockt ihn unsere Ankunft und die Aussicht auf Geschenke zur Gruppe zurück?! Wir hoffen darauf.

Pedro führt uns zur Veranda einer der beiden Bambushütten. Sie ist überfüllt. Zwanzig oder mehr Auka, Erwachsene und Kinder, scharen sich dicht um eine Frau in mittleren Jahren, die wir respektvoll begrüßen. Sie hat ein breites, flächiges Gesicht mit schönen, großen Augen und einen gedrungenen Körper. Das glatte, lange Haar läßt die Ohren frei. Sie sind ohne die charakteristischen Löcher für den Pflockschmuck. Das Schicksal hat Wiñame zur Führerin dieser Gruppe gemacht. Die Rolle übernimmt sie jedenfalls immer dann, wenn sie Kontakte mit der Außenwelt sucht. Wiñame nimmt diese Aufgabe mit einer natürlichen Autorität wahr, die von ihrem Kriegervolk anerkannt wird. Im Dschungel mögen andere führen – ihr Mann Dabo vielleicht oder der starke Nemunga. Diese beiden sind die einzigen, die uns mit der für die Auka sonst ungebräuchlichen Geste des Handschlags begrüßen. Sie nehmen mit dem Lehrer unsere Kartons mit Schulbedarf in Augenschein, inspizieren Hefte, Kreide, Tafel, Bücher, didaktische Hilfsmittel, als hätten sie schon lange darauf gewartet. Indessen drängt die Gruppe heran. Gedämpfte Stimmen schwirren durcheinander. Es ist ein angenehmes, schnellzüngiges Sprechen, reich an kurzen Vokalen und weichen Konsonanten. All die gedrungenen, derben Mädchenleiber stecken in verwaschenen Kattunfähnchen, aus denen die dicken Ellbogen- und Kniegelenke hervorschauen.

Die kurzen Glieder verraten geballte Kraft. Auf dem kurzbehosten Schenkel eines Auka-Mannes entdeckt Erwin entsetzt eine pfenniggroße Wunde. Sie ist typisch für den Stich der Leischmania – einer Fliege, die einen Einzeller überträgt. Im Ölcamp Tivacuno hat mein Freund die schreckliche Wirkung bei einem Arbeiter gesehen: Schmerzlos zunächst frißt sich der Einzeller weiter ein bis zum Knochen, der im Endstadium der Krankheit morsch ist wie ein holzbockbefallener Balken. Wir machen den Lehrer auf die Konsequenz des Leischmania-Bisses aufmerksam. Der übersetzt für Wiñame, die sofort nach einem Medikament fragt. Es gibt zwar ein Mittel, aber in Quito kann man es nicht kaufen. Nur die Ölgesellschaften haben das Medikament für die medizinische Versorgung ihrer Mitarbeiter im Urwald. Erwin verspricht, es zu besorgen und beim nächsten Besuch mitzubringen. Sonst muß man zu einer eisenbartschen Methode als wirklich allerletztem Versuch raten. Der Krankenpfleger Ruben Rodriguez in Tivacuno, der das Mittel 1969 noch nicht besaß, hat die »Huequera«[1] am eigenen Schienbein in seiner Verzweiflung mit einer Kombination aus kochendem Wasser und Zitronensaft behandelt.

Die meisten Auka hier machen sonst einen gesunden Eindruck – im Gegensatz zu manchen Gruppen in der Wildnis. (Allerdings könnten sie kranke und gebrechliche Menschen in Dayuno zurückgelassen haben.) Kieferverbildungen und gewaltige Zahnlücken aber sind auch unter ihnen schon bei den jungen Leuten vorherrschend. In einem Falle können wir uns als Medizinmänner einführen. Auf dem achtstündigen Marsch hat sich die üble Vertreterin einer Milbenart am Fußgelenk eines Kriegers festgesetzt. Diese Milben sitzen im Gras. Streift man sie im Vorbeigehen ab, so bohren sie sich neben den Kapillaren der Körperhaare ein und lassen die befallenen Partien rasch anschwellen wie ein Hefeteig. Aus unserer Apotheke nehmen wir ganz gewöhnliches Öl und reiben das Gelenk des Auka, das seinen Um-

[1] Lockkrankheit

fang verdoppelt hat, damit ein. Tito gibt dem verblüfften Lehrer die drastische Erläuterung: »Die Milbe atmet nach hinten 'raus durch das Arschloch. Schmierst du das mit Öl ein, erstickt sie und kann keinen Schaden mehr anrichten.«

Wiñames Führung ist auf eine bemerkenswerte – sicher unbewußte – Weise demokratisch. Jeder Auskunft und jedem Beschluß geht eine Rückversicherung bei der Gruppe voraus. Die Auka diskutieren kurz und leise. Dann antwortet sie. Obwohl sie gut Spanisch spricht, filtert sie das Gespräch mit uns durch die Ketschua-Sprache des Lehrers. So kann sie keinen Fehler machen. Es dauert bis zum späten Abend, bis wir mit ihr warm werden und auch das direkte Gespräch finden.

Die ersten Stunden gehen damit hin, daß sich die Parteien abtasten. Das Verteilen von Geschenken schließt die Auka noch nicht auf. Immerhin bringt es den vermißten Dare wieder zurück, der vermutlich aus dem Dickicht die Entwicklung der Dinge beobachtet hat. Der Krieger ist viel schlanker als die anderen. Wir hätten ihn kaum für gefährlich gehalten; sein Gesicht wirkt mehr verschmitzt als verschlagen. Auch Dare hat verwachsene, mächtig vorstehende Schneidezähne im Oberkiefer.

Die Gruppe zeigt keinerlei Aufregung, als er kommt. Er nimmt seine Geschenke wie selbstverständlich und bleibt den ganzen Nachmittag friedlich in unserer Nähe.

Ein Teil der Auka – besonders die Frauen und Mädchen – zieht sich nach dem Empfang der Geschenke in eine der beiden Hütten zurück und führt den gewohnten Alltag des Kochens, Flechtens und Schwatzens fort. Auch von den Männern, besonders den jüngeren, bleiben viele scheinbar gleichgültig auf Distanz. Dagegen sind wir ständig von einem Kern erfahrener Altkrieger umgeben. Da sind Dabo, Wiñames Ehemann, Munga, Nemunga, Pego, Nänä und Gumi. Von den Frauen halten sich Dayo, Genyë, Umanduki und Wiña in unserer Nähe. Alle wirken freundlich und bereitwillig. Dennoch haben wir manchmal das Gefühl, sie belauerten uns.

Am Nachmittag studieren wir wie spielerisch ihren Umgang mit Blasrohr, Speer und anderem Gerät. Wir sehen, wie geschickt jeder einzelne ist. Die Indianer werden aufgeschlossener. Patzelt animiert sie zum Singen und Tanzen und filmt sie dabei. Wir sind bald so erhitzt, daß wir hinunter zum Fluß gehen, um zu baden. Sogar Dare beteiligt sich fröhlich. Männer wie Frauen steigen samt ihren Kleidern ins Wasser: Der Einfluß der Missionierung macht sich einmal mehr bemerkbar.

Auf unser technisches Gerät reagieren einige Männer nicht mehr naiv. Fernglas, Brille, Uhr, Taschenlampe – all das haben sie schon gesehen, wenn auch noch nicht besessen. Munga besitzt übrigens einen neuen Hinterlader mit rotgefärbtem Schaft. Und er kann damit umgehen. Lediglich an Pareños Pistolenhalter fummelt Wiña dauernd herum und gibt keine Ruhe, bis Tito mit der Pistole eine Naranjilla-Frucht abgeschossen hat.

Sie haben die Schwelle zur Zivilisation überschritten. Doch ist den meisten das traditionelle Leben so gegenwärtig, daß wir es bei ihnen viel besser erkunden können, als dies bei den ganz isolierten Gruppen der Fall wäre. Mit ihrer Hilfe hoffen wir auch auf Verständigung mit Auka-Gruppen, die aus dem Urwald zu ihnen stoßen.

Wir merken bald, daß wir einen Fehler machten, als wir nach der Begrüßung alle unsere Geschenke verteilten. Nach dem Baden kommen Dabo und Nemunga plötzlich mit einem großen Jaguarfell, der fünfeinhalb Meter langen Haut einer Anakonda, mit geschmückten Speeren und Federarbeiten. Freudestrahlend nehmen wir die Kostbarkeiten entgegen. Die Häute sind schlecht gegerbt, aber durch ihre Größe eindrucksvoll. Als wir sie in das Klassenzimmer bringen, gehen die beiden Auka mit und bleiben erwartungsvoll bei unserem Gepäck stehen. Doch wir können ihnen nichts mehr geben, und sie ziehen mit bösen Gesichtern ab. Der Lehrer kennt seine Leute und ist an schnell wechselnde Stimmungen gewöhnt. Wir fragen ihn, ob wir die Stücke zurückgeben sollten. Das würde die Situation nur verschlimmern, meint er.

Ratlos brüten wir am Kaffeetisch der Professora. Schließlich richten wir den Auka aus unserem Proviant eine Abendmahlzeit aus Käse, derber Wurst – von der wir die Hälfte wegwerfen müssen –, Reis und Röstbananen. Die Lehrerin steuert gebratenen Fisch bei, Tee und ein dünnes Zitronenwasser. Chimbo-Andi hat uns nicht erst davor zu warnen brauchen, den Indianern das dünne ekuadorianische Bier oder Tabak anzubieten. Sie würden nichts davon vertragen: »Eine Flasche Bier macht sie vollkommen betrunken und unberechenbar.« Das Gastmahl wird auf den Schulbänken arrangiert und mit Kerzen beleuchtet.

Erwin geht zu ihnen hinüber. Seine Einladung zum Essen wird als gute Geste verstanden. Die meisten kommen.

Zwanglos finden wir den Übergang zu einem Gespräch. Zoila-Wiñame und Dabo sitzen uns am Tisch gegenüber. Der Lehrer hat als Übersetzer auf der Schmalseite Platz genommen. Unsere Fragen nimmt er in Spanisch auf und übersetzt sie der Wiñame in Ketschua. Sie wiederholt die Fragen in der Auka-Sprache und sammelt die Antworten, die über dieselben Sprachrelais' in umgekehrter Reihenfolge zu uns gelangen. Der Kerzenschein, von abstürzenden und verglimmenden Schwärmern ständig in Unruhe gehalten, tanzt über die Gesichter der Krieger am Tisch. Die anderen schluckt die Dunkelheit. Wir hören die gedämpften Stimmen, das Schurren ihrer nackten Füße auf dem Stein, das Kichern der Mädchen.

Es sind kollektive Antworten, die sie uns auf unsere Fragen geben. Das Bild rundet sich erst, nachdem jeder seine Meinungen und Erfahrungen zu einem Thema mitgeteilt hat. Das Verfahren dient immerhin der größeren Wahrhaftigkeit, auch wenn ein mehrdeutiges Bild entsteht. Es zeigt, daß der Stamm über viele Dinge keine formelhaften, festen Anschauungen oder Überlieferungen besitzt.

Wir richten unsere Fragen auf ihre Denkweise ein. Zum Beispiel fragen wir sie nicht nach Geistern oder Göttern, sondern einfach, wovor sie sich fürchteten. Zoila gibt die erste Antwort: »Die Aukas haben Angst vor Zauberern. Sie haben Angst, wenn der Brujo[1] sagt, schlimme Phantasmos[2] seien im Wald.«

Munga fällt ein: »Der Brujo in Tigueno hat im Traum gesehen, wie ein anderer Brujo von bösen Geistern verbrannt wurde.« Die Bemerkung erregt den Kreis. Dabo steuert bei: »Es gibt Zauberer, die schicken böse Mächte zu den Häusern anderer Gruppen und zu einzelnen Aukas. Solche Zauberer werden umgebracht.«

»Wir gehen mit Speeren hin, wenn der Brujo einer anderen Gruppe böse Geister herüberschickt«, sagt Kune.

»Gibt es gute Brujos, die heilen können?«

Otaka sagt: »In Tigueno gibt es fünf Curanderos[3], die alle nicht heilen können.«

»Nur töten!« sagt jemand leise im Hintergrund. »Bueno«, meint der Lehrer. »Sie heilen auch mal. Mit Blättern aus dem Walde. Mit Knoblauch gegen Husten. Mit Nesseln. Mit Pfeffergetränken. Bei Schlangenbissen muß man einfach aushalten.« Gegen Infektionen, wie Grippe, Kinderlähmung und andere Krankheiten der Zivilisation, ist bei den Auka kein Kraut gewachsen. Der Ausbruch einer Polio-Epidemie hat viele Verwandte dieser Gruppe in Tigueno getötet. Auch aus Furcht davor sind Zoilas Leute von der Mission fortgegangen.

Dabo hat die ganze Zeit mit seinem Aluminiumring nervös auf die Tischplatte geklopft. Plötzlich sagt er heftig: »Der Brujo von Tigueno sagt, daß wir nicht von Tigueno nach Süden gehen sollen, zum Rio Nushiño. Dort gibt es Tiger, die den Menschen fressen. Das sind große Tiger[4].«

»Größer als normale Jaguare?« fragen wir.

»Größer.«

Aus Munga bricht es heraus: »Der Zauberer hat auch gesagt, Wiñame läßt viele Aukas zu den Ketschuas gehen, und deswegen würden die Tiger sie zuerst fressen.«

»Danach werden sie alle anderen fressen«, ergänzt Nänä.

Tito Pareño wirft ein: »Ja, lebt denn in Tigueno ein Brujo? Dort sind doch die Missionare, die Señoras! Da gibt es keine Brujos . . .«

»Oh doch, fünf Brujos. Der uns gedroht hat, heißt Ememe«, erwidert Zoila.

»Ememe!« bekräftigt Dabo.

»Ememe, Ememe«, geht das Echo im Hintergrund.

Der Lehrer weiß von früheren Gesprächen mit der Zoila-Gruppe: »Sie behaupten, daß der Brujo in Tigueno Tiger machen könne. Er schicke zum Töten schwarze Tiger los.«

Alle Auka im Raum wollen Stellung nehmen, reden von schwarzen Tigern. Erwin fragt den Lehrer: »Sind die Geschichten über die Tiger nicht ein Schreckgespenst, daß die Auka auf der Reservation halten soll?«

»Einige glauben daran«, weiß Pedro. »Früher haben sie nicht soviel Angst gehabt. Sie haben jedoch in der Umgebung von Dayuno Jaguare gesehen, und die Raubkatzen fressen auch ihre Hunde, die sie geschenkt bekommen haben. Das bestärkte sie in ihren Vorstellungen, daß Tiger sie fressen wollten. Sie gehen nicht mehr allein in den Wald. Den Weg von Dayuno nach Campana Cocha haben sie nur schwer bewaffnet gewagt.«

Hier scheint neben Sach- und Frauenraub eine Erklärung für die permanente Feindschaft zwischen den verschiedenen Gruppen zu liegen, das Motiv für zahllose Speerüberfälle: Es ist ein ganz ähnliches Motiv wie bei den benachbarten Jivaro, bei denen vermeintliche Hexerei – neben dem Kopfjagdanreiz – vor der Akkulturierung der Grund für andauernde Fehden gewesen ist. Bei den Auka wirken die Fehden nur besonders zerstörerisch, weil die Speerparteien meist große Hütten mit ganzen Familiengruppen antreffen und der Stamm überdies kaum mehr als 500 Menschen ausmacht. Die kleineren Jivaro-Familien dagegen halten Distanz zueinander, und der Stamm ist groß. Nach verschiedenen Schätzungen gibt es 15 000 bis 20 000 Jivaro in Ekuador und ebenso viele in Peru. Der machtvolle Kashindio, der südlich von Huasaga wohnt, hat Erwin Patzelt in seinen Kopfjäger-Memoiren anvertraut, er habe 25 Menschen getötet. Seine Feinde lägen ständig auf der Lauer nach ihm. Und so hat Kashindio – was in seinem Volk nicht eben häufig vorkommt – sein Anwesen mit Palisaden aus Chonta-Stämmen befestigt. Nachts hält er die Tore geschlossen.

Wiñame bestätigt, was wir nach all den Erzählungen vermuten: Zwischen der Dabo- und der Tigueno-Gruppe herrscht nun Feindschaft, obwohl in Tigueno auch »Dabos« leben und die Dayuma eine Base von Wiñame ist.

Es ist schockierend, mit welchen Mitteln die protestantischen Missionarinnen allem Anschein nach gegen Auka-Gruppen vorgehen, die sich ihrem Einfluß entziehen wollen. Selbst wenn sie die Aktivitäten der Zauberer nicht spüren, verhindern sie offensichtlich den verhängnisvollen Einfluß der Brujos nicht. Sie betätigen sich vielmehr selbst als Brujos. Über das hinaus, was die Auka hier erzählen, fanden wir einen Beweis dafür in einem Artikel: »Eines Tages war ein Mädchen dabei, das Dorf zu verlassen, und alle wußten, sie würde getötet werden. So holte Rachel das Haupt der Mission Limoncocha an das Funkgerät. Der Missionar sprach sehr energisch in Spanisch zu dem Mädchen, während Rachel in Auka übersetzte. Sein Tonfall und die Tatsache, daß diese Anweisungen magisch aus der Ferne kamen, überzeugten das Mädchen davon, daß es bleiben müsse.«[5]

Eine unverdächtige Autorin berichtete dies den staunenden Christenmenschen in den USA. Inzwischen sollen die Methoden in Tigueno geradezu dik-

[1] Spanisch = Zauberer

[2] Spanisch = Geister

[3] Spanisch = Medizinmänner, Krankenheiler

[4] Gemeint sind Jaguare

[5] Georgie-Ann Geyer, »Chicago Daily News«, vom 18. Juni 1969

tatorisch geworden sein. Wiñame behauptet: »Vor einem Monat ist ein Vetter aus Tigueno ohne Erlaubnis fortgegangen, um mich zu besuchen. Als er zurückkehrte, drohten ihm Dayuma und die Missionare: »Wenn du ein zweites Mal 'rausgehst, nehmen wir dich fest und sperren dich ein!«

»Die haben es sich zur Gewohnheit gemacht, die Leute mit Händen und Füßen in Tigueno anzubinden,« ergänzt der Lehrer.

»Wie heißt dein Verwandter?« fragt Erwin Patzelt die Wiñame.

»Wepe!«

»Ich kenne ihn. Vor drei Jahren lebte er mit seiner Gruppe in Gabaro, wo wir ihn besucht haben.«

»Auch den Munga wollten sie einsperren und nach Quito ins Gefängnis schicken«, behauptet Dabo.

»Warum?« will Tito wissen.

»Als im Februar 1973 in der Nähe von Arajuno ein Ketschua-Indianer umgebracht wurde, haben die Señoras Munga die Schuld gegeben«, erklärt der Lehrer.

Munga reagiert heftig. »Das ist eine Lüge. Das ist eine Lüge.«

»In der ersten Februar-Woche«, fährt Pedro fort, »ging ein Ketschua von Archidona nach Arajuno, um dort Leute zu besuchen. Er kam nicht an. Die Angehörigen fanden ihn am Weg. Der Mann war durch den Kopf geschossen, mit einem Gewehr. Die Waffe lag nach Auka-Art bei der Leiche.«

»Munga kann mit einem Gewehr umgehen«, wendet Tito ein.

»Ja. Aber Munga hat sich zu der Zeit nicht dort aufgehalten,« erwidert Wiñame. »Niemand hat zugesehen, als der Ketschua getötet wurde.«

»Kann es ein Auka gewesen sein?«

»Vielleicht«, antwortet Wiñame.

Erwin Patzelt zweifelt. »Ein Gewehr ist für sie eine allzu kostbare Waffe. Die lassen sie nicht einfach bei einem Toten liegen.«

Wenn das alles wahr ist, was diese einfachen Menschen hier erzählen, dann geschieht dort in Tigueno etwas Ungeheuerliches: Die Lehrer des Christentums, die Befreiung aus »heidnischer Geisterfurcht« und zugleich Verheißung einer besseren Zukunft in der Zivilisationsgesellschaft anbieten sollten, nutzen gelegentlich selbst die Ängste der Auka vor dämonischen Kräften. Sie machen den Stamm zudem ärmer, als er je gewesen ist: Sie berauben ihn der Freizügigkeit. Schon ist in dem überfüllten Reservat das Wild selten geworden, ein Jäger muß sich ein paar Tagesmärsche entfernen, um Frischfleisch zu bekommen. So verlieren die Auka ein Element ihrer Kultur: die Jagd. Sie hocken auf dem ausgelaugten Flecken und werden zu Wohlfahrtsempfängern der amerikanischen Überflußgesellschaft. Wie das alles enden wird, läßt sich in nordamerikanischen Indianerreservaten ablesen, wo die Restvölker des Roten Mannes ein Schattendasein führen. Die ersten Schritte in Ekuador zu solchem Elend sind eingeleitet.

Wir wollen das Thema wechseln. Während des Gesprächs haben sich die Auka zunehmend erregt. Dabo schlägt mit seinem Ring andauernd so heftig auf die Tischplatte, daß das Geräusch uns später Mühe macht, das Gespräch vom Tonband abzunehmen. Pedro erklärt uns den Grund. Die Stimmung ist plötzlich in Feindseligkeit umgeschlagen, weil einer der Bootsführer einer derbbeinigen, vollbusigen Auka inzwischen beim Baden im Rio Napo schöne Augen gemacht hat. Nur schöne Augen, mehr geschah nicht.

Das bringt uns nach all der mühseligen Aufbauarbeit einen Rückschlag und eine gefahrvolle Nacht. Mitten im Gespräch ziehen die Frauen sich aus unserem Schulzimmer in die Hütten am Waldrand zurück. Dabo steht auf und geht fort. Zoila folgt. In ein paar Minuten sind wir allein.

Erwin, der die Situation retten will, wagt sich in die Höhle des Löwen. Er findet Dabo mit dem Gesicht nach unten in der Hütte liegen, um ihn herum sitzen die Männer. Sie reden auf ihn ein. Erwin will den Mann vom Boden aufheben. Doch Dabo klammert sich fest und zittert vor Zorn. Da tut Erwin etwas ganz Irrationales. Er kitzelt den Kaziken, bis Dabo sich lachend herumwirft. Er läßt sich aufheben. Erwin drückt ihm unsere kostbare Taschenlampe in die Hand. Das bessert Dabos Laune.

Mit nachdenklichem Gesicht kommt Erwin in den Schulraum zurück. Wir richten uns trotz des akzeptierten Friedensangebotes auf unruhige Nachtstunden ein. Der Kanufahrer Humberto verzieht sich wie ein getretener Hund in seine Ecke und legt sich mit dem Kopf zur Wand schlafen. Wir können ihm nicht mal böse sein.

Der Mond taucht unseren Schlafraum in silbernes Licht. Draußen umherschleichende Krieger könnten in den Schläfern auf den Schulbänken schon ihr Ziel finden, zumal in dem Schulraum alle Scheiben herausgeschlagen sind. Die Geräusche der Nacht – das unanständige Rülpsen des Kaka-Frosches, Vogelrufe, das Zirpen der Zikaden – könnten uns sonst kaum um den Schlaf bringen. Doch nasales Gemurmel in unmittelbarer Nähe halten Erwin, Tito und mich wach. Wir hören das klatschende Geräusch eiliger, nackter Füße auf Lehmboden. Wir spähen nach draußen, sehen aber weiter nichts als das Napo-Panorama im gleichgültigen Mondlicht. Das heftige Schnarchen der Motoristas, die sich trotz verschleimter Atemwege verzweifelt an den Schlaf halten, erregt meinen Neid. Tito Pareño verspricht, bis zur Dämmerung wach zu bleiben. Erwin und ich überlassen uns dankbar der bleiernen Müdigkeit.

Bei Tagesanbruch erfahren wir von Tito, der sich aus der Hütte und bis ans Steilufer gewagt hat, daß die Auka über Nacht alle Frauen in Kanus auf »ihre« Seite des Flusses gebracht haben.

In den Morgenstunden überquert ein Kanu den Rio Napo. Wiñame, Dabo, Munga und der Lehrer sitzen im Boot. Sie steigen im Gänsemarsch den schmalen Pfad herauf und begrüßen uns ohne Zurückhaltung. Bei der Professora im Haus eröffnet uns Pedro Chimbo-Andi während des Frühstücks, daß die Gruppe schon seit einer Stunde auf dem Weg nach Dayuno sei. »Man darf doch den unerfahrenen Schritt des jungen Bootsfahrers nicht so kraß sehen. Euer Dare ist der Lehrerin hier genau so wenig geheuer wie unser Motorista euren Leuten, warum reagiert ihr so?« fragt Erwin enttäuscht.

Der Lehrer aber hat noch nicht ausgesprochen: »Die Zoila hat so entschieden, sie will keinen Konflikt. Wir gehen auch wegen Dare. Aber die Auka wissen, daß ihr Freunde seid. Sie laden euch nach Dayuno ein.« Die erste Einladung an Mitglieder der verhaßten Außenwelt, ein historischer Brückenschlag vom Auka-Ufer aus!

Wir setzen die Tage des Karnevals in Quito für die nächste Expedition fest. Ende Februar leben Gringos inmitten der Wasserbeutelschlacht in der Hauptstadt ohnehin gefährlich; die Auka wollen uns von Campana Cocha aus führen. Welch eine Chance!

Bald nach dem Frühstück nehmen wir Abschied von Wiñames Leuten. Ein Stück noch gleiten unsere Kanus nebeneinander durch das seichte Wasser zur Flußmitte hin. Dann wendet der neue Einbaum der Auka seine Nase mit der Strömung und gewinnt langsam Fahrt.

Bevor wir Kurs auf Misahualli nehmen, schauen wir noch einmal nach Campana Cocha hinüber. Das Steilufer hat sich belebt. An die hundert Menschen winken und rufen vom Saum herunter. Pareño, der lange genug Kommandant des Armeepostens Curaray war, weiß den Grund für die »Bevölkerungsexplosion«: »Die Ketschuas dort oben haben ihre Erfahrungen. Ihre Frauen und Kinder haben sich so lange verborgen, bis die Gruppe abgezogen ist. Es wird noch Jahre dauern und Rückschläge geben, ehe Aukas und Ketschuas einander ohne Mißtrauen begegnen.«

Die Rückreise von Misahualli nach Quito wäre kein Wort wert, hätte sie nicht gerade dann ein Abenteuer gebracht, als wir es am wenigsten erwartet haben.

Bei den Auka haben wir soviel Gepäck gelassen, daß die Expedition auf drei Mann und was sie tragen können geschrumpft ist. Von Misahualli bis Puyo nehmen wir Valverdes Jeep, der am Flußhafen auf die sichere Fuhre gewartet hat. Dort entschließen wir uns, in eine der unverwüstlichen, grellbunten Bus-»Galeonen« umzusteigen, die uns bei der Talfahrt seinerzeit aus dem Schlamassel gezogen hatte. Wohlan!

Der uralte Ford, der Puyo mit der bedeutenden Stadt Ambato verbindet, wird um sechs Uhr früh von einer viel zu großen Menschenmenge buchstäblich geentert. Wie bei einem müden Sofa gibt die Federung des Busses ächzend nach. Wir, ohne jede Übung und Strategie beim Erobern eines Sitzplatzes, landen zu Dritt auf der überlasteten Hinterachse, teilen die für vier Passagiere bestimmten Bänke mit zwei breitgesäßigen Matronen – und werden sofort besprungen. Erst zwacken sie uns an den Waden, dann erobern sie höher liegendes Gelände – Flöhe! Für sie muß der schweißtreibende Raum voller eingezwängter Menschen ein Arkadien sein! Genug davon.

Im qualvollen Tempo 30 schaukelt der unverdrossene Omnibus bis Baños hinauf. Der dicke, bärbeißige Fahrer läßt auf dem Steilkurs zweimal das Kommando »Abajo« erschallen. Wer kann, geht auf Tauchstation, um den Blicken der Polizei zu entkommen. Passagiere, die ans Ziel wollen, machen gemeinsame Sache mit dem Fahrer, der zuviel Plätze verkauft hat. In Baños am Markt ist die erste Etappe glücklich erreicht. Der dicke Fahrer nimmt Aktentasche und Pullover und steigt grußlos aus. Nach zwei Stunden merken wir, daß sein Ausstieg endgültig gewesen ist. Verloren steht der Bus im erwachenden Marktgeschehen. Nach insgesamt dreieinhalb Stunden Wartezeit nimmt ein Mann, falkengesichtig und hager, hinterm Steuer Platz. Er meistert den schwierigen Weg nach Ambato bravourös, fährt jedoch – auch auf gutes Zureden – nicht ins Zentrum, sondern bekennt, daß er keinen Führerschein hat. Ob er ihn vergessen oder nie besessen hat, bleibt offen.

Ein Taxi soll uns zur Bushaltestelle nach Quito bringen. Der Fahrer sieht in uns Ortsfremde und fährt eine Schleife nach Süden, anstatt nach Norden. Erwin, der Ambato jedoch genau kennt, stoppt ihn frühzeitig. Trotz des Protestes zahlen wir nichts und nehmen ein anderes Taxi, das uns am Ziel absetzt.

Ein hochschwangerer Bus hält am Ortsausgang. Friseure, mit ihren Frauen auf einem Innungsausflug, haben den Bus gemietet. Sie verlangen zwei Flaschen Schnaps als Fahrgeld, die wir besorgen, und nehmen uns in Richtung Quito mit. Auf der gut ausgebauten Panamericana kommen wir rasch voran. Gegen ein Uhr nachts hält der Bus. Wir haben die Landschaft des Hochparamo 40 Kilometer vor Quito erreicht. Zwischen den urinierenden Friseuren schnappen wir nach alkoholfreier Luft und warten – die Geborgenheit unserer Heime schon vor Augen – auf den letzten Start. Wir warten vergebens.

Der Bus will nicht anspringen. Nach umständlichen Untersuchungen stellt der Fahrer fest, daß sein Tank leer ist, ebenso der Ersatzkanister. Wieder müssen wir aussteigen, am Straßenrand auf Hilfe warten. Drei Lastwagen rauschen vorbei, ohne auf unser verzweifeltes Winken zu reagieren. Da schieben wir unser Gefährt quer über die Straße. Um vier Uhr früh tut der unfallträchtige Entschluß seine Wirkung. Ein anscheinend leerer Autobus aus Latacunga muß anhalten. Benzin hat der Fahrer nicht übrig, aber gegen ein Handgeld läßt er uns an »Bord«. Als wir zusteigen, entdecken wir, auf den Bänken hingestreckt, eine Fußballmannschaft, die ihren Sieg und den dazugehörigen Rausch ausschläft.

Unter beinahe handgreiflichem Protest lassen sich die Spieler wieder aufstellen. Als wir am Ziel eintreffen, hat die Reise von Puyo bis Quito 14 Stunden gedauert. 14 Stunden für etwa 300 Kilometer!

Ende Januar 1974 hat uns die Zivilisation wieder. Das »Unternehmen Auka« ist für Tito Pareño und mich ausgestanden. Patzelt hat weitere Expeditionen zu den Hinterland-Auka unternommen, hat in regelmäßigen Abständen neues Material nach Deutschland geschickt.

Bei jedem seiner Besuche ist er von den Auka freundlich empfangen worden. Nur einmal ist er in eine beinahe ausweglose Situation geraten. Der Hubschrauber, der bei einer Auka-Gruppe gelandet und wieder nach Curaray geflogen war, kehrte nicht zurück. Erwin und sein Partner saßen auf der Lichtung der Auka, von der Dunkelheit eingehüllt, fest. An die Frage, ob der Hubschrauber abgestürzt sei, wagten sie kaum zu denken . . .

Schon vom ersten Augenblick an war einiges an diesem Tage schlecht gelaufen. Sie hatten eine Gruppe besucht, deren drei Hütten auf einem etwa vierzig Meter hohen Hügel standen. Als sie aufsetzten, waren nur ein alter Mann und zwei Frauen mit einem Kind dort. Erwin berichtet: »Als der Alte sah, daß wir unser Gepäck aus dem Hubschrauber holten, deutete er mit flatternden Händen an, wir sollten wegfliegen: Weg, weg, nur weg. Aber das störte uns zunächst nicht. Wir packten scheinbar gleichmütig alles aus und versuchten, durch Geschenke die Lage zu verbessern. Der kleine Hubschrauber flog dann davon, um zwei weitere Teilnehmer der Expedition einzufliegen. Ein Freund und ich nahmen das Gepäck. Wir steuerten auf eine kleine Hütte zu, in der ein riesiges Loch klaffte. Sie hatte einen zweiten Ausgang nach einem Berghang hin. Durch Gesten und ein grollendes Fauchen versuchte uns der Auka vorzutäuschen, daß in der Hütte ein wildes Tier lebe und wir uns davor in acht nehmen sollten.

Im Schatten der Hütte legten wir unsere Sachen ab. Der Auka ließ uns nicht aus den Augen. Uns war das ganz recht. Zunächst blieben wir mit den vier Auka allein. Nach einer Weile vernahm ich am Fuß des Hügels Geräusche. Der Auka wurde unruhig. Lief zum Hang. Kam zurück. Lief zum Hang. Kam zurück. Ich gab ihm Geschenke, und er glitt damit in den Busch hinein. Er kam mit vier Mann zurück. Nackten Gestalten.

Der erste – als er uns ziemlich unvermittelt sah – warf seine Lanze blitzschnell in einen Strauch. Sie waren freundlich zu uns, wußten aber nicht so recht, was sie mit uns anfangen sollten. Einer der Männer fiel besonders auf, weil er sechs Finger an jeder Hand und sechs Zehen an jedem Fuß hatte. Er sollte nicht der einzige Mann mit diesen Mißbildungen in der Gruppe bleiben. Alle Auka wirkten krank. Ihre Zähne waren in einem sehr schlechten Zustand. Bald kamen weitere Auka an. Eine Frau trug ein erlegtes Schwein auf dem Rücken, ihr Kind schleppte einen gefesselten Frischling hinter sich her. Beide verschwanden in einer Hütte. Ich versuchte, ihnen mit der Filmkamera zu folgen. Doch der alte Auka zog mich mit ganz ernstem Gesicht zurück. Um keinen Preis wollten sie uns zu den Hütten lassen. Wenn wir uns nur einer Behausung näherten, huschten Kinder aus dem rückwärtigen Ausgang hinaus und rannten zum nahen Wald. Auch von den anderen Frauen war nichts zu sehen. Die Auka hatten sie vor uns versteckt.

Leider hatten wir nichts mehr zu trinken. Der Durst setzte mir stark zu. Eine sengende Hitze lähmte unseren Arbeitsdrang.

Der Hubschrauber brachte dann zwei weitere Expeditionsteilnehmer. Sie hatten eine Anzahl Buschmesser dabei. Beim Austeilen der Buschmesser riß ein Auka meinem Freund Tessmann das Messer so heftig aus der Hand, daß er sich eine stark blutende Wunde zuzog. In diesem Augenblick erhielten wir einen Beweis ihrer Kombinationsgabe, aber auch ihrer aggressiven Besitzgier. Ich nahm einen rotflüssigen Blutstiller und behandelte damit die Wunde. Kaum war ich fertig, riß mir der Auka das Fläschchen aus der Hand. Er sah, daß man damit Verletzungen behandeln konnte, und wollte es für die Gruppe behalten. Sie hüteten aber ihren eigenen Besitz! Wir hatten eine Machete gegen einen Speer eingetauscht und gegen den Hubschrauber gelehnt: Im nächsten Augenblick war die Waffe verschwunden.

Diese fünf Krieger mißtrauten zwar unseren Absichten, wenn wir uns ihren Frauen näherten, zeigten sich aber selbst von einem verblüffenden Zutrauen. Ich hatte eine Mundharmonika dabei und begann ein Stückchen zu spielen. Die Männer drängten heran, der kräftigste Krieger legte seine Wange an meine und lauschte hingerissen und sich wiegend der Volksweise ›Am Brunnen vor dem Tore‹. Nachher bewunderte er das kleine Instrument von allen Seiten.

Über die Nachmittagsstunden wagten sich auch immer mehr Kinder an uns heran. Wir stellten mit Überraschung fest, daß beinahe die Hälfte von zehn Kindern – wie schon der erwachsene Auka – sechsfingrig und sechszehig war. Einige Kinder schielten.

Angesichts der alten, vielpublizierten Erfahrungen mit Auka gerieten wir in Panik, als der kleine Hubschrauber, der am späten Nachmittag nach Curaray geflogen war, bei Einbruch der Dämmerung nicht mehr zurückkehrte. Es dunkelte, und wir mußten unseren Rückflug abschreiben. (Der Pilot berichtete später, gelbes Licht habe ihm den Ausfall der einen Einspritzpumpe signalisiert. Er sei bis Curaray geflogen, wo ein Mechaniker so viel Zeit verbraucht, daß die rasch herabsinkende Nacht den Rückflug zum Auka-Hügel verboten habe.)

Wir richteten uns für die Nacht ein. Erst einmal trugen wir unser Gepäck zusammen. Dann rollten wir Baumstämme zu einem Geviert zurecht und sammelten Feuerholz auf dem Plateau. Der Argwohn der Indianer wuchs. Da wir uns etwas kochen mußten, tauschten wir bei den Auka Bonbons gegen Wasser ein. Von unseren Eßwaren – Rauchfleisch, Wurst, Weißbrot – wollten sie nichts haben. Einige nahmen die Nahrungsmittel zwar an, legten sie aber achtlos auf den Boden, wo sich Ameisen im Augenblick darüber hermachten.

Als die Finsternis das Camp vollends eingehüllt hatte, flackerte unser Lagerfeuer. Vier große Kerzen gaben zusätzliches Licht. Wir teilten unsere Wachen ein, jeder hatte eine Walther-Pistole mit. Wir beobachteten noch, wie die meisten Männer der Auka sich bei Einbruch der Dunkelheit nicht in ihre drei Hütten, sondern in den Urwald zurückzogen. Frauen und Kinder waren im Umkreis des Lichtes nicht zu sehen. Ihre Lanzen hielten die Auka schon den Nachmittag über vor uns versteckt. Die Lage war wirklich nicht geheuer.

Unsere Phantasie spielte uns manchen Streich. Sie ließ uns in dieser Nacht nicht zur Ruhe kommen. Mit den Scheinwerfern unserer Taschenlampen bestrichen wir Platz und Urwaldsaum. Vielleicht hielt das Licht die Indianer in Schach? Plötzlich erfaßte der Kegel zwei Auka, die auf das Lager zuliefen. Sie waren anscheinend unbewaffnet. Sollten sie in der Höhle des Löwen auf den geeigneten Augenblick warten? Wir taten ihnen unrecht, als wir so dachten. Denn sie blieben die ganze Nacht bei uns.

Wir hielten sie in Stimmung und betrieben einseitige Sprachannäherung. Unnötig zu sagen, daß die Gegenwart der Krieger uns auch disziplinierte. Die Gefahr, daß einer von uns durchdrehte, war jedenfalls gebannt.

Die Spannung fiel ab, als der Tag heraufdämmerte. Die Auka spürten das. Auch sie lachten erleichtert. Wir kochten Kaffee und aßen ein wenig. Das Lager belebte sich, als es vollends Tag wurde. Schon vier, fünf Minuten vor uns hörten die beiden Auka die Hubschraubergeräusche: ›Tuck – tuck – tuck‹, machten sie, hoben den Zeigefinger und lauschten.

Wir waren heilfroh, als der Helikopter endlich landete und ihm mit dem Kapitän auch der Kommandant von Curaray entstieg. Jetzt belebte sich der Landeplatz wie in all den Stunden zuvor nicht. Alle Frauen und Kinder, die sich verborgen gehalten hatten, kamen herbei und mehr Krieger, als wir am Nachmittag gesehen hatten. Die Größe der Gruppe überraschte uns. Wir versorgten sie alle mit allem, was uns noch an Geschenken verblieben war.

Ich fühlte mich ermutigt genug, nach der Lanze zu sehen, die der Krieger bei unserem Anblick tags zuvor blitzschnell in den Busch geschleudert hatte. Ich fand sie unten am Hang. Nie zuvor hatte ich eine so wunderbar ausgewogene Waffe in der Hand gehabt. Doch nicht lange. Ein Auka-Krieger nahm sie mir ab und brach sie über das Knie. Ich war im Wortsinn entwaffnet, wollte wenigstens die beiden

Teile retten und nahm sie mit zurück auf das Plateau, wo ich sie gegen das Dreibein meiner Filmkamera lehnte. Doch auch dort verschwanden sie in kürzester Zeit. Hatten die Auka Angst, daß wir die Lanze gegen sie einsetzen könnten? Sollte dies eine besondere Maßnahme zur Friedenssicherung sein?

Sonst verweigerten die Auka uns eigentlich kaum etwas von dem, was sie besaßen. Wir erhielten Papageien, Affen – lebendig und gebraten –, Jaguarzähne und eine Schlangenhaut. Als wir gegen Mittag zum Aufbruch rüsteten, brachte mir der alte Mann, dem wir zum erstenmal begegnet waren, einen großen roten Ara und packte ihn in meinen Rucksack. Trotz der für die Auka doch sehr lukrativen Begegnung mit uns Weißen merkten wir, wie die meisten von ihnen aufatmeten, als wir den Hubschrauber wieder bestiegen und ihr Plateau verließen.«

So weit Erwins Ergänzung. Die Summe aller Erfahrungen, die wir zusammen mit den isolierten Auka gemacht haben, läßt den Schluß zu, daß unser Besuch vielleicht tödlich ausgegangen wäre, hätten wir gewagt, eine Hütte bei ihren Wohnplätzen zu errichten. Sie hätten das als Besitznahme, als Einrichtung auf Dauer mißverstanden. Uns gewährten sie immer nur befristete Gastfreundschaft. Wir nahmen nichts, was sie nicht freiwillig gaben, und Erwin blieb nur unfreiwillig über Nacht. In dieser Nacht war sein Risiko auch am größten! Vielleicht mußten die meisten Menschen im Auka-Wald sterben, weil sie den Anschein erweckt hatten, als wollten sie für immer dort bleiben? Die Flußleute, die Ölarbeiter und die Soldaten am Rande ihrer Jagdgründe erwecken ja nicht nur den Anschein. Deshalb sind sie auch ständig in Gefahr.

Es ist ein glücklicher Wind gewesen, der unserem Unternehmen die Segel gesteift, uns auch unversehrt die Rückkehr aus dem Indianerland erlaubt hat. Auf unserem regulierten Planeten beendet die Flaute der Enttäuschung auch in den Ländern mit einer letzten Wildnis sonst die meisten verheißungsvollen Entdeckungsfahrten. Fast überall tritt man in die Spur irgendeines Vorgängers, sieht man das Kreuz beim letzten scheinbar »wilden« Naturvolk schon eingepflanzt. Wir sind glücklich, erste ethnologische Kunde von den Auka geben zu dürfen, über die der Wissenschaftler Otto Zerries[1] noch in einer 1974 erschienenen Völkerkunde nicht mehr zu berichten hatte als dies: »Die Nachrichten über die Auka sind . . . spärlich.«

[1] H. D. Disselhoff/Otto Zerries, »Die Erben des Inkareiches und die Indios der Wälder«. In der Reihe: »Völkerkunde der Gegenwart«, Berlin 1974

FAB

Die letzten Urwaldsöhne und ihr Lebensraum

Wo die Jaguarmutter wacht

Die Auka der Dayuma-Gruppe haben ihren Kindern früher erzählt, daß die Jaguarmutter Minimpera am Ufer des großen Deroboro-Flusses wache. Minimpera habe auf die Frage, wer jenseits des Auka-Ufers wohne, geantwortet: »Viele, viele Menschen. Und weiter weg viele, viele Menschen. Und dahinter vereinigt sich die Erde mit dem Himmel.« Und wenn man wissen wollte, wohin der Fluß fließe, habe die Jaguarmutter gesagt: »Er fließt weit, weit weg und endet in einem großen Sande.« Das Niemandsland zwischen den Auka und ihren Nachbarn – den Tiefland-Ketschua, Jivaro und Cofan – dehnte sich vor Jahrzehnten noch einige Tagesmärsche weit.

Wir haben in Ekuador nach Quellen geforscht, die Antwort auf die Fragen nach der Herkunft und dem historischen Schicksal der Auka geben – nach ihrer Zugehörigkeit zu einer Sprachfamilie, nach früheren Verbreitungsgebieten, nach Gründen für ihre Isolierung. Erste Anhaltspunkte haben uns die Dinge ihres Alltages geliefert.

Die Materialkultur dieser Indianer korrespondiert mit der vieler Nachbarn, nimmt man die für das Amazonas-Becken besonders typischen Errungenschaften als Beispiel: Blasrohr, Curare, Hängematte, Maniok-Feld und Chicha-»Bier«. Sie zeigt aber auch, nimmt man dieselben Dinge, Abweichungen, die vielleicht in der langen Isolierung der Auka begründet sind.

Stellt man das Blasrohr der Auka neben die entsprechenden Jagdwaffen der Jivaro, Alama und Cofan, zeigt sich, daß die drei anderen Stämme die leichteren, eleganteren Waffen entwickelt haben. Die Auka bevorzugen – wie sie sagen – deshalb das schwerere Gerät, weil sie sich damit beim Hinaufklettern in die Bäume abstützen können.

Daß die Auka von der gleichen funktionellen Basis ausgehen wie die Nachbarn, läßt auch die Matiri erkennen, der Köcher für die zum Blasrohr gehörenden Giftgeschosse. Wieder finden wir aber bei den Auka das schwerere, robustere Gerät, bei den anderen die elegantere, perfektere Lösung. Der Unterschied? Während die Auka-Pfeile lose im schmucklosen Bambusköcher schlottern, wo heftige Bewegungen des Trägers zumindest ihren Spitzen schaden, ein Deckel sie vor dem Herausfallen bewahrt, stecken die Jivaro und andere Nachbarn die feinen Pfeilschäfte zwischen ein Bündel aus Binsengras, das den Köcher satt ausfüllt. Die einzelnen hohlen Halme des Bündels sind mit Chambira-Fasern unten vernäht und dicht gerollt, bis sie den Innenraum des

Behältnisses ausfüllen. Steckt der Jäger hier seine Geschosse hinein, so können sie nicht mehr herausfallen und sind gegen Beschädigungen gut gepolstert. Außerdem sind sie schnell greifbar.

Die Beispiele ließen sich fortführen. Die genaue Beschreibung ihrer Materialkultur wird uns das noch erlauben. Wir wollen jedoch nur bei wenigen in diesem Zusammenhang interessanten Beobachtungen verweilen. Das allen Stämmen des Oriente bekannte Curaregift haftet auch an den Pfeilen der Auka – nur wiederum in einer eigenen Konzentration! Erwin Patzelt versetzte die Politechnica in Quito in helle Aufregung, als er den Wissenschaftlern nach einer Expedition die Abuta-Liane auf den Tisch legte. Sie ist eine Curare-Pflanze, die bis dahin in Ekuador unbekannt gewesen ist. Man weiß, daß sie von den Indianern im Urwald Venezuelas zur Präparierung ihrer Pfeile verwendet wird. In Ekuador hat Erwin sie bei den Auka entdeckt.

Wer von dem Unterschied zu den Nachbarn spricht, muß auch ihre Hütten nennen, für die es keinen Vergleich unter den Urwaldhäusern im Oriente gibt.

Im Mittelpunkt der Auka-Materialkultur aber steht der Speer. Keiner der Nachbarn hat eine ähnliche Waffe hervorgebracht. Wir haben die Chonta-Speere der Jivaro in der Hand gewogen, doch was sind sie für armselige, schmucklose Spielzeuge gegen das furchtbare Kriegsgerät der Auka!

Wie viele Auka birgt der Busch?

Das Verflochtensein der Auka mit dem Urwald wird kaum trefflicher ausgedrückt als durch die Worte der Auka-Frau Dayuma, die bei einem Besuch der Hauptstadt Quito nicht etwa überwältigt in die Hände klatschte, sondern gegenüber den Autoritäten bemängelte, es gäbe nicht genug Bäume, keine Affen und keine Vögel: »Man kann nicht frei gehen, weil viele Menschen unterwegs sind. Die Straßen bestehen aus sehr harter Erde, sind mal heiß, mal kalt.« Schließlich beklagte sie, daß man im Vergleich zu ihrer Urwaldheimat wenig Schatten fände.

Diese Bemerkungen amüsierten die weißen Begleiter der Dayuma wegen ihrer vermeintlichen Naivität. Hätten sie sich in die Situation der Auka hineinfühlen können, sie hätten die Gefahr erkennen müssen, die dem Stamm aus der Konfrontation mit der zivilisierten Welt droht. Doch Carlos Espinoza, zweiter Direktor des Institito Geográfico Militar in Quito, vertritt wohl die Haltung der Mehrheit im Lande, wenn er schreibt: »Die Auka bilden wegen ihrer inhumanen Lebensstruktur eine Gruppe, die den letzten Platz unter den von der Kultur ausgeschlossenen Indianern einnimmt. Ihre Unterentwicklung kontrastiert auf grausame Weise mit der unglaublichen technischen und wissenschaftlichen Entwicklung unserer Zeit.«[1]

Espinoza erkennt in der Auka-Umwelt nur »Monotonie« und beklagt durchaus menschenfreundlich ihren »Ausschluß vom Leben und der Entwicklung der Völker, der nichts anderes ist als eine lange und schmerzhafte Agonie«.

In seinem Aufsatz widerspricht der Satz der Dayuma seiner Auffassung. Der Autor läßt immerhin beides nebeneinander stehen.

Gewiß leben auch im zivilisierten Teil Ekuadors im Staub der Straßen viele Menschen, »ausgeschlossen vom Leben und der Entwicklung der Völker«. Die freien Auka in ihrem angestammten Urwald aber sehen nicht den Gegensatz wie die Bewohner des Hochlandes. Wird der Wald eines nicht mehr fernen Tages aufgeschlossen sein und sind die letzten Urwaldsöhne dort »gezähmt«, drohen ihnen erst recht Agonie und Lumpenbettlertum wie so vielen Naturvölkern im Sog der Zivilisation. Warum hätten sie sonst über all die Jahrhunderte die Isolierung gesucht, aus der sie jetzt erst herausgerissen werden, weil wirtschaftliche Interessen eine Rolle spielen?

Wie kaum in einer anderen Region der Welt hat der Amazonas-Regenwald seine Menschen gegen die Außenwelt abgeschirmt. Die Grenzen der Auka-Jagdgründe haben lange Zeit einige Tribut-Flüsse des Amazonas Stromes gezogen: im Norden der breit dahinfließende Rio Napo, im Süden der Rio Curaray, im Westen abermals der einen gewaltigen Halbkreis beschreibende Rio Napo mit einem Nebenfluß, dem Arajuno, und im Osten vielleicht der Rio Nashiño.

Nicht, daß der Stamm diese Grenzen respektiert hätte – seine Lanzen ließ er auch auf den jenseitigen Ufern fliegen –, aber die Familiengruppen bauten ihre Hütten doch in den Grenzen dieses Gebietes, mieden dabei die einsehbaren Uferstreifen der Ströme, die etwaigen Feinden hätten Zugang gewähren können. Heute dürften die letzten freien Gruppen, wahrscheinlich weniger als 100 Menschen, ein Kernland von weniger als 10 000 Quadratkilometer bewohnen, das östlich des 77. Längengrades liegt. Die langsam von den Anden-Ausläufern ins Strombecken abfallende Landschaft verbirgt die Auka nicht nur im Filzwerk der durchschnittlich über 20 Meter hohen Vegetation. Sie legt sich zudem in zahllose Falten, schafft im oberen Oriente über 300 Meter hohe Hügel und tiefe Einschnitte, die sich nach Osten zu zwar langsam glätten, aber im Auka-Gebiet immer noch zahlreich sind.

Der Geologe schreibt das westliche Auka-Gebiet einem Teil der Hochebene Piedemonte zu, die aus den Ablagerungen des Alluviums entstanden ist. Die reißenden, bohrenden Wasser der von den Anden herunterströmenden Flüsse haben vor vielleicht 17 000 Jahren aus dem Gebirge gewaltige Erd- und Gesteinsmassen herausgewaschen und dort hingeschleppt. Die Erosionsarbeit der Flüsse hat das Relief geschaffen, das wir heute vorfinden.

Im Osten des Auka-Gebietes hat die Natur für weitere Barrieren gegen die Zivilisation gesorgt. Gäbe es die »Todfeinde« der Indianer nicht – Helikopter und Flugzeuge –, lebten die meisten bis heute vielleicht unangefochten in ihrer Abgeschiedenheit.

Denn wer sonst außer den Schatzsuchern der energiehungrigen Zivilisation wollte sich in einem Urwald zu schaffen machen, der ein feindseliges Waschküchenklima aufweist mit Temperaturen von 30 Grad Celsius und mehr und einer langen Zeit andauernder Regenfluten? Auch außerhalb der Regenzeit verwandeln plötzliche Güsse sanfte Flüsse zu gefährlichen Wildwassern. Besonders in Anden-Nähe haben sie ihre widrigen Eigenschaften. Der Westwärtsdrift der immer regenschwangeren Wolken schiebt hier die Gebirgskette ihren ersten Riegel vor. Sie bleiben, sich abkühlend, in den Bergen hängen und ergießen sich in wahren Wasserfluten. Viele Oriente-Flüsse werden dadurch unberechenbar, bieten nur Flußmännern, die an ihrem Ufer aufgewachsen sind, eine Wasserstraße. Einheimische finden eine Kanu-Passage auch dann, wenn die Ströme in nur einer Woche um ein Drittel zurückgefallen sind oder an einem einzigen Nachmittag um zweieinhalb Meter steigen.

Die Auka sind, im krassen Gegensatz zu allen anderen Urwaldindianern Ekuadors, die mit Einbäumen und Balsaholz-Flößen die Flüsse befahren, der einzige Stamm, der diesen Teil seines Lebensraumes nicht als Weg zu nutzen weiß. Die Auka fischen zwar im Wasser, aber ihre Materialkultur kennt kein Floß und kein Kanu. Hier haben wir einen neuen Beweis für ihre Abgeschiedenheit von der indianischen Umwelt. Diese Schwäche war vielleicht lange Zeit ihre Stärke: Indem sie die großen Wasserstraßen mieden, gar nicht auf sie angewiesen waren, ga-

[1] In: »Quitumbe«, Universidad catolica del Ecuador, Quito

ben sie Eindringlingen keine Chance zu einem Kontakt.

Wir haben versucht herauszufinden, wie viele Auka nun wirklich das weiträumige Habitat bewohnen, und sind dabei in ein Knäuel widerstreitender Schätzungen und Argumente geraten. Die amerikanischen Missionare, die seit 1956 die intensivsten Beziehungen zu ihnen haben, geben ihre Zahl mit insgesamt etwa 500 Menschen an. Sie stützen sich auf die Zeugnisse »ihrer« Indianer. Ausgedehnte Suchaktionen aus der Luft, durch den missionarischen Eifer beflügelt, und die langjährige Kontrolle über das Gebiet haben die Linguisten zu besseren Kennern der Auka gemacht, als selbst ekuadorianische Ethnologen dies sein könnten. Die Arbeit in diesem Indianerland ist den einheimischen Wissenschaftlern – wie etwa dem Direktor des Anthropologischen Instituts in Quito, Alfredo Costales – sogar lange untersagt gewesen. Auch der zweite Direktor des Geografischen Instituts in Quito lernte den Widerstand der Missionare kennen: Sie wiesen seinen Versuch, über Cononaco einen »Einstieg« ins Auka-Land zu finden, zunächst ab. Er schrieb Mutmaßungen nieder: »Nachforschungen und Informationen von Leuten, die die Zone kennen, führen mich zu dem Schluß, daß die Zahl der Auka höher als 500 ist, aber die 1 000 nicht erreicht«, meinte Espinoza in »Politecnica«. Er ist einer der wenigen Männer, die trotz des Widerstandes der Linguisten zusammen mit Erwin Patzelt beim zweiten »Anlauf« schließlich ins Hinterland vorgedrungen sind. Geht man von seinen Schätzungen aus, so gehört ihr Gebiet zu den demographisch leersten Räumen dieser Welt – mit einem Einwohner auf einem Quadratkilometer.

Ölleute, Goldsucher, Ketschua-Kolonisten und Militärs – alles Bewohner der Randzonen oder gar Pioniere mitten im Auka-Land – gehen weiter: Sie vermuten bis zu 5 000 Indianer im Dickicht. Wie könnten die Auka sonst, so lautet ihr Argument, dieses gewaltige Land kontrollieren? Tatsächlich waren in allen Richtungen der Windrose, an zahllosen, weit voneinander entfernten Punkten, wieder und wieder ihre Krieger zur Stelle, wo immer die Außenwelt Fuß zu fassen suchte. »Jedermann weiß«, sagte uns ein alter Buschläufer, »daß im Oriente eine Entfernung von 20 bis 30 Kilometer selbst für Urwaldsöhne eine Sache von fünf bis acht Stunden sein kann. Diese Burschen aber scheinen überall zugleich zu sein.«

Reduziert man all die Geschichten, die Angst und Schrecknis aufgebläht haben, auf ein vertretbares Maß, so bleibt doch die Tatsache ihrer Wirksamkeit an zahllosen Punkten ihres Gebietes, so daß bis vor wenigen Jahren die Warnung realistisch war: Zu Fuß ins Auka-Land? Unmöglich!

In diesem Punkt jedenfalls haben die Linguisten recht. Auffindbar sind allenfalls 500 Auka. Die 150 bis 250 »Wilden« unter ihnen haben sich über die ungeheure Fläche des Urwaldes verstreut. Kaum mehr als zwei oder drei Hütten kleiner Familiengruppen von zwanzig bis dreißig Menschen stehen auf einer Anhöhe. Die große Distanz zwischen ihren Rodungen außerhalb des Reservats, bedingt durch ständige Feindseligkeiten, zurückgehende Jagderfolge, leergefischte Flußabschnitte und einen ausgelaugten Boden, macht die Auka zur berüchtigten Stecknadel im Heuhaufen.

Wer sagt uns, daß die scheuen Waldmenschen aus einem Tarnungsbedürfnis heraus nicht von den ragenden Plateaus abgerückt sind, nachdem ihnen aus der Luft ein neuer »Gegner« drohte? Auf unseren eigenen Suchflügen haben wir selbst an den Stellen keine Hütten mehr gesehen, wo Patzelt drei- oder viermal zuvor fündig geworden ist. An einem früheren Wohnplatz war der Busch längst wieder Herr des Fleckens. Doch als wir im Umkreis hartnäckig suchten, fanden wir eine Hütte in einer Erdfalte verborgen. Wie vielen Kriegern die ständigen Speermorde und die unglücklichen Begegnungen mit den robusten Vertretern der Zivilisation – ihren Kugeln und ihren Krankheiten – das Leben gekostet haben, wissen wir nicht. So kann kein Mensch heute sagen, wie viele Auka der ekuadorianische Busch verbirgt und wie viele weiter nach Osten gegangen sind.

Schwacher Schimmer aus zurückliegender Zeit

Beim Graben nach den ethnischen Wurzeln halfen uns in Quito die beiden Völkerkundler Piedad und Alfredo Costales. In der Gegenwartsdarstellung versagte das Anthropologen-Paar, hatte es doch das Auka-Land nur aus der Luft gesehen. Angesichts der abweisenden Haltung der Missionare blieb Alfredo Costales und seiner Frau Piedad nichts anderes übrig, als in den alten Archiven nach dem geschichtlichen Hintergrund der Auka zu suchen. Da freilich bewegten sie sich auf vertrautem Gelände, auch wenn sie wiederum auf missionarische Quellen angewiesen waren. Die größte Bibliothek des Landes, die alle bedeutenden Aufzeichnungen der Vergangenheit vereinigt, ist im Colegio Loyola der Jesuiten zu finden. Weil die jesuitischen Missionare in den frühen Jahren der spanischen Eroberungs- und Kolonialzeit oft in den Fußstapfen der Konquista gestanden haben und auch später aktiv gewesen sind, finden wir bei ihnen die Augenzeugen der ersten Begegnungen mit den Indianern des Landes, in dem heute die Auka wohnen.

Da ist zunächst der Begriff Auka oder Auca. Mit diesem Ketschua-Wort belegte man vor über 300 Jahren schon all die »Barbaren«, die sich der spanischen Herrschaft nicht beugten: »In den Dokumenten der Missionen finden wir, daß auch in anderen Regionen die ›verwilderten und zurückgebliebenen‹ Gruppen von Eingeborenen mit Namen wie ›Aucas‹ oder ›Barbaros Caribes‹ bezeichnet worden sind – Synonyme für wilde, unbezähmbare, blutdürstige Menschen, auch für Kopfjäger«, heißt es in einem Costales-Papier. Die Indianer der Sierra benutzen das Wort angeblich für die Bezeichnung aller Menschen im Urwald.

Auf der Suche nach den Vorfahren der Auka entdeckten die beiden Anthropologen Aufzeichnungen des Geographen Manuel Villavicencio, der anno 1858 in seiner »Geographie von Ekuador« von einer »Familia Orejona« – also einer Familie der Großohren – im Oriente schrieb: »Diese Indianer leben neben den ›Aquateros‹ im Gebiet nahe den Ostanden bis zur Mündung des Napo.« Der Name des Flusses, der bis in unsere Tage die Rolle der Auka-Grenze spielt, könnte auch ein Hinweis auf die Auka früherer Jahre sein.

Und weiter schrieb Don Manuel: »Sie werden Großohren genannt, weil sie ein Loch in ihre Ohren bohren, ein Holzstück einführen, jeden Tag ein größeres, bis das Ohrläppchen von dem runden Holzstück völlig heruntergezogen wird.« Villavicencio nannte auch andere Merkmale des Stammes: »Die Sprache dieser Orejones ist guttural und nasal, etwas verwirrend, da sie schnell sprechen . . . Das Gesicht der Großohren ist breit, fast quadratisch, mit vorstehenden Backenknochen und dicken Lippen.« Der Autor läßt noch wissen, daß »sein« Stamm Handel mit den Ticunas getrieben und Hängematten sowie Lebensmittel gegen Werkzeuge und Zaubereiartikel getauscht hat. Daß die Orejones ihr Habitat am Napo schließlich aufgaben, schrieb der Geograph der Tatsache zu, daß »die Ufer dieses Flusses immer mehr von Weißen besucht werden, gegen die sie anscheinend eine große Abneigung haben«.

Dieser Text des Geographen weist Parallelen zu einem Stamm auf, den 127 Jahre zuvor der Jesuitenpater Maroni in einem Brief geschildert hat. Der Jesuit hat den Namen Yameos für diese Indianer überliefert. Auch diese Menschen schmücken sich –

ebenso wie Villavicencios Orejones – durch »zwei Holzstückchen von der Größe einer Hostie und Dicke eines Fingers, an den Ohren hängend«. Pater Maroni, von dem wir auch eine eindrucksvolle zeitgenössische Beschreibung der Jivaro besitzen, verfaßte seinen ersten Brief über die Yameos anno 1731, als er bei ihnen am Rio Napo mit Evangelisationsversuchen begann. Schon er wunderte sich damals darüber, daß die Yameos im Gegensatz zu anderen Flußbewohnern »nicht rudern können und die Schiffahrt nicht kennen«. Der Pater berichtet, daß die Yameos »eine Pampanilla« tragen, »ein Stück grobes Baumwolltuch, schlecht bemalt, das sie des Anstandes halber um ihre Nieren binden. Die Männer gehen splitternackt, ohne die geringsten Anzeichen von Scham, als ob sie Söhne Adams wären.« Noch mehr Parallelen zu den Auka von heute finden sich bei seiner Beschreibung der Häuser: »Das Dach reicht bis zur Erde. Es ist ohne Licht und hat zwei Eingänge an den gegenüberliegenden Seiten der Hütte. Im Innern sind sie durch Matten in mehrere Zellen aufgeteilt, in denen die Familien, jede für sich, leben.« Und auch von Speeren ist in seinem Brief die Rede, mit denen sie das Bergschwein jagen und die sie »zum Zeichen des Triumphes an Ort und Stelle aufpflanzen«.

Wir wissen aus der »Geschichte der Compania des Jesus«, daß der Pater Juan Lorenzo Lucero erste Evangelisationsübungen bei den Yameos unternommen hatte, und zwar schon im Jahre 1680. Pater Gaspar Vidal setzte im Jahre 1715 die Bemühungen des Jesuiten fort, und zeitweilig war auch Pater Maroni dabei. Eine zeitgenössische Skizze darüber, wie sich im Missionsgebiet die Stämme verteilten und befehdeten, hat Juan Lorenzo angefertigt. Danach grenzte das Gebiet der Yameos im Westen an das der Aunoles und Itucales, . . . im Norden an das Gebiet der Sinigoles, der Zaporos und der Iquitos, ihrer Todfeinde, im Osten an das Land der Mogorunas, der Payaguas und der Guaniares. Im Süden stieß ihr Gebiet an die Populationsinseln der Omaguas. Von manchen dieser Stämme im Oriente (bei Ankunft der Spanier soll das Gebiet von über einer Million Indianern bewohnt gewesen sein), existiert heute nicht einmal mehr der Name. Auch die Zaporos am Rio Pastaza sterben aus. Von ihnen gibt es heute nur mehr etwa zehn Menschen.

Aus dieser und anderen Chroniken konnten Piedad und Alfredo Costales mehr über das weitere Schicksal der Yameos erfahren: »Die . . . Yameos lebten im Hauptteil des Gebietes der Flüsse Nanay und Itatay in mehreren Gruppen . . . Man zählte bis zu zwölf. Nach den Berichten der Chroniken waren sie sehr zahlreich und gefährlich wegen ihres vandalischen Betragens feindlichen Gruppen gegenüber. Nachdem die Missionen der Jesuiten das Gebiet verlassen hatten, starben die Yameos langsam aus, bis nur eine kleine Gruppe zurückblieb, die den brasilianischen Sklavenjägern zum Opfer fiel, die den Marañon heraufkamen. Diese Umstände zwangen sie, sich langsam in den Urwald zurückzuziehen, bis zum ›Guararay‹ und seinen Nebenflüssen, wo sie jetzt unter dem Namen Auka leben.«

Mit allen Vorbehalten, die gelten müssen, bis »eine vollständige Sammlung der Daten über die Auka oder Aushiri« vorliegt, halten es die beiden Anthropologen für wahrscheinlich, daß die Auka von heute die Orejones und Yameos der alten Beschreibungen sind.

Weiter zurück als bis zum Jahre 1680 reichen die Aufzeichnungen nicht, die Piedad und Alfredo Costales in der Jesuiten-Bibliothek entdeckt haben. Die Huarani sind heute kaum mehr als ein Rest- und Rückzugsvolk. Nirgendwo in ihrer Nachbarschaft wird mit verwandter Zunge gesprochen.

Wo die historischen Daten enden, sind nur noch Mutmaßungen als Antwort auf die Fragen nach Ankunft der Auka und ihrer Vorfahren im Regenwald möglich. Da haben wir zur Zeit immer noch wenig mehr als die Theorie vom Einsickern früherer Jägernomaden aus Asien, die während verschiedener Eiszeiten eine Landbrücke genutzt hatten, die von Asien nach Amerika reichte. Ernsthafte Wissenschaftler waren lange der Auffassung, die ersten »indianischen« Jägergruppen wären kaum früher als vor 15 000 Jahren auf den Fährten von Ur-Bison und Mammut zufällig über die Bering-Brücke nach Nordamerika geraten. Heute glaubt man Anhaltspunkte für die Behauptung zu haben, daß mehrere Einwanderungsphasen mit dem Ansteigen und Absinken des Meeresspiegels verbunden waren. Die erste Brücke tauchte vor 70 000 Jahren aus dem Wasser auf, indem die sich ausdehnenden Gletscher einen Teil des ohnehin flachen Meeres verbrauchten. Sie war dann vielleicht 30 000 Jahre lang passierbar. Eine neue Landverbindung tauchte vor vielleicht 35 000 Jahren auf und versank während einer neuen Zwischeneiszeit 10 000 Jahre später wieder in den Fluten. Schließlich bot sich den frühen Menschen noch ein dritter Brückenschlag an.

Alles, was nun an Theorien über die »ersten Amerikaner« traditionell akzeptiert wird, hat mit diesem Brückenschlag zu tun, den der Mensch vor 12 000 bis 15 000 Jahren genutzt hat: So alt sind nämlich die zuverlässig datierten Funde von bearbeiteten Feuersteinspitzen sowohl in Palli Aike, im Süden Patagoniens, als auch in Sandia, New Mexico. Die beiden weit voneinander entfernten Fundorte beweisen, daß der Mensch zu dieser Zeit schon den ganzen Kontinent durchwandert hatte.

Anhand von Blutuntersuchungen bei den Waika-Indianern Venezuelas sind inzwischen die Anthropologen Wilbert und Layrisse zu der Überlegung gekommen, daß nicht nur Gruppen mongolischen Ursprungs, sondern Jahrtausende vor ihnen auch Großwildjäger kaukasischen Ursprungs nach Amerika eingewandert seien. Anhaltspunkte dafür bietet der sogenannte Diego-Faktor, der im Blut der Waika vollkommen fehlt. Das ist ein Unverträglichkeitsfaktor ähnlich dem bekannten Rhesus-Faktor. Nun haben aber alle bekannten mongolischen Völker den Diego-Faktor, auch die Indianerstämme Nord- und Südamerikas, die mongolischen Ursprungs sind. Er fehlt indessen im Blut der Europäer, die kaukasischen Ursprungs sind. Und er fehlt im Blut der Waika[1]. Urkaukasische Großwildjäger könnten vor gut 20 000 Jahren in den Regenwäldern am Orinoko Fuß gefaßt haben, wo man die Waika für ihr Nachfahren hält.

Interessant ist in diesem Zusammenhang auch die altertümliche Materialkultur der Waika, die noch an die Zeiten der Großwildjagd erinnert.

Als nämlich die alten Nahrungsquellen mit dem Aussterben der riesigen Jagdtiere – zu denen Mastodon und Ur-Bison gehörten – vor über 7 500 Jahren versiegten, paßten sich die Indianer allmählich mit neuen Jagdwaffen den veränderten Bedingungen an: Das Blasrohr mit dem Curare-Bolzen und der Fischspeer weisen auf »technische« Umstellungen hin, die die Jagd auf Vögel und Fische verlangte. Bei den Waika haben sich jedoch auch – verglichen mit den wichtigsten Beutetieren – überdimensionale Bogen und Pfeile in ihrer Materialkultur erhalten.

Die entscheidende Bereicherung des Nahrungsangebots im Regenwald brachte die Entdeckung der Maniok-Wurzel. Brandrodung und Feldbau dürften sich unter den Indianern im Amazonas-Becken erst vor gut 4 000 Jahren ausgebreitet haben. Die zweite große Nahrungspflanze – die Banane mit all ihren Unterarten – ist erst im 18. Jahrhundert aus Indien nach Südamerika gekommen. Auch sie ist in den bescheidenen Chacras der Auka heute heimisch.

[1] Siehe auch Baumann, »Valdivia, Die Entdeckung der ältesten Kultur Amerikas«, S. 205, Hamburg 1977

Am Anfang war eine Sintflut

Unser Wissen über den Weg der Auka bis zu ihrem Eintritt in die Geschichte Ekuadors ist also gering. Auch ihre mythologischen Vorstellungen helfen uns nicht sehr weit. Was sie variantenreich über die Entstehung der Welt und die Vorfahren mündlich überliefern, kennt nicht nur die schmerzhaften Metamorphosen, wie sie für viele Nachbarn typisch sind. Diese Geschichten machen zugleich auch die Widrigkeiten deutlich, denen die Auka mit dem Beginn ihres Daseins ausgesetzt sind. Das biblische »Paradies« haben sie nie gekannt. Sie haben im Kampf gegen Hinterlist und Mordabsicht überlebt. Sam Padilla hat uns übersetzt, was seine Mutter Dayuma darüber berichtet hat. Ich erzähle die Geschichte nach.

Es begann mit einem großen Regen. Der Fluß stieg sehr stark an und alles wurde mitgerissen. Großvater und Großmutter[1] krochen auf einen dicken Baumstamm, damit sie nicht im Hochwasser ertrinken. Der Strom nahm sie mit und spülte sie irgendwo ans Ufer. Zwei Fischotter erschienen, die auch flußabwärts getrieben worden waren und gesehen hatten, wie die beiden strandeten. Die Tiere fragten: »Was macht ihr hier?« »Das Wasser hat uns hergebracht«, antworteten Großvater und Großmutter, und sie begannen, sich zu unterhalten. Dann schleppten die Fischotter Holz zusammen, machten ein Feuer und luden die beiden ein, sich zu wärmen.

Großvater und Großmutter drängten sich zu nahe an die Glut, das Holz fiel zusammen und erdrückte den Großvater. In dem Augenblick kamen aus ihm viele, viele Tiere. Die Tiere des Urwaldes. Stachelschweine, Affen, die verschiedensten Vögel, alle, alle Tiere. Sie wurden von den beiden Fischotter mit Knüppeln geschlagen und hatten eine kurze, schwere Zeit durchzustehen.

So stellen sich die Auka die Entstehung der Tierwelt vor. Die scheinheiligen Fischotter aber verfolgten nicht nur die Tiere, sie hatten auch den Menschen eine Falle gestellt. Dayuma weiter: Der Mann verbrannte zu Asche. Sie nahmen die Asche und wickelten sie ein, wie man Curare umwickelt. In den Blatt-Trichter gaben sie die Asche hinein: »Was ist denn mit dem Großvater geschehen?« sagten sie und träufelten Wasser auf die Asche. In dem Augenblick, als der erste Tropfen Wasser auf die Asche fiel, begann der Großvater zu sprechen: »Ich bin der Großvater und kann besser denken.«

Er verwandelte sich in ein Baby. Die beiden Otter nahmen das Kleinkind in ein Haus, gaben es der Großmutter und sagten: »Wir haben es hier angetroffen. Hier bringen wir dir den Großvater, um den du so gelitten hast.«

Indessen überlegten sie schon wieder, wie sie das Kind töten könnten. Sie rieten der Großmutter: »Nimm das Kind und bade es im Fluß.« Die Fischotter wollten sich dann schnell in zwei Stechmücken verwandeln. Während sie das Kind badete, wollten sie die Großmutter stechen, und sie würde das Kind ins Wasser fallen lassen; es würde ertrinken.

Das haben sie auch so gemacht. Die Großmutter ließ das Kind wirklich ins Wasser fallen. Als das geschehen war, verwandelten sich die beiden Fischotter zurück. Sie sagten zur Großmutter: »Sollen wir den Großvater aus dem Wasser holen?« »Ja, aber schnell.« Erst nach längerer Zeit kamen die beiden

[1] Dayuma nennt »Großvater« weiter unten »Götter«, dann auch wieder Menschen

Tiere aus dem Fluß zurück. Der eine hatte einen Arm im Fang, der andere ein Bein. Da wurde die Großmutter sehr böse: »Das ist unser Großvater, den ihr freßt!«

Arm und Bein wurden wieder zu Asche verbrannt, und aus der Asche, die sie mit Wasser beträufelten, entstand wieder ein ganz kleines Kind. Die Großmutter beschützte es. Und schon wieder überlegten die beiden Fischotter, wie sie das Kind verschwinden lassen könnten. Sie ließen einen Baum sehr schnell wachsen, einen Baum des Urwaldes. Dieser Baum hatte ein sehr großes Loch im Stamm. Sie beschlossen, daß sie das Kind hineinlocken und das Loch zudecken würden.

»Laß den Großvater mit uns gehen«, baten sie die Großmutter. »Wir möchten mit ihm spielen.« Doch sie behielt ihn in ihrer Hütte: »Ihr habt schlechte Absichten. Schon einmal habt ihr ihn getötet. Ich passe sehr gut auf ihn auf.«

Die Fischotter überlegten eine neue Hinterlist. Währenddessen wuchs das Kind heran. Eines Tages ließ die Großmutter es dann doch mitgehen. Die Fischotter lockten das Kind zu dem Baum mit dem Loch im Stamm. Sie hatten ein Brett mit einer langen Schnur an dem Stamm befestigt. Beim Spielen glitt einer der Fischotter erst selbst in den Baum. Dann sagten sie zum Großvater: »Jetzt bist du an der Reihe. Das ist doch nur ein Spiel und nicht gefährlich.« Der Großvater weigerte sich. Dann ließ er sich doch überreden. Er kroch in die Öffnung. In dem Augenblick schlossen die Fischotter das Loch, indem sie das Brett an einer Schnur vor den Einschlupf zogen. Sie gaben dem Baum den Befehl zu wachsen. Er wuchs gewaltig. Dann gaben die beiden Fischotter den Befehl: »Verwandle dich in einen großen Felsen.« Sofort verwandelte sich der Baum in einen Felsen. Der Großvater war eingeschlossen.

Er versuchte herauszukommen. Von seinem Toben begann es zu donnern und zu blitzen. Und ein großer Regen begann. Das ist die Geschichte, schloß Dayuma. Das ist die Geschichte von den Göttern, die vor uns kamen. Und weil der Großvater eingeschlossen bleibt, gibt es bis heute die vielen Blitze und den großen Regen.

Wie die Auka ein Volk geworden sind

Wiñame hat uns in einer langen Nacht im Schulhaus von Dayuno nach eingehender Befragung ihrer Krieger auch erzählt, wie sich ihre Leute die Erschaffung der Auka vorstellen. Im flackernden Kerzenlicht standen sie um den rohen Tisch: Dabo, Munga, Nänä, Nemunga, Okata und all die anderen. Ihre Gestalten warfen lange Schatten auf die Wände, und durch die zerbrochenen Fenster hörten wir das heftige Prasseln des Regens. Das war eine Nacht!

Zuerst wollten wir wissen, wie der erste Auka auf die Welt gekommen ist, und stießen auf versammelte Ratlosigkeit. Da haben wir ihnen die Schöpfungsgeschichte, die der Auka-Mann Kadae überliefert und die jetzt die Missionare in Tigueno verbreiten, erzählt: »Wiñame, hör zu«, sagte Erwin, »Dayuma weiß von ihrem Großvater, daß ein Gott einst drei Auka-Männer und drei Auka-Frauen geschaffen hat, danach alle Tiere, auch den schwarzen Tapir. Als er fertig war mit Flüssen, Menschen und Tieren, soll er in den Himmel gestiegen sein, um nie mehr zurückzukehren.«

Die Indianerin erzählte die Geschichte ihren Leuten weiter und wurde von Zurufen unterbrochen. Dann sagte sie: »Davon wissen wir nichts.«

Vielleicht hat sich hier schon ein Stück christliche Schöpfungsgeschichte in die Phantasie der Dayuma eingeschlichen? Wir fragten eingehender nach Gott, der nach vollendetem Werk von der Erde gegangen sein soll, und Wiñame erklärte, wieder nach Rücksprache mit ihren Leuten: »Früher haben die Auka die Sonne verehrt. Andere haben auch das Wasser verehrt. Im Fluß wurde vieles heruntergetragen und vieles fortgenommen. Der Fluß schenkte und der Fluß strafte. Jetzt glauben einige an einen Gott, der im Himmel wohnt.«

Hier kam eine Bestätigung des Grundprinzips vieler Schöpfungsmythen: Sonne und Wasser als Ursprung des Lebens!

»Wiñame höre, der alte Gikita hat den Missionaren in Tigueno eine Legende darüber erzählt, wie sich die Auka zu einem Volk vermehrt haben. Sie wird jetzt in Quito verbreitet.« Erwin zitierte: »Vor langer Zeit sperrten die Auka die Mütter, sobald die Wehen einsetzten. Jeder (Mann) nahm sein Kind, indem er sie (die Mutter) aufschnitt. Sie hoben es heraus. Ja, indem sie die Mutter öffneten, die Nabelschnur durchtrennten und das Baby in einen Beutel nahmen, bekamen sie ihre Kinder. Das Baby wurde nur mit dem Saft der Jikami genährt. Das Baby wurde nicht gepflegt. Es gab keine Milch. Die Väter trugen die Kinder, die sehr mager waren. Erst mit der Zeit wurden sie dicker. Die Auka waren traurig, weil die Mütter sterben mußten, wenn sie hineinstachen und sie aufschnitten. Als wieder einmal eine Mutter ihre Wehen bekam, ging der Mann hinaus, um sein Chonta-Messer zu schärfen. Währenddessen kam heimlich eine Rattenmutter. Sie sagte: ›Warum weinst du?‹ ›Weil ich in den Wehen bin. Ich werde gleich sterben. Mein Mann ist weggegangen, um sein Chonta-Messer zu schärfen.‹ ›Warum sagst du, daß du sterben müßtest? Schau dir meine Kinder an. Schau, wie sie wachsen. Ich habe viele, viele Kinder. Schau, wir massieren in dieser Weise. So machen wir es, damit die Kinder geboren werden.‹ Während der Vater sein Messer weiter schärfte, wie es Sitte war, gab die Ratte weitere Ratschläge: ›Schnell, nimm eine Schnur.‹ Sie band sie (die Mutter) über der Hängematte fest. Und die Ratte massierte und massierte. ›Hier, wenn du dies getrunken hast, spucke es wieder aus. So wird es eine leichte Geburt sein.‹ Danach zog sie ein langes Stück Schnur von der Chambirapalme und schlug sie (die Mutter) hart, massierte und massierte mit einem Aufwärtsschlag. Und dann: Plumps! Als die Rattenmutter sie mit einem Aufwärtsschlag massierte, fiel das Baby herunter. Plumps. ›Wenn nun dein Mann kommt, um dich zu öffnen und das Kind zu nehmen, wie du sagtest, erzähle ihm nicht, was geschehen ist. Sag' nur: Ich selbst nahm das Baby während der Geburt. Schau auf mein Kind. Alles durch mich, als ich massierte – plumps! Es wurde geboren, und ich nahm es. Das ist es, was du sagen solltest‹.«

Wiñame und die Frauen schienen von der traurigen Geschichte sehr bewegt. Während wir die Legende vorlasen, begleiteten sie jeden Satz mit unablässigen leisen Kommentaren und Ausrufen. Ihnen hatte die Legende noch niemand erzählt. Aber mit dem praktischen Teil der zweiten Hälfte stimmten sie doch überein. Wenn ein Auka geboren ist, erfuhren wir von Wiñame, wird die Nabelschnur durchtrennt, und dann baden sie das Baby in heißem Wasser. Ohne Wäsche wird es in eine Hängematte gelegt. Zum Durchtrennen der Nabelschnur nehmen sie eine harte Grasart, die fein und scharf ist wie eine Rasierklinge. In der Auka-Legende über die Kindesgeburt gibt es sogar Diätvorschriften. Sie erlauben der Mutter erst Tukanfleisch zu essen, sobald das Baby etwas älter geworden ist. Nachdem die Nabelschnur entfernt worden ist, soll die Mutter Hörnchenfleisch essen. Sobald das Baby Zähne bekommt, darf die Mutter das Fasten beenden.

Wir haben erfahren, daß die von den Missionaren berichteten Legenden nicht Allgemeingut in diesem Stamme sind. Dennoch geben sie Einblick in die Vorstellungen einer großen Gruppe über den Ursprung und die Entstehung des Auka-Lebens.

Tod und Isolierung

So lange die Auka denken können, ist ihr Verhältnis zu den »Fremden« gespannt. Sam Padilla hat uns vermittelt, was er von seiner Mutter darüber hörte: »Immerhin dachten die Auka, alle Fremden seien Menschenfresser. Töten wollten sie jedoch keinen von ihnen. Sie gingen auch gar nicht in deren Gebiet! Eines Tages kam ein großer Mensch von den Nachbarn in ihre Hütte. Er kam mehrere Male. Und dann sagte einer von den Auka: ›Was meint ihr, wollen wir den nicht töten, der hier immer auf Besuch kommt?‹ ›Gut, töten wir ihn‹, beschlossen sie und speerten ihn. Danach waren die da draußen sehr böse – die Ketschuas.«

Der Auka-Mann Gikita hat den Missionaren in Tigueno eine Legende über Menschenfresser erzählt. Sie erschüttert trotz ihrer einfachen Sprache und läßt uns etwas vom verzweifelten Überlebenskampf des Stammes in früherer Zeit ahnen. Neben der Geschichte des Pater Maroni öffnet sie uns eine zweite Tür zum Verständnis der Isolierung und der Abwehrbereitschaft des Stammes. Der Auka berichtete: »Vor langer Zeit wurden die Auka weniger und weniger. Sie wurden lebend gegessen. Vor langer Zeit lebten sie alle zusammen auf demselben Platz. So war es. Drüben gab es viele, viele *Cowoden*[1], und die Auka lebten in ihrer Mitte. Immer, wenn die *Cowoden* hinausgingen, um Bäume zu fällen, griffen sie sich ein paar mehr Auka, um sie zu essen. So sagten die Auka: ›Wir müssen fliehen!‹ Aber die Fremden folgten ihnen und griffen ein paar mehr. Sie nahmen sie mit heim. Wenn sie hungrig waren, aßen sie die Gefangenen. ›Seht‹, sagten die Auka, ›nun gibt es nur noch wenige von uns. Sie werden uns alle essen, wenn wir hierbleiben. Wir müssen den Fluß hinauffliehen, oder keiner von uns bleibt am Leben.‹ Nachdem geraume Zeit vorüber war, kamen die Auka zurück zum Unterlauf, um die *Gabaon*-Palmfaser zu holen. Die Menschenfresser besaßen ein Ding, das die Vorfahren *Caento*[2] nannten. Es machte großen Lärm, und dabei zogen die *Cowoden* aus und ergriffen ihre Opfer. Sie schnitten Scheiben in ihr Fleisch und rösteten es, sagten die Vorfahren, und sie nannten sie *Caenwaen*[3]. Sie schlugen das Fleisch in Stücken ab und malten das Blut auf das *Caento* und sagten: ›Dies ist dein Anteil.‹ Die Auka waren nur ein Stück den Fluß hinabgegangen, als sie das Ding kreischen hörten: ›*Caen, caen, caen!*‹ Und sie wurden gefangen und bewacht. Nach einer Weile nahmen die *Cowoden* einige von ihnen fort. Dann, einige Zeit später, nahmen sie ein paar mehr. ›Sie essen uns lustig – immer mehrere zur gleichen Zeit. Bald wird keiner von uns übrig sein. Laßt uns ausbrechen‹, sagten sie. ›Wir müssen flußaufwärts fliehen, sonst nichts.‹ Nach diesem Beschluß sagten sie Nacht für Nacht, als die Feuerkäfer herauskamen: ›Oh, laßt sie uns fangen.‹ Und sie gingen, nahmen sich brennende Stücke vom Feuer, um ihren Weg zu beleuchten. Dies taten sie Nacht für Nacht, Nacht für Nacht: ›Nun werden sie nicht mißtrauisch, wenn wir gehen – laßt uns fliehen! Diese Nacht wollen wir fliehen.‹

[1] Cowoden heißt Fremde. Gemeint sind alle Stämme und Rassen, die nicht zu den Auka gehören.

[2] Caento ist eine Lautmalerei. Sie bezeichnet das Geräusch, das das »Ding« machte. Caen heißt auch rufen und lachen

[3] Caenwaen steht in dieser Verbindung zweier Begriffe für essen und sterben

Solange es noch Tageslicht gab, rissen sie trockene Palmenblätter ab: ›Wir wollen diese als Fackeln in der Dunkelheit benutzen, und wenn es Tag wird, wollen wir sie wegwerfen, damit wir schneller fliehen können.‹ Alle stimmten zu. Heimlich nahmen sie ihre Habseligkeiten aus ihren Fischnetzen, packten sie in einen Rindenbehälter und versteckten sie außerhalb des Hauses.

Während dieser Nacht, als die Feuerkäfer kamen, stürmten sie wie gewöhnlich hinaus, um sie zu fangen, und wedelten mit den brennenden Funken. Als die Fremden sich dann zum Schlafen niederlegten, nahmen die Auka einfach ihre Habseligkeiten und rissen aus. Sehr, sehr schnell flohen sie! Sie gelangten zum ersten Haus der Fremden und daran vorbei, dann passierten sie ein zweites Haus. Am Ende der Häuserreihe war das Ding, das sie *Caento* nannten: › Die Menschenfresser sind dort mit ihrem Ding, das schreit, und sie warten nur, um sich auf uns zu stürzen!‹ Als sie flohen, preßten sie ihre langen Ketten aus Jaguarzähnen gegen die Brust, damit sie nicht klapperten: ›Wir sind erledigt. Wenn das Ding uns hört, werden wir sicher sterben ‹, fürchteten sie. Anstatt geradewegs auf dem Pfad zu bleiben, umkreisten sie das Ding und gingen auf der anderen Seite vorbei: ›Wir schaffen es! Wir sind auf der anderen Seite sicher!‹ Mit hocherhobenen Palmenfackeln rannten sie durch die Nacht. ›Eilt, eilt! oder sie werden uns fangen und uns essen!‹ Als der *Cowatai-Vogel*[1] seine Schwingen regte, warfen sie die Reste ihrer niedergebrannten Fackeln fort, rannten noch schneller auf den großen Fluß zu und kreuzten hinüber.

Die Menschenfresser, die in der Zwischenzeit geschlafen hatten, fragten sich: ›Wann werden sie zurückkommen? Wann werden sie zurückkommen? ‹ Es wurde heller und heller, und endlich dämmerte es. ›Oh, sie müssen fort sein! Laßt uns nachschauen!‹ Da war nicht mehr ein Auka.«

Gikita schilderte dann den Kriegsrat der Fremden. »Nachdem die Verfolger am Großen Fluß aufgegeben hatten und heimgekehrt waren, sandten sie eine Botschaft an alle anderen Fremden: ›Kocht euren Maniok und eure Bananen und dörrt sie über dem Feuer. Wir müssen ausziehen und die Auka speeren und ein großes Fest haben.‹ Sie riefen jene, die in der Nähe wohnten, und jene weiter flußabwärts. Und jene weiter flußabwärts!« bekräftigte Gikita.

Der triumphierende Schluß seiner Erzählung gibt uns einen Einblick in die versteckte und grimmige Kriegsführung der Auka, die alle Vorteile im vertrauten Urwald nutzt: »Am dritten Tag erreichten die Auka die Heimat. ›Heh, Leute: Die Menschenfresser werden kommen! Sie werden uns sicher verfolgen. Sie werden unser Fleisch abschneiden und uns essen. Einige von euch bewachen den Pfad hier und einige von euch legen sich oben auf dem Hügel in den Hinterhalt. Wir werden sie speeren, wenn sie den Fluß überqueren!‹ Die Auka benachrichtigten Gruppe für Gruppe und legten sich zu beiden Seiten des Pfades auf die Lauer. Einen ganzen Tag wachten sie, bis es dunkel wurde. Dann einen zweiten Tag und noch einen Tag. Dann hörten sie die Eule in der Nacht rufen: ›Wa, wa, wa !‹ «

Die Warnung der Eule verriet den Auka die Annäherung der Fremden: »Die Auka beobachteten die Menschenfresser. Sie sahen einen nach dem andern über den Hügel kommen. Als der letzte in Sicht war, gellten sie: ›*Badogaa!* Auf sie! Auf sie! Auf sie!‹ Und sie ließen ihre Speere auf sie hinabregnen. Die Fremden rannten kreischend und zitternd in alle Richtungen. Die Auka folgten ihnen hinunter zum Wasser, wo sie viele und viele von ihnen töteten. Diese wertlosen *Cowoden!* Die Auka töteten viele, viele, viele jener Menschenfresser.«

Dann nimmt die Geschichte einen eigentümlichen Verlauf: »Als die Auka sie speerten, machten die Fremden einen Flugsprung und landeten in den Baumwipfeln: ›Ihr konntet sie dort mit ihren Klei-

---

[1] Wildtruthahn

[2] Übermittelt von Rachel Saint. Copyright: Summer Institute of Linguistics, University of Oklahoma, 1964

[3] Dokumentiert in: »Canibalismo Ritual«

dern sehen ‹, berichteten die Ahnen. So warfen die Auka ihre Speere hinauf und töteten sie.«

»Den wenigen Fremden, die entkamen, setzten die Auka nach und ließen auf dem ganzen Fluchtweg gespeerte Feinde hinter sich. Sie hatten sich entschlossen, alle zu töten und das Zauberding zu zerstören, das schreit, nach ihnen greift und frißt und tötet, und greift und frißt und tötet. Mit den Äxten der Menschenfresser«, wußte Gikita, »schlugen sie das Ding in Stücke.« Ein zweites Ding, das sie flußabwärts wußten, zerstörten sie ebenfalls.

»Denkt ihr«, schließt Gikita, »daß sie jemals zurückkamen, uns zu töten? Sie kamen nicht! Das war das Ende der Menschenfresser. Ha! Ha!«

Wir werden nie erfahren, welche Fremden die Legende[2] meint. »Warum«, fragt die Übersetzerin Rachel Saint, »sollten die unwissenden Auka kannibalistische Rituale einiger Fremder in der Vergangenheit von den unerklärlichen Aktivitäten, die mit Metall-›Dingen‹ verbunden sind, trennen, besonders dann, wenn rotgefärbtes Benzin oder ein blutroter Farbanstrich dabei eine Rolle spielt? Das Zauberding wurde von gewissen Auka bei einem Besuch in Limoncocha vollkommen sicher mit der elektrischen Anlage der Dschungel-Station des Summer Institutes of Linguistics identifiziert.«

Die Erzählung des Gikita hat noch einen Schwanz, der an der Siegesgeschichte über die Kannibalen hängt: » ›Nun gibt es nur noch ein paar von uns ‹, sagten die Auka. ›Laßt uns weit, weit flußabwärts gehen, wo wir gut leben können.‹ Sie taten es. Aber sie sagten häufig: ›Wir denken an unsere Verwandten mit großem Kummer. Wir sind so wenige geworden, und die Menschenfresser haben so viele von uns gegessen ‹.«

Über die Epoche, in der all dies geschehen sein könnte, finden wir nirgendwo einen Aufschluß. Piedad Costales weiß uns zwar von den kannibalischen Zeremonien der Quicho zu berichten, doch gibt es ihres Wissens kein Dokument, das auf eine Auseinandersetzung zwischen Quicho und Auka hinweist. Die Quicho spielten jedoch im alten Ekuador eine überlegene Rolle: Die Spanier fanden das Volk bei ihrer Ankunft auf sehr hoher Kulturstufe. Sie berichteten auch, daß die Quicho die Hände und Füße ihrer Feinde aßen[3]. Es ist möglich, daß sie Auka-Füße aßen, wenn ihnen Männer dieses Stammes in die Hände fielen. Frau Costales bemerkt noch, daß der Name Aushiri, der auch für die Auka gebraucht wird, in diesem Zusammenhang interessant sei. Das Wort Shiri bedeutet frieren. Vielleicht wurden die Oriente-Indianer, wenn sie in die Kälte der Anden hinaufstiegen, um zu tauschen, als »Frierende« bezeichnet. Freilich will sie sich dafür nicht verbürgen. Das Wort Aushiri hat jedenfalls seinen Ursprung in den Anden.

Die ersten Weißen

Als die ersten Weißen ins Land kamen, erschraken die Auka sehr. Akawo und Tyaento, Dayumas Eltern, urteilten stets: »Das sind keine Menschen.« Sie sagten dasselbe über die Weißen wie die Weißen über sie. Angst schafft Feindbilder: »Die älteren Auka glaubten, daß die ersten Weißen, die sie sahen, Menschenfresser wären, Menschenfresser mit Affengesichtern und Froschhänden: ›Das sind Kinder der Boa, mit wenig Haaren‹, entschieden Dayumas Eltern: ›Sie kommen wie Boas. Erscheinen. Verschwinden.‹ Was die Eltern sagten, war die Wahrheit. Akawo und Tyaento sprachen wahr«, meinte Dayuma.

Das trübste Kapitel der Auka-Geschichte schrieben ausnahmsweise vielleicht nicht die Spanier. Es begann in unserem Jahrhundert, als die unkontrollierbaren Glücksritter und Abenteurer auf der Kautschukwelle aus Brasilien den Marañon heraufkamen und mit dem Recht des Stärkeren nicht nur die Auka-Krieger aus dem Weg räumten, sondern auch ihre Frauen wegnahmen. Piedad Costales schreibt die heftig verteidigte Isolation der Auka nicht nur solch üblen Erfahrungen zu, sondern auch späteren Übergriffen einzelner Soldaten an der wilden Grenze, schließlich dem Eindringen der Öl-Exkursionsmannschaften Ende der dreißiger Jahre: »Angst war ein Grund dafür, warum die Auka Fremde töteten. Denn sie fürchteten, daß die Fremden sie sonst zuerst töten würden. Viele Auka wußten, daß ihre Leute von den Fremden schlecht behandelt, geschlagen, zur Arbeit gepreßt und nicht entlohnt wurden. Dayuma kann nicht in Worten ausdrücken, wie schlecht der Haziendero Carlos Sevilla sie behandelt hat«, ergänzte Sam Padilla frühere Erfahrungen dieser Art durch ein Beispiel aus neuerer Zeit, für das seine Mutter einsteht. Er meint aber auch: »Sie töteten nicht nur aus Furcht, sondern auch wegen der Messer und Äxte aus Eisen, die die Fremden besaßen.«

Die Furcht vor Frauenraub haben wir bei unseren Begegnungen mit den Auka immer wieder selbst beobachtet. Tagelang haben die Indianer ihre Frauen vor unseren Augen verborgen oder uns nur die ältesten Hutzelweibchen entgegengeschickt, um deren reizlose Leiber sie sich keine Sorgen machten.

Daß die Mission der Rachel Saint nach dem Scheitern der fünf Glaubensbrüder am Curaray schließlich eine Anzahl Auka-Seelen gewann, schreibt Piedad Costales der Tatsache zu, daß die Auka von den weiblichen Missionaren nichts befürchtet haben.

Das ändert indessen nichts an der ganz und gar auf Abwehr eingerichteten Mentalität der zurückgezogenen Gruppen. Solche Schlüsse lassen sich aus der Art ziehen, wie ihre zersplitterten Gemeinschaften im Busch untertauchen, wie sie auf verteidigungsfähigen Hügeln bauen und ihre Speerbündel stets unmittelbar neben dem Hütteneingang bereithalten.

Die letzten Jahrzehnte aber haben die Auka gelehrt, daß sie sich vor der Zivilisation kaum noch verstecken können: »Die ersten Flugzeuge, die ihr Land überflogen, flößten ihnen Schrecken ein«, erzählte Sam Padilla: »Die Zauberer konnten mit ihren geheimen Kräften nichts ausrichten: ›Das ist ein Teufel oder der Geist eines Verstorbenen‹, warnten sie. ›Er kann mit seinen Flügeln auf den Bäumen landen. Seht euch vor‹.«

Die Materialkultur

Aus der Distanz der über einer Auka-Lichtung schwebenden Kapsel läßt sich nicht so leicht erkennen, wie fleißig eine Gruppe sein muß, um mit ihren Mitteln oder schadhaften Macheten einen Wohnplatz von ungefähr 5 000 Quadratmetern in das ungeheure Filzwerk der Natur zu schlagen und zu brennen. Der Auka Dabo hat uns aber wissen lassen, daß ein Mann von Sonnenaufgang bis Sonnenuntergang arbeiten müsse, um einen großen Baum zu fällen. Nicht weit von den Hütten entfernt – aus der Höhe sieht man meist gut den Pfad dorthin – trotzen die Familien dem Regenwald ein Anbaufeld ab. Den Betrachter rührt der Anblick eines solchen Stückchens kultivierter Erde mit den regelmäßig gesetzten Maniokstauden! Der Mensch zwingt mit dieser kleinen »Chacra« die Natur zum ersten Mal unter seinen Willen. Der Sieg fällt den Auka mit ihren einfachen Chontaholz-Werkzeugen nicht leicht, und er ist auch nicht von Dauer. Wie bei den meisten Anbauflächen im tropischen Regenwald des Amazonas-Beckens geschieht die Auflösung der Nährstoffe im Wasser viel zu schnell, kann der schwere Dauerregen, den nun kein tausendfacher Filter aus Blattwerk mehr abschwächt, die fruchtbare Krume rasch wegwaschen.

Der robuste, fensterlose Bau ist aus schlanken, rundlichen Chonta-Stämmen von zwölf oder mehr Zentimetern Durchmesser konstruiert, die vom Firstbalken im Abstand von eineinhalb bis zwei Metern schräg zur Erde laufen. Mit reißfesten Lianen haben die Bauherren ihre Balkenkonstruktionen zusammengebunden. Das Gerüst muß so haltbar sein, daß immerhin acht und mehr Hängematten samt menschlichem Inhalt und kiloschwerer Vorräte daran verankert werden können. Mit 1000 Kilogramm Belastbarkeit müssen die Konstrukteure schon rechnen, wenn alle Bewohner in ihren Hängebetten schaukeln. Abgedeckt werden die Häuser von außen mit dichten Lagen aus den Zweigen verschiedener Palmen, die untereinander und an den Gerüststangen fest verbunden sind. Die Vorder- und Hinterwand des Hauses ist vertikal mit Palmenzweigen bedeckt. Von den versteckten Öffnungen liegt eine meist am Urwaldrand, die andere zur Lichtung. Häuser dieser Art gibt es im ganzen ekuadorianischen Indianerland nicht wieder.

Wir haben solch ein Gemeinschaftshaus betreten. Bis sich die Augen an den Wechsel aus dem grellen Sonnenlicht in den fensterlosen Raum gewöhnt haben, steht man wie blind im Eingang: Es ist angenehm kühl. Man vernimmt nur das Knistern der Zweige unter der Hitze draußen und der Bewegung von Haustieren, zu denen auch Tausende von Insekten zählen. Man atmet eine rauchige, aber nicht unangenehme Luft ein.

Allmählich kann man Konturen ausmachen: Unmittelbar neben dem Eingang lehnt ein Bündel Lanzen, so dick, daß man es mit beiden Armen gerade umfassen kann. Ein etwaiger Gegner muß von hier mit der Abwehr aus der Dunkelheit heraus rechnen.

Wie ist das Haus eingerichtet? Da fallen zunächst acht oder mehr kunstvoll geflochtene Hängematten aus Chambira-Fasern von der Tucuma-Palme auf, die an beiden Enden mit Chonta- oder Knochenpflöcken an der jeweiligen Schrägseite des Daches an einem Trägerbalken verankert sind. Einige der Hängematten sind hochgeschlagen, so daß der Raum Kopf- und Bewegungsfreiheit bietet. Die übrigen

Matten hängen so niedrig, daß man sich bequem hinsetzen kann. Man sieht im Raum zwei Feuerstellen, die auf eine Aufteilung des Hauses in zwei Familien schließen lassen. Schwarzgebrannte Tongefäße in verschiedenen Größen liegen in der Asche herum. Die Reste von Vogel- und Affenknochen, darunter der kleine Totenkopf eines Wollaffen, lassen auf eine kürzlich genossene Mahlzeit schließen. Zwischen den Speiseresten kurven emsig Kakerlaken umher. Dennoch wirkt der festgestampfte Fußboden recht sauber und trocken.

Alle wichtigen Vorräte hängen die Auka in die Verstrebungen des Daches oder an Tragpfosten: dicke Fruchtstauden grüner und gelber Wildbananen in jeder Größe, gebündelte Vorräte roter Chonta-Früchte, Körbe, in denen Naranjillas liegen. Andere Vorräte sind in Baumrindentücher gewickelt oder liegen in Beuteln aus derben Blättern.

Die Pfeilbehälter für die Blasrohrjagd hängen neben den Hängematten. Um die Feuerstellen herum liegen, offenbar zur Vorbereitung einer Mahlzeit, schlanke Holzscheite, Maniok-Knollen und halbe Kalebassen. Von innen wirkt das Auka-Haus wesentlich kompakter gearbeitet als von außen. Die Wände sind durch ein dichtes Geflecht breiter Blätter gegen die heftigen Regengüsse zuverlässig abgedichtet. So haben die Baumeister die großen, zum First längs verlaufenden Trägerbalken durch schlanke Querrippen im Abstand von vielleicht 40 Zentimetern verbunden und mit den breiten, festen Blättern der Macana Panga verkleidet.

Die lederartig wirkenden Blätter sind an ihrer breitesten Stelle um den oberen Träger herumgezogen und mit den schmalen Enden in dem darunter liegenden Balken verankert worden. Die Missionare sagen, daß die Auka dieses Blatt »Mu« nennen und damit die größeren Palmblätterlagen durchschießen, wenn sie ihre Dächer decken. Solche Blätter dienen auf dem Boden der Hütte auch als Teller[1]. Früher, als noch viel mehr Menschen zum Auka-Volk zählten und geräumige Hütten gebaut wurden, seien auch die gewaltigen, gefiederten Blätter der Euterpe-edules-Palme[2] bei der Dachdeckerarbeit genutzt worden, und zwar in Verbindung mit dem Macana Panga-Blatt, das zur besseren Abdichtung doppelt über das größere Palmblatt gelegt worden sei.

Für alle ihre kleinen Jagdtiere ist das Blasrohr mit dem vergifteten Bolzen die Jagdwaffe. »Fleischkonserven« gewinnen die Auka meist dadurch, daß eine unzureichende Dosierung des Giftes getroffene Tiere nicht getötet hat. Sie erwachen dann in Gefangenschaft aus ihrer Betäubung.

Pflanzengifte gehören zu den eindrucksvollsten Errungenschaften der Materialkultur im Amazonas-Raum. Über die Wirkung von Curare und Barbasco, um die wichtigsten Gifte zu nennen, wissen Ketschua, Jivaro, Cofan und Auka gleichermaßen Bescheid. Die Kenntnisse vom komplizierten Herstellungsprozeß heben die Menschen im Regenwald jedoch weit über das Niveau hinaus, das wir Zivilisationsmenschen so gern als »steinzeitlich« bezeichnen.

In den Gruppen, die noch fernab der Zivilisation leben, ist der korrekte Zubereitungsprozeß von Curare nicht allein die Garantie für die Wirksamkeit des Giftes. Der Jäger muß Regeln einhalten. Seine Frau darf den ganzen Tag über nicht in der Hütte sein, wenn ihr Mann das Gift herstellt. Von dem Augenblick an, in dem der Jäger die Liane raspelt, bis zu dem Zeitpunkt, da er die Pfeilspitzen in den Sud eintaucht, soll er sich nicht in die Hängematte setzen und auch nicht auf den Boden. Er soll nichts essen, nichts trinken. Erst am späten Nachmittag kehrt seine Frau zurück und kocht ihm Chicha, von der er essen darf.

Während der Jagd soll der Jäger auf Bananen verzichten, weil sie süß sind und das Gift schwächen könnten. Auch Fisch soll er meiden. Fisch mache das Gift wässrig, weil er im Wasser lebe.

Auch während der Herstellung des Blasrohres sollten die Auka auf Fleisch verzichten und sich fern

[1]Ethel E. Wallis, »Dayuma«, S. 242

[2]Das Auka-Wort dafür heißt Pitowae

von ihren Frauen halten. Das Rohr würde sonst krumm, heißt es. So stellen die Männer die Waffe meist außerhalb des Wohnplatzes im Walde her. Heute halten sich nur noch wenige Auka an diese Regeln, und die älteren Männer behaupten, deshalb würden die Jagdergebnisse immer schlechter.

Den verwickelten Herstellungsprozeß nach der guten alten Regel durften wir an einem glücklichen Nachmittag beobachten. Ein Jäger hatte sich auf die Präparierung seiner Geschosse eingerichtet und zelebrierte vor uns die Giftherstellung. Er saß auf einem der Baumstämme, die wie Gehsteige oder Bänke zwischen und vor den Hütten lagen. Seine Materialien hatte er um sich ausgebreitet. Grundbestandteil war ein Haufen etwa 30 Zentimeter langer Stücke einer Liane. Die trockenen Stücke der Kletterpflanze zerrieb der Meister, bis eine feine, sägemehlartige Substanz übrig blieb, die er in einem Korb aufbewahrte. Neben dem Behälter hatte er seine Werkstatt aufgebaut. Ein festes großes Bananenblatt wurde wie ein Trichter gerollt und von einer Faser zusammengehalten. Der Giftmischer rammte nun einen gegabelten Ast schräg in den Boden und klemmte den Trichter, den er zuvor mit dem »Mehl« der Liane gefüllt hatte, in die Gabel, so daß seine Mündung knapp über dem Boden schwebte. Darunter stellte er einen Napf aus Ton. Jetzt waren alle Vorbereitungen für den Sinterungsprozeß getroffen. Aus einem Topf schöpfte der Mann mit einer halben Kalebasse etwas Wasser und kippte kleine Pfützen in den Trichter. Das durchsickernde Wasser löste die mehlartige Giftsubstanz und nahm sie mit in den Napf. Die angereicherte Flüssigkeit erhitzte der Auka über einem kleinen Feuer und achtete darauf, daß sie nicht aufkochte. Ein dickflüssiger, braunfarbener Sud entstand. Aus diesem schöpfte er mit einer Schale das Konzentrat ab. Die Spitzen seiner Bolzen tauchte er etwa drei bis fünf Zentimeter tief in die Flüssigkeit und drehte sie eine Weile hin und her. Die präparierten Geschosse stellte er abschließend in die Nähe des Feuers, so daß sie rasch trockneten. Ein lackartiger, braunschwarzer Überzug zeigte den gelungenen Prozeß an. Eine Probe der Pflanze, die die Auka Oonda nennen, war zuvor schon von Erwin mit nach Quito genommen und vom polytechnischen Institut untersucht worden[1]. In der wissenschaftlichen Zeitschrift »Politecnica«[2] wurde sie erstmals für Ekuador beschrieben. Es stellte sich heraus, daß die Auka auch bei der Gewinnung ihres Curare-Giftes eigene Wege gehen. Die Abuta ist vermutlich erst bei Indianern in Venezuela wieder bekannt. Die Wirkung des Giftes hängt von der Konzentrierung des Suds ab. Es fällt auf, daß die Auka-Bolzen wesentlich dicker mit Gift beschichtet sind als die Jivaro- oder Ketschua-Geschosse.

Die Geschosse sind eine ebenso leise wie leicht herstellbare Waffe. Es schert den Jäger nicht, wenn einige Geschosse verlorengehen. Beliebig viele lassen sich ohne viel Mühe aus den schlanken Rippen eines Palmwedels gewinnen. Das vollständige, messerscharfe Piranha-Gebiß, zwischen dessen Zähnen die Geschosse gedreht werden, sorgt für scharfe Spitzen. Viele Jäger bringen hinter der vergifteten Spitze noch einen Einschnitt an. Die Erfahrung hat sie gelehrt, daß getroffene Affen oder Papageien sich die Geschosse herausziehen. Der mit einer Rille versehene Bolzen bricht bei diesem Versuch jedoch hinter der Spitze ab, und das Gift kann seine Wirkung tun. 40 bis 50 Zentimeter lang und etwa drei Millimeter dick sind die fertigen Pfeile. Um die Geschosse sicher ins Ziel zu bringen, müssen die Auka kurz zielen und schießen, denn beim Gewicht ihrer Blasrohre – die Waffe wiegt dreieinhalb bis vier Kilogramm – bleibt auch der muskulöseste Arm nicht lange ruhig, zumal der angewinkelte Arm nur ein Viertel der Waffe stützt.

In seiner Technologie zeigt diese Waffe gravierende Unterschiede zu den Blasrohren der Nachbarn. Die längste mißt 2,75 Meter und wiegt vier Kilogramm, während kein Jivaro-Blasrohr über zwei

[1] Spanisch = Abuta, lat. = Strychnos toxifera

[2] In: »Politecnica«, Vol. II, Nr. 2, 1971

Meter lang ist und mehr wiegt als ein Kilogramm. Beide Stämme benutzen das schwere, harte und zuverlässige Holz der Chonta-Palme für die Herstellung des Rohres. Sie setzen die Waffe aus zwei Hälften zusammen, in denen sie jeweils den langen Schußkanal ausschaben und dann die beiden sorgsam und gleichmäßig bearbeiteten Hälften zu einem Blasrohr zusammensetzen. Das Jivaro-Blasrohr ist nahezu kreisrund, das Auka-Rohr bildet ein flaches Oval von 14 Zentimetern Umfang. Während die Auka ein ausgeprägtes, besonders breites Mundstück aus dem Holz herausarbeiten – es ist am Ansatz etwa zehn Zentimeter breit und der Anatomie des Schützen angepaßt – bauen die Achuara[1] oft nur am Ende des Rohres ein langes Stück Hohlknochen vom Wildschwein mit ein. Das gesamte Holz wird von beiden Stämmen mit schwarzem Bienenwachs umkleidet, das die Hälften zusammenhält und abdichtet. Die Bienen haben meist in einem hohlen Baum ihr Nest, wo die Auka sie mit Rauch vertreiben. Für die Indianer ist der Honig eine seltene Delikatesse, später holen sie dann das Wachs aus dem Baum heraus.

Die Auka kennen aber auch einen schwarzbraunen Klumpen, den sie Kebebe nennen. Sie halten ihn gegen ein glühendes Holzende, und die Masse schmilzt. Wir haben gehört, daß sie dieses Material zur Abdichtung und zum Schutz ihrer Geräte vom Ruja Pungara-Baum gewännen, indem sie waagerechte Schnitte in seinen Stamm machten und die Flüssigkeit, die der Baum absondert, auffingen. Diese kochten sie und ließen sie wieder erkalten.

Die Auka vollenden mit einer dichten, abschließenden Wicklung aus Lianenrinde über die ganze Länge des Blasrohres ihre Arbeit. Die Achuara betten die Wicklung zwar ebenfalls in Wachs ein, ummanteln sie aber noch einmal vollständig mit der schwarzen Masse.

[1]Die Achuara sind ein Jivaro-Stamm und leben im Grenzland zwischen Peru und Ekuador. Von ihnen beziehen die weiter westlich lebenden Jivaro meistens ihre Blasrohre

Seit die Auka durch Geschenke, Tausch oder Raub in den Besitz von Eisengerät gekommen sind, erleichtern sie sich damit nicht nur die Feldarbeit, für die ihnen früher nur »Buschmesser« aus Chontaholz zur Verfügung gestanden haben. Kleine Klingenstücke genügen ihnen schon zu Feinarbeiten am Bolzen und vor allem am Schußkanal der Blasrohre.

Wir sahen bei einem Jäger mit Namen Nemunga, wie er eine Schußrille mit einem spitzen Stück Eisen in eine der beiden Blasrohrhälften hineinarbeitete. Mit Daumen und Zeigefinger schabte der Könner beidhändig gleichmäßig im Schußkanal herauf und hinunter, während Mittel- und Ringfinger von den Rändern des Holzes her stützten und führten. Mit dem abgespreizten Zeh des ausgestreckten rechten Fußes klemmte Nemunga das lange Werkstück fest, damit es bei der Arbeit nicht verrutschte. Der Vorgang zeigte uns einmal mehr, daß diese Indianer mit dem Fuß buchstäblich noch fassen können.

Der Köcher besteht bei allen Urwald-Indianern in Ekuador aus einem Stück Königsbambus, dessen Boden ein natürlicher Wachstumsknoten bildet. Doch nur die Auka stellen oben einen Deckelabschluß aus gerollter, mit Chambira vernähter und mit Wachs abgedichteter Rinde her, während die anderen ihre Bolzen in dicht gebündeltes Gras stecken. Im oberen Drittel des Auka-Köchers sind mit einer Chambira-Kordel der Deckel und die Kalebasse am Schaft befestigt. Die Kalebasse, ein kräftiger ausgefaulter Hohlkörper, besitzt in der Mitte ein fingerdickes, kreisrundes Loch, durch das ein Vorrat an Dschungelbaumwolle gestopft wird. Vor dem Schuß dreht sich der Jäger aus dem weißen Gespinst ein wenig Kapok auf das Ende des Geschosses.

Die Auka müssen nach dem Seibo-Baum, der die Baumwolle enthält, in ihrem Gebiet länger suchen. Sie ernten von den aufgesprungenen Fruchtkapseln die herausquellende Baumwolle und tragen davon einen größeren Vorrat, den sie in wasserdichten Körben und trockenen Blätterbündeln aufbewahren, in ihre Hütten. Mit gut 20 bis 30 präparierten Geschossen im Köcher ist der Jäger gerüstet.

Mit dem messerscharfen Piranha-Gebiß oder einem Stück Metall werden die Bolzen zugespitzt.

Kapok – die Dschungelbaumwolle – wird erst kurz vor dem Schuß auf das Geschoßende gedreht.

Federgeschmückte Speere aus dem harten Holz der Chonta-Palme werden sicher ins Ziel geworfen.

◁◁
Gestutzt und gefesselt, aber dennoch von den Auka verehrt – die Harpyie, mächtigster Greif im Amazonas-Becken.

Als Besteck zum Feuermachen dienen hier seit Anbeginn das Quirlholz und ein wenig wilde Baumwolle.

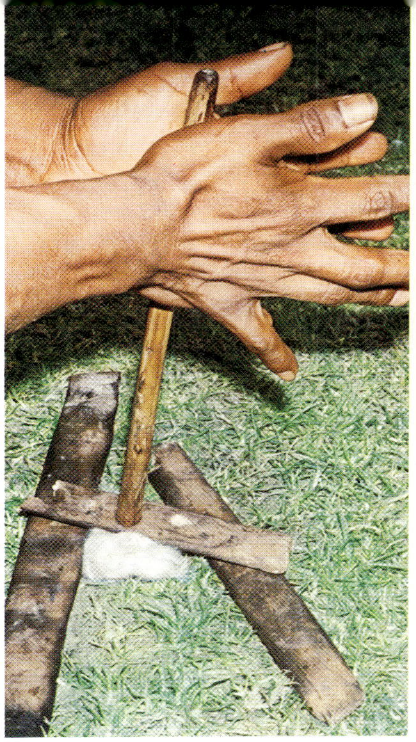

Nichts hat sich im Auka-Wald seit dem aufregenden Augenblick geändert, da der Mensch zum ersten Male Macht über das Feuer bekam.

Im Mittelpunkt der Materialkultur steht der Speer. Die perfekte Waffe aus Eisenholz, reich geschmückt, bedroht noch immer Siedler und Ölarbeiter.

Im Oriente ohne Vergleich: die robuste, fensterlose Hütte. Das Dach reicht bis zum Boden hinunter. Es muß bis zu 1000 Kilogramm halten, wenn alle Bewohner in den Hängematten schaukeln.

Wären die Helikopter nicht, lebten die meisten Gruppen wohl noch immer unangefochten.

Waldschildkröten werden als lebende Konserven gehalten.

In einem Arm das Baby, im anderen das Affenbaby. Das Tragetuch besteht aus Rindenbast.

Auch die Auka präparieren ihre Geschosse mit Curare, nur gehen sie dabei eigene Wege. Der Blatt-Trichter enthält die mehlartige Giftsubstanz.

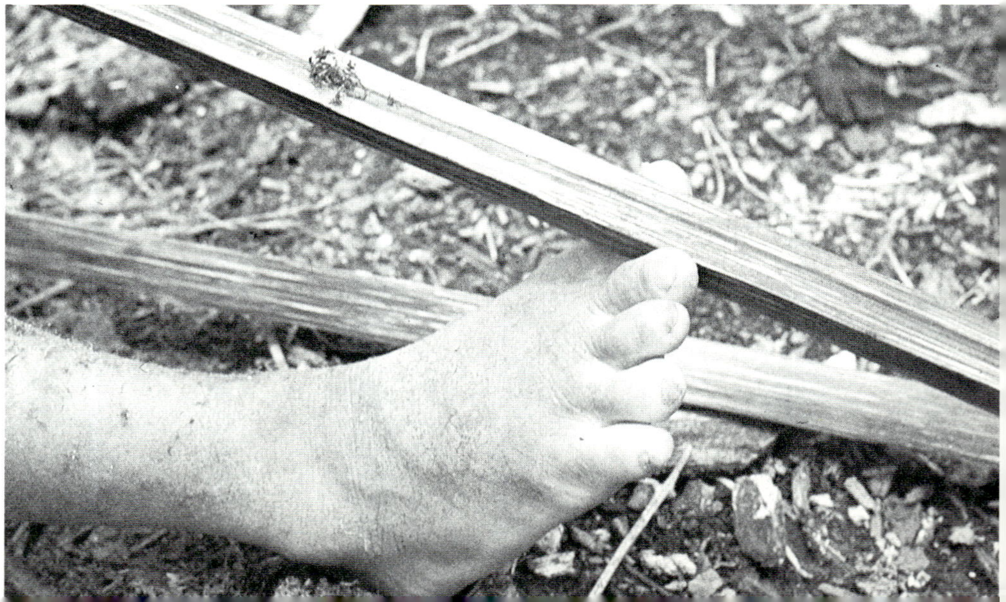

Mit dem Fuß kann der Meister bei der Arbeit buchstäblich noch »fassen«.

Regenwald am Rio Napo.

Nemunga arbeitet an einem Blasrohr. Man erkennt die zwei Hälften aus Chontaholz. Mit einem kostbaren, rostigen Stück Metall wird der Schußkanal sorgsam herausgeschabt.

Wildwachsende Chonta-Früchte ergänzen die Ernte im Maniok-Feld. Sie sind ein wichtiger Lieferant von Kohlenhydraten.

Auf der Jagd

Bei der Dayuno-Gruppe ging Erwin mit Dare und Nemunga, die er zu Freunden gewonnen hatte, auf die Vogeljagd. Die beiden legten sich zwei Bolzen hinter die Ohren und hängten sich die Köcher um den Hals. Dann schulterten sie das monströse Blasrohr, mit dem sich Auka-Jäger schwerer tun als ihre Nachbarn. Gewicht und Sperrigkeit der Waffe machen das Beschleichen von Wild im dichten Unterholz nicht gerade einfach. Die Jäger müssen sich nahe an die Tiere heranpirschen, denn das durch den Luftstoß auf den Weg gebrachte Geschoß bleibt allenfalls 30 Meter auf einer geraden Bahn und hat auch noch Kraft, den Vogel- oder Affenkörper zu verletzen.

Die beiden Auka hatten sich eine Zeitlang auf einem schmalen, für die Verhältnisse leicht begehbaren Pfad entlangbewegt, als sie vor einem Wasserlauf ihr Verhalten änderten. Wortlos nahmen sie wie auf ein Signal ihre Bolzen hinter dem Ohr fort und schoben sie in das Blasrohr. Nachdem sie den Bach überquert hatten, bewegten sie sich mit der samtpfötigen Geschicklichkeit des Jaguars im Dickicht. So behende wanden sie sich durch scheinbar undurchdringliche Blätterwände, daß der Busch sie in Minuten vor Erwins Augen geschluckt hätte, hätten sie ihn nicht immer wieder aufschließen lassen. Wie nebenbei spähten sie nach giftigen Insekten, nach Riesenameisen[1], deren Biß sehr schmerzhaft ist. Zur Zeit war nicht die Saison für Chorongo[2] und Aullador[3], die im April und Mai fett und träge von den Früchten der Chonta-Palme sind. Genommen hätten die Jäger sie allerdings auch jetzt. Einmal mehr hat der Beobachter feststellen müssen, daß der Urwald hier, auch fern aller Siedlungen, nicht auf Schritt und Tritt von Tieren wimmelt. Keine Herde von Brüllaffen zog lärmend durch die Wipfel, der Wald hallte auch nicht vom grellen Gekrächze einfallender Papageien wider. Kein Tier wollte sich sehen lassen. Da diente ein kleiner Schwarm grüner Amazonen nach längerem Umherstreifen eigentlich nur noch zur Zielübung. Die beiden Auka pirschten sich bis auf zehn Schritte an ihren Baum heran. Man konnte die grünen Vögel im grünen Halbdunkel nur hören, nicht einmal erkennen, da hatten die beiden Jäger ihre schweren Geschütze bereits im Anschlag und ließen ihre weißgetupften Bolzen fliegen. Beide trafen, und in Sekunden hatten sie zwei weitere Geschosse im Rohr, waren jedoch nicht mehr erfolgreich. Als die gespießten Opfer unter Wehlauten herunterflatterten, hastete der entsetzte, schimpfende Schwarm auf und davon. Ohne ihren Gast im Schlepp wären die beiden Waldmenschen sicher mit mehr fleischlicher Kost heimgekehrt.

Die Auka sind auch Meister der Nachahmung. Erwin hat beobachtet, wie sie Affen schußgerecht heranlocken, den Arassari vor das Blasrohr pfeifen, indem sie gegen das Ende eines Blattes blasen, das sie zwischen Handballen und Daumen gepreßt halten. Das Aguti überlisten sie mit einer Pfeife. Stoßen sie auf eine größere Herde Roter Brüllaffen, erweist sich das Blasrohr im Vergleich mit Pfeil und Bogen, die hier unbekannt sind, oder den Karabinern, die an der Indianergrenze gehandelt werden, als überlegen. Kein Pfeil und keine Kugel könnten sich so heimlich, so unauffällig eine Anzahl Affen aus der

---

[1] Dinoponera giganta

[2] Chorongo wird der Wollaffe genannt (lat. Lagothrix cana poeppigii)

[3] Mit Aullador bezeichnet man den Brüllaffen. Im Oriente kommt nur der Rote Brüllaffe vor (Alouatta seniculus)

Herde holen wie der vergiftete Bolzen. Trifft er sein Opfer, entlockt er ihm manchmal kaum mehr als einen Wehlaut, das Tier stürzt oft erst, wenn weitere Affen getroffen sind, vom Baum herunter. Die Auka sparen von den kleinen Tangaren bis zu den wohlschmeckenden großen Waldtruthähnen keinen Vogel als Fleischlieferanten aus. Papageien mögen sie zwar nicht »wegen des schlechten Geruchs«, beziehen sie aber inzwischen in ihre Mahlzeiten ein. Sie verfolgen mit Blasrohren oder Lanzen nahezu alle Säuger, bevorzugen indessen Affen, Pekari, Faultier und Ameisenbär. Zudem »sammeln« sie gern Schildkröten wegen ihres besonders wohlschmeckenden Fleisches.

Nicht immer ist die Jagd die einsame Aktion eines Mannes, sondern wie Carlos Espinoza weiß, Familienentscheidung, die mehrere Leute auf die Beine bringt. Dann dringt schon gegen 3.30 Uhr in der Frühe monotoner Gesang aus den Hütten. Um 5 Uhr früh, wenn der Urwald noch schwarz in der fahlen Dämmerung liegt, ziehen die Jäger aus: »Die Frucht ist reif, und die Vögel kommen«, heißt der ständig wiederholte Vers eines Jagdliedes. Die Jäger kommen mit einer Tagesration aus Maniokbrei, den sie in einem Blätterbündel mitführen, aus: Gemeinsam ziehen sie zu einem Platz, der ein oder zwei Stunden von ihren Hütten entfernt liegt. Jetzt bestimmt die Saison oder die Tierart, ob sie sich trennen oder gemeinsam jagen. Eine solche Expedition in entlegenes Gebiet kann mehrere Tage dauern. Affenherden bejagt man wirkungsvoller im Verband. Man kann einen ganzen Regen von Bolzen in die Wipfel schicken und viele Tiere erlegen, bevor der Rest flieht.

Die Rotte der Halsbandpekaris jagen sie mit dem Speer im Verband, um den Tieren den Weg zu verstellen. Frauen nehmen an den Jagdausflügen manchmal teil. Sie sollen die Last der Beute heimtragen, damit die Männer – heißt es diplomatisch – »ihre Hände für die Jagd freihalten können«. Im Gegensatz zu den Jivaro und Ketschua haben die Auka keine Hunde zum Treiben und Spüren.

Über die Einstellung der Auka zu den Tieren ist nicht viel bekannt. Dabo hat uns erzählt, für seine Leute seien Ozelots freundliche Tiere, die ihre Hütten und ihren Schlaf bewachten. Sie schießen dennoch auf die kleine Raubkatze. Jaguar und Anakonda fürchten die Auka, weil beide machtvolle Geister verkörpern und die Jäger ihnen nicht überlegen sind. Hirsche essen sie nicht, weil sie diese Tiere verehren. Ameisenbär, Kaiman, Rochen, Tapir und Wasserschwein haben sie früher auch nicht gern gegessen, jedoch in stark bejagten Gebieten ist man auf sie angewiesen. Zu den beliebtesten Jagdtieren gehören alle größeren Affenarten und der wilde Truthahn.

Kehrt eine Gruppe mit reicher Beute heim, ist das Anlaß genug für fröhliche Stimmung. Bei der Verteilung der Stücke herrscht Gesang. Gelegentlich feiert man ein Gelage mit Tanz. Auf große Tiere schlagen die Kinder ein, wie um sie zu bestrafen.

Ihren Haß auf die Wasserboa zeigen auch die erwachsenen Auka vor uns, in dem sie einem sechs Meter langen Tier noch bei lebendigem Leibe die Haut abzogen. Sie banden den Kopf fest an einen Baum, zwei, drei Jungen streckten den Schlangenkörper und ein Auka schnitt vom Kopf bis zum Schwanz die Haut herunter. Fasziniert sahen alle zu, wie sich die Anakonda in ihrer bloßgelegten weißen Fettschicht noch am Boden wand. Ein Auka schnitt ihr schließlich dann das zuckende Herz heraus.
So wie sie Papageien, kleine Affen und jetzt auch Hunde in ihrer Umgebung hätscheln, so achtlos können sie auch gegenüber dem Leben handeln. Wir haben gesehen, wie Dayo, die Tochter von Munga, bei den Vorbereitungen zu einer Mahlzeit mit der Axt eine lebende Schildkröte auseinanderschlug.

Auf die Jagd mit Blasrohr und Lanze werden die Auka frühzeitig vorbereitet. So gibt es von beiden Waffen Kindergrößen, die nicht viel Kraft voraussetzen.

Ihren Proteinbedarf decken die Indianer zwar hauptsächlich durch die Jagd auf Affen und Vögel.

Doch sind die verschiedensten Fischarten in den Urwaldflüssen auch eine bedeutende Nahrungsquelle. So wie Curare ihnen die Beute in den Baumwipfeln sichert, haben sie für die Fische im Fluß ein Mittel, um das Fangglück zu verbessern: Barbasco[1]!

Die Jivaro benutzten es, die Cofan und Colorado, und auch im Auka-Land wird es gebraucht. Der Korbblütler wird bis zu zwei Meter hoch und ähnelt seiner Gestalt den Stachelbeerbüschen. Die Auka-Indianer müssen einen ganzen Strauch ausgraben, um an seine Wurzeln zu kommen. Sie zerstoßen die Wurzeln und gehen mit einigen gefüllten Körben zum Fluß. Für den Fang wird eine günstige Stelle ausgesucht, wo das Wasser nicht zu tief ist und langsam fließt, damit das Gift sich auswirken kann. Meist bauen sie eine Sperre, um die Strömung zu verlangsamen und die später herantreibenden Fische absammeln zu können.

Weiter flußaufwärts werfen die Männer nun größere Mengen der zerstoßenen Wurzeln in den Strom, und wenn sie eine gute Stelle gefunden haben, wird es nun kaum länger als eine halbe Stunde dauern, bis die Fische bäuchlings nach oben schwimmen. Das Gift wird über die Kiemen aufgenommen und lähmt beim Fisch die Atmung[2].

Es gibt verschiedene Barbasco-Arten. Manchmal begnügt man sich auch mit dem Zerquetschen der Blätter armdicker Lianenstränge oder Stammesansätze anderer Barbasco-Pflanzen. Lonchocarpus utiles aber zeigt die stärkste Wirkung. Das Gift enthält über zehn Prozent Rotenona aus der chemischen Gruppe der Rotenoide. Als Insektizid wurde es in Südvietnam erprobt. Gegen DDT können Insekten resistent werden, nicht jedoch gegen Rotenona.

Die ganze Einwohnerschaft beteiligt sich möglichst am Beutemachen, sammelt mit Händen und Netzen die Wasseroberfläche und die Sperre ab, bis die Wirksamkeit des Giftes nachgelassen hat oder der Abschnitt leergefischt ist.

Zum Glück für die Bestände in den Urwaldflüssen kann diese bequeme Methode kaum während der Regenzeit angewendet werden. Der Wasserstand muß niedrig sein.

Die Auka-Fischer besitzen noch einige Techniken mehr, mit denen sie sich die Nahrungsquelle Fluß erschließen. Im Flachwasser sind eigentlich nur Krebse und Süßwasserkrabben wirklich zahlreich.

Der begehrte Panzerkopfwels steht tiefer. Arapaima, Bagre und Bocachica[3] leben vor allem in den größeren Flüssen wie dem Rio Curaray. Cichlidenarten gehen in ihrer Freßgier leicht an Angelköder. Als Köder eignet sich vor allem das Saugmaul, das die Auka mit der Hand unter den Steinen fangen und auf Haken aus Knochen- und Chontasplittern spießen. Begehrte Zukost liefern Fransenschildkröten und Molusken.

Nicht alle Fangtechniken der anderen Oriente-Indianer sind den Auka geläufig. Da sie im Gegensatz zu den anderen weder Boote noch Balsa-Flöße entwickelt haben, wurde von ihnen bis in unsere Tage nur das Fischen im Flachwasser oder vom Ufer aus mit der bis zu vier Meter langen, gezackten Lanze oder einem Spieß aus Rohr betrieben. Die Speerarbeit im Wasser verlangt große Geschicklichkeit. Der Fischer muß die blitzschnelle Bewegung des Fisches im voraus ahnen und die Lanze unter Berechnung des »optischen Knicks« im Wasser ins Ziel bringen. Fischfallen und Reusen wie etwa die Colorado bauen die Auka nicht. Einige Frauen arbeiten jedoch sehr stabile Netze aus Chambirafasern. Fertige Netze, die in einer Hütte hingen, waren allerdings kaum größer als ein Quadratmeter.

Die Flüsse sind kein ungefährliches Jagdrevier, doch fürchten die Fischer Piranha-Schwärme, die manchen Oriente-Fluß unsicher machen, kaum.

---

[1] Lat. Lonchocarpus utiles

[2] Die Auka nenne das Gift Cooni

[3] Der Bagre wird bis zu 20 Pfund schwer, der Bocachica ist ein kleiner, sehr schmackhafter Fisch. Der Arapaima kann drei bis vier Meter lang werden und ist mit 200 bis 300 Kilogramm der größte Süßwasserfisch Amazoniens

Daß Piranha-Stories oft abenteuerlich übertrieben werden und viele Urwaldstämme im Amazonas-Becken recht unbekümmert mit dem Zahnfisch umgehen, hat der amerikanische Biologe Paul A. Zahl beobachtet. Was er auf einer fünfmonatigen Reise über das Piranha-Verhalten für die amerikanische National Geographic Society im Labyrinth der Ströme erkundete und als Forschungsergebnis verkündet hat, gilt mit Abstrichen auch für das Auka-Gebiet. Zahl »sah vergnügte Indianerkinder im piranhagefährdeten Rio Paraguay gefahrlos baden«. Er lud den Zahnfisch mit einem blutigen Stück Rindfleisch zu einer Freßorgie ein – ohne Resultat. Er war zu Gast bei den Maká-Indianern, die Piranha-Schwärme in breiter Kette mit Handnetzen in flachen Lagunen furchtlos vor sich hertrieben, sie am Ende der Lagune stellten und in ihren Netzen fingen: Mit einem Biß in den Kopf töteten sie die Fische und verspeisten sie später bis auf die Gräten. Das war die eine Seite seiner Piranha-Erfahrungen. Paul A. Zahl beobachtete auch, wie ein Fisch im Bruchteil einer Sekunde ein pfenniggroßes Stück Fleisch aus dem Finger eines Indianers biß, der ihn vom Ufersand ins Netz befördern wollte.

Im Rio des Mortes, dem Todesfluß, ließen Zahls Freunde einen frisch erlegten Affen am Lasso von einem überhängenden Ast ins Wasser. Nach kaum mehr als fünf Minuten zogen sie nur noch Knochen wieder heraus. Auf den Marajo-Inseln im Amazonas-Delta entwickelte sich die Freßlust der Piranhas dagegen nur, wenn im Wechsel von Ebbe und Flut das Wasser in den Inselflüssen zu steigen begann. Das ist die andere Seite seiner Erfahrungen mit Piranhas, von denen der rotbäuchige Serrasalmus natereri der gefährlichste ist.

So verwirrend waren Zahls Erkenntnisse, daß er keine verbindliche Regel aufstellen wollte. Der Angriff des Piranha ist jedenfalls nicht berechenbar. Er hängt von der Art ab, vom Wasserstand, der Wassertemperatur, der Jahreszeit und dem Appetit der Fische. Zahl läßt uns am Ende seines Berichtes in schönster Ungewißheit: »Ich habe gelernt, daß die Piranha in dieser Hinsicht den meisten Fischen ähnlich sind: Du weißt nie, wann sie beißen.«

Den Auka jedenfalls sind sie nützlich. Ihr mörderisches Gebiß wird samt Kiefer »ausgebaut« und zum Anspitzen und Schärfen von Haken, Curare-Bolzen, Ahlen und anderen Geräten genutzt.

Vielmehr als den »Rotbäuchigen« fürchtet der Stamm den Stachelrochen, der, angepaßt an den Bodengrund, im flachen Wasser liegt. Tritt ein Auka in den vergifteten Stachel des Rochens, kann das lebensgefährlich für ihn werden, denn in seinem Gebiet ist gegen das Rochengift kein bekanntes Kraut gewachsen. Das gilt auch für den Biß der Buschmeister- und anderer Schlangen, des Skorpions und der Riesenameise. Wird ein Auka von einem dieser Tiere verletzt, »muß er einfach aushalten«, hat uns der Lehrer Pedro Chimbo-Andi erklärt. Zwar trinken manche nach Schlangenbissen Tzentzemo[1] oder geben bei einem Rochenstich das Blatt der Sheeta Panga ins Feuer und halten den verletzten Fuß über den aufsteigenden Rauch. Aber sichere Wirkung geht von diesen Mitteln nicht aus. Manche Auka haben den Rochenstich überlebt, doch bleibt ein verletzter Fuß oft jahrelang gefühllos und behindert den Verletzten schwer.

Das Fleisch wird in Tontöpfen gekocht. Abgezogene Gliedmaßen und von den Affen der Kopf werden dagegen mit Vorliebe über dem Feuer geräuchert.

Auch Fische räuchern die Auka gern und servieren sie auf einem kleinen Holztablett, bedeckt mit Macanka-Panga-Blättern. Geräuchert wird alles Fleisch, das sich längere Zeit halten soll. Ihre Fleischgerichte essen die Auka ohne Salz – im Gegensatz zu den Jivaro, die eine große Saline in der östlichen Cordillera de Cutucú besitzen und aus dem in Blättern verpackten Mineral sogar ein begehrtes Handelsobjekt machen.

---

[1] Tzentzemo wird aus dem aromatischen Samen der Elettaria cardamomum gewonnen. Man zerquetscht den Samen. Der Trank wird ungekocht genommen. Die Pflanze hat ihre Heimat in Südostasien, in Ceylon

Kalorien aus dem Dschungelgarten

Darin aber gibt es auch bei den isolierten Auka keinen Unterschied zu den Indianern im übrigen Oriente: Ihr Dschungelgarten liefert ihnen gewiß mehr als sechzig Prozent des Kalorienbedarfs und macht sie zeitweilig unabhängig vom Jagdglück. Die Ernte wird ergänzt durch wildwachsende Chonta-Früchte, die wichtiger Lieferant von Kohlenhydraten sind. Maniok indessen rangiert vor allen anderen Nahrungspflanzen. Das Setzen der Stecklinge in die von Männern freigehauene oder gebrannte Chacra ist Frauensache. Die Auka-Art der Landwirtschaft ist denkbar einfach. Bei einem unserer Besuche haben die Indianer uns stolz das Anbaufeld gezeigt.

Man erreicht die kleine Pflanzung, die meist etwa drei Minuten von einem Wohnplatz entfernt liegt, über einen Dschungelpfad. Die großen Maniok-Pflanzen stehen etwa zwei gute Schritte voneinander entfernt im Boden. Bananenstauden behaupten sich an der Abgrenzung des Feldes gegenüber dem ständig auf Eroberung ausgehenden Sekundärwuchs.

Für die Anpflanzung und Ernte der lebenswichtigen Maniok-Knollen gibt es keine besondere Saison. Die Frauen ernten und pflanzen das ganze Jahr über. Nachdem sie die zwanzig bis dreißig Zentimeter langen Knollen der Altpflanzen mit einem flachen Holz ausgegraben haben, setzen sie sogleich einen neuen Steckling, den sie von der Altpflanze überall dort abschneiden, wo sich ein »Auge« zeigt. Mit einem kräftigen, ständig an der Spitze geschärften Stock bohren sie das Pflanzloch und weiten es mit einem robusteren Holzwerkzeug. Dort hinein werden Maniok- und Bananenpflanzen gesetzt. Dann wird die Erde wieder festgetreten. Zwischen fünfhundert und sechshundert Scheffel gedeihen auf etwa dreißigtausend Quadratmetern, außerdem vielleicht noch einhundert Stauden Bananen. Der Garten versorgt eine Familiengruppe von etwa zehn Personen. Die Maniok-Knollen werden nach etwa sechs Monaten erntereif.

Wir wissen, daß die Auka beinahe jedes Jahr ein neues Stück Wald urbar machen, um der Frucht neuen, guten Boden zuzuführen. Ihre Felder und der benachbarte Wald lassen noch eine Fülle von Pflanzen heranreifen. Da ist vor allem die schlanke Chonta-Palme[1], deren nahrhafte rote Palmkerne im Mai in Massen geerntet werden. Aus dem eisenharten Holz der Chonta stellen sie die gefürchteten Speere her. Die erfrischende Naranjilla[2] dient ihnen mit Vitaminen und als Durstlöscher. An vitaminhaltigen Früchten wachsen im Auka-Wald noch wild die Yarina-Frucht, die Uvilla-Traube und ein Baum, dessen Frucht die Auka Omiuyaeme nennen.

Diese und all die anderen Früchte sind, mit Ausnahme der Chonta, unbedeutend gegenüber Maniok, das für den Stamm das tägliche Brot ist. Die gereinigten und geschnittenen Knollen bilden gekocht den ständig verfügbaren Hauptanteil aller Mahlzeiten. Ebenso wie bei den anderen Oriente-Stämmen ist Maniok auch bei den Auka die Grundsubstanz einer Nährflüssigkeit, die landläufig mit dem Ketschua-Wort Chicha bezeichnet wird. Doch während Chicha bei den Nachbarstämmen, besonders den Jivaro, durch längere Gärung zu einer Art Bier alkoholisiert wird, kennen die Auka nur ein alkoholfreies, süßliches Getränk. Ihnen scheint der

[1] Lat. Guilelma gasipaes, Deutsch = Stachelpalme

[2] Lat. Solanum quitense

Rausch völlig unbekannt zu sein. Man erzählt sogar, daß Auka-Männer ihre Frauen im Zorn schlugen oder gar töteten, weil sie alkoholische Chicha zubereitet hatten.

»Chicha« zu machen, ist Frauensache. Die Frauen zermatschen auf großen Blättern oder im Topf eine Menge weichgekochter, abgekühlter Knollen mit der Hand oder einem Holz zu einer weißen Breimasse. Mehrere Mundvoll davon zerkauen sie und spucken sie in die Masse zurück. Das Kauen bringt – eingeleitet durch Enzyme im Speichel und Mundbakterien – den Fermentierungsprozeß in Gang. Schon am nächsten Tag wird der Brei, vermischt mit Wasser, getrunken, ist dann eine milchige, dickliche, süße Flüssigkeit, die erfrischt und nährt. Es gibt einen verschmitzten Spruch unter den Jivaro, der der von jungen Frauen gekauten Chicha einen besseren Geschmack zuschreibt als dem von älterem Frauenmund fermentierten Getränk – weshalb ein Mann möglichst viele junge Frauen haben sollte. Mit solch frivoler Weisheit wissen die Auka nichts anzufangen. Darauf angesprochen, lachten sie fröhlich.

Noch manche wertvolle Ergänzung zu den geschilderten Grundnahrungsmitteln sammeln sie in ihrem Habitat. Doch trotz des Reichtums der Natur wächst ihnen nichts in den Mund. Zu den Köstlichkeiten der Auka-Diät gehören die großen, weißen Larven des Rüsselkäfers[1]. Es kostet viel Mühe, diese Delikatesse aus den Palmrinden herauszupulen. Aufbewahrt werden die Larven in einem Blattbündel und roh oder geröstet gegessen. Ein Genuß ist auch der gefüllte Magen einer Hörnchenart, die sich von Palmnüssen ernährt. Samt Inhalt rösten die Auka den Magen in heißer Asche.

Zwei wichtige Mahlzeiten kennen sie: Eine wird in aller Frühe genossen – vor dem Aufbruch zur Jagd oder in den Pflanzgarten –, eine am Abend vor dem Schlafengehen. Die Tischsitten beschränken sich darauf, daß ein Mann, der mit mehreren Frauen verheiratet ist, abwechselnd in der jeweiligen Sektion seiner Frau beim Feuer sitzt und mit ihr ißt. Die Frau bereitet dann die Speisen für ihn und ihre Kinder. Im übrigen muß man mit flinken Fingern in den Topf langen, Fleisch- und Fischportionen auf dem »Blätterteller« möglichst schnell verspeisen, will man seinen guten Anteil am Gericht haben. Ein erfrischender Chichatrunk ist immer vorhanden.

Wir haben uns dennoch gefragt, woher die Auffassung der Tigueno-Missionare stammt, die Auka-Diät sorge für einen ausgeglichenen Körperhaushalt an Kohlenhydraten, Proteinen und Vitaminen, bewahre den Stamm – die milden Erscheinungen typischer Tropenkrankheiten nicht gerechnet – vor größeren Heimsuchungen. Abgesehen davon, daß im Umkreis der Mission die alten, natürlichen Nahrungsquellen langsam versiegen, Konserven aus amerikanischen Carepaketen die Kochtöpfe füllen, haben wir auch bei den isolierten Gruppen fernab der Zivilisation Mangelerscheinungen notiert. Ältere Menschen machen teilweise einen kranken Eindruck. Aufgedunsene Leiber und sehr schadhafte Zähne lassen eine schlechte und einseitige Ernährung vermuten. Auch die Verschorfungen auf den Köpfen einiger Kinder könnten durch Mangel hervorgerufen worden sein. In der Gabaro-Gruppe haben auch die Frauen ziemlich ausgemergelt gewirkt und bei unserer Annäherung durch Zeichen zum Munde zu verstehen gegeben, daß sie Hunger hätten. Bei bester Verfassung schienen dagegen die jüngeren Männer zu sein.

Die zuverlässigste Nahrungsquelle im Auka-Wald ist der Garten. Damit er stets Früchte trage, vergeht kein Jahr, in dem die Männer nicht einen neuen Platz ausholzen und alle Auka dorthin ziehen, sobald die erste Ernte zu erwarten ist. Zum alten Garten kehren die Auka solange zurück, wie dort noch Nahrung zu holen ist.

Ihr Halbnomadentum hat mit ständiger Suche nach neuen Nahrungsquellen zu tun. Davon werden sie immer in Atem gehalten, und zwar so sehr, daß ihre Unterhaltungen – wie die Missionarin Elisa-

[1] Lat. Rynchophorus palmarum

beth Elliot schreibt – »am meisten davon handeln, und zwar in dieser Rangfolge: Nahrung, Jagd, vergangene Morde, Sex«.

Ihre Sprache besitzt bei der Schilderung von Natur und Tier eine Fülle von Lautgemälden, die den Geräuschen ähneln, die Lebewesen und Gegenstände verursachen. Der Auka-Erzähler, der von einer Affen- oder Vogeljagd berichtet, findet keinen adäquaten Übersetzer, weil die Sprache der Zivilisierten zu abstrakt geworden ist, sich zu weit von der Natur entfernt hat. Die Linguistin Elisabeth Elliot hatte ihre liebe Not mit der Erschließung der Auka-Sprache: »Erzählungen sind beladen mit Imitationen..., die das Springen eines Affen von Ast zu Ast beschreiben, den Aufprall des Körpers auf den Boden und den Hieb der Machete, der ihm das Ende bringt.«

Macht über das Feuer

In allen Hütten unterhalten die Auka stets ein Feuer oder eine Glut, um die im Dschungel allgegenwärtige, fäulnistreibende Feuchtigkeit zu absorbieren, um Wärme in kühleren Nächten zu haben, um immer Nahrung rösten oder garen zu können. Bei längeren Waldwanderungen führen sie auch stark qualmende Aschenglut mit sich, die sie vor Moskitoangriffen schützen soll. Das Feuer ist der wichtigste Bestandteil ihrer Materialkultur.

Um zu sehen, wie sie Feuer machen, haben wir ihnen bei einem unserer Besuche mit einem Brennglas gezeigt, wie man die Kraft der Sonne bündeln und Wildbaumwolle zu einem kleinen, lustigen Feuer entfachen kann. Wir haben dann noch einen kleinen Schabernack an die Vorführung gehängt, indem einer von uns die Hand unters Glas hielt, bis ein Stück Haut zu schmoren begann. Schadenfreude scheint allen Menschen gemeinsam: Die Auka zeigten ihre helle Freude! Als wir das Zaubermittel mit Gebrauchsanweisung an einen jungen Auka weitergaben, hatten wir Glück. Er verschwand in der Hütte und kehrte mit seinem eigenen Besteck zum Feuermachen zurück. Nichts hat sich im Auka-Wald seit dem aufregenden Augenblick geändert, als der Mensch zum ersten Mal die Macht über ein Element bekam, es zu »erzeugen«, zu nähren und zu nutzen verstand. Der Auka legte ein sehr trockenes Brettchen aus weichem Holz, das schon einige geschwärzte Vertiefungen aufwies, auf den Boden. In eine dieser Vertiefungen setzte er einen Stab von etwa zehn Zentimetern Länge und einem Zentimeter Durchmesser, nahm den Stab zwischen die Handflächen und quirlte ihn mit großer Geschwindigkeit. Gänsehauttreibendes Quietschen! Nach einigen Minuten begann der Rand des Loches sich weiß zu verfärben, brandiger Geruch stieg auf, und der Auka hielt, unter ständigem Blasen die Glut vergrößernd, ein wenig Dschungelbaumwolle gegen die erhitzten Reibungsflächen. Rasch fing sie Feuer. Mit strahlendem Siegerlächeln genoß er unser Schulterklopfen.

Kaum mehr als 20 Waffen und Gebrauchsgegenstände will Carlos Espinoza bei den Auka gefunden haben, »dem äußerst primitiven Lebensstil entsprechend«. Blickt man genauer hin, sind es mehr. Doch mit Espinoza haben wir den Eindruck gewonnen, daß die Auka ihrem Lebensraum die wenigen Güter ihres Bedarfs nur unter großen Anstrengungen abringen können. Nur die Jüngeren – so scheint es – tun sich leichter. Allzu viele Menschen, gerade auch bei den zivilisationsfernen Gruppen, wirkten abgemagert, ausgemergelt, frühzeitig vergreist oder gar krank. Wir haben nicht feststellen können, ob die vorzeitig verbrauchten Menschen erst 35 oder schon 50 Jahre alt waren. Wir haben auch nicht herausgefunden, wodurch der Rhythmus eines ausgeglichenen Alltags gestört worden ist. Vielleicht, weil sie ständig auf der Hut oder auf der Flucht vor feindseligen Gruppen ihres eigenen Volkes waren? Vielleicht, weil die vordringenden Ölgesellschaften sie aus reicheren Wild- und Fischgründen vertrieben hatten?

Angesichts der Unzulänglichkeit vieler ihrer Werkzeuge und Hilfsmittel muß sich jede Konfliktsituation, die die Auka-Wirtschaft belastet, gefährlich auswirken. Wir schlossen angesichts niedergebrannter Hütten in der Nähe gut bepflanzter Chacras, daß die Auka den Platz eilends – vielleicht auf der Flucht vor Angreifern – verlassen hatten. Wie lange, haben wir uns gefragt, würde eine solche Gruppe brauchen, bis sie wieder ein erntereifes Feld besäße? Wie schwer die letzten freien Gruppen buchstäblich fürs »nackte« Überleben arbeiten müssen, beweist die Tatsache, daß selbst eine solche Sensation, wie sie das Niedergehen eines Hubschraubers auf ihrem Wohnplatz darstellt, die Mehrzahl der Frauen nicht von ihren Pflichten hat abhalten können.

Sieht man von Jagd, Hausbau und Rodung ab, so tragen die Frauen traditionell die Hauptlast der täglichen Verrichtungen. Allerdings dürfte die Not auch an der traditionellen Arbeitsteilung manches geändert haben. Die Emsigkeit jedenfalls, mit der die Männer unsere Hacken sofort zur Lockerung des Bodens eingesetzt haben, hat uns ihre Bereitschaft zur Feldarbeit gezeigt. Die jungen Frauen schleppen übrigens auch bei ihrer Schwerarbeit noch Kleinkinder in Rindentüchern mit umher.

Ein ungeheures Unternehmen und die Krönung ihrer handwerklichen Leistungen ist die Herstellung von Hängematten. Ständig haben wir Auka-Frauen damit beschäftigt gesehen, Chambira-Palmfasern[1] zu Schnüren beliebiger Stärke und Festigkeit zu verarbeiten. Sie rollen dabei die gekochten und unter der Sonne getrockneten Faserbündel.

Wir haben damals kaum ermessen können, welch ein Geschenk sie uns mit einer Hängematte gemacht haben. Doch wissen wir heute, daß es die Auka viele Wochen kostet, bis sie auch nur die Schnüre dafür zusammenbringen. Für besonders schöne Hängematten färben die Auka die Fasern rötlich ein. Die Farbe liefert ihnen der Mintal-Baum, dessen rotes Holz zerrieben und dann gekocht wird. Die Knüpfarbeit selbst dauert abermals viele Wochen. Das komfortable Dschungelbett – zahlreiche südamerikanische Stämme kennen die Hängematte, auch die Weißen im Lande haben sie längst übernommen – ist leicht zusammengerollt und unterwegs überall dort aufzuhängen, wo sich starke Äste finden. Auch in den Hütten hält es die ruhenden Leiber in gesundheitsförderndem und entspannendem Schwebezustand zwischen Himmel und Erde, enthebt sie sozusagen dem Unrat und Ungeziefer des Urwaldes oder Hüttenbodens.

Ein wichtiges Gerät ist auch das Tragnetz, das wie die Hängematte geflochten wird und – nicht anders als bei den Tiefland-Ketschua – mit einem Stirntragriemen versehen ist. Von geringerer Bedeutung als bei den Nachbarn ist bei den Auka jedoch die Baumwolle. Die Frauen spinnen die Fäden auf einer Spindel. Doch da sie weder den Kilt (Jivaro) noch das Cushma-Gewand (Cofan und andere) kennen, hat die gesponnene Baumwollfaser nur schmückende Bedeutung. Sie wird vor allen Dingen zum Komi verarbeitet, einer Hüftschnur, an der die Männer ihren Penis befestigen und die auch Frauen und Kinder als »einzige« Kleidung tragen. Oberarmbänder und Lanzenwicklungen, in die kleine Vogelfedern eingebunden werden, bestehen ebenfalls aus diesem Material.

Zu den wichtigen Requisiten des Haushaltes zählt noch ein kunstlos geformter, schwarzgebrannter

[1] Chambira ist das Ketschua-Wort für die Pflanze Astrocaryum tucumá (lat.), span. Tucuma

[2] Ethel E. Wallis, »Dayuma«, Konstanz 1969

Tontopf. Sie formen ihn ohne Töpferscheibe mit den Händen. Carlos Espinoza, der Erwin zeitweilig begleitet hat, folgert aus Funden von Tonscherben mit über drei Zentimeter Dicke im früheren Auka-Gebiet, daß diese Indianer einstmals sehr große Töpfe hergestellt haben und seßhafter gewesen sein könnten. Ein Hinweis auf mannsgroße »Pondos« bei den Auka-Gruppen der sogenannten Wiñatarae findet sich in der Dayuma-Geschichte: »Sie waren sehr groß und hatten lange Speere. Sie fertigten auch große, zwei bis drei Fuß hohe Töpfe an, die ein gutes Versteck boten, wenn man sie umstülpte. Bei einem Überfall versteckten sich einige von ihnen unter ihren Töpfen und wurden nicht getötet.«[2]

Unverwechselbarer Schmuck

Vielleicht sind die harten Erfordernisse des Alltags der Grund dafür, daß dieses Volk uns schlichter gegenübertritt, als wir dies bei den meisten Stämmen im Regenwald erleben. Komfortable und schöne Dinge als Schmuck oder zur Unterstreichung des Prestiges sind selten zu finden. Doch trotz ihres sparsamen Einsatzes charakterisieren sie die Erscheinung der Auka so stark, daß sie sich von dem Kreis der anderen Indianerstämme Ekuadors prägnant unterscheiden. Da ist die von einer Hüftschnur noch unterstrichene Nacktheit. Auch das augenfällige Hochklemmen des Penis' trifft man erst wieder bei Stämmen in den weiter östlich gelegenen Amazonas-Gebieten an. Männer und Frauen schmücken sich mit weißen, kreisrunden Holzscheiben, die sie in ein durchlöchertes und gewaltig gedehntes Ohrläppchen stopfen.

Die Ohrpflöcke sind ihr Hauptschmuck. Aus federleichtem Balsaholz geschnitten, nur etwa zwei bis drei Gramm schwer, mit Flußgips geweißt, haben die Scheiben einen Durchmesser von etwa zwei bis fünf Zentimetern. Schon dem Kleinkind stechen die Mütter mit einem Chonta-Splitter Löcher in die Ohrläppchen und weiten sie allmählich mit immer größeren Pflöcken. Die Pflöcke stopft man später schmerzlos in die Löcher, indem man sie mit Speichel gleitfähig macht. Anscheinend tragen die Auka diesen wichtigen Schmuck nicht bei jeder Gelegenheit. Wir sind vielen ohne ihre Scheiben begegnet. Ihre nackten Ohrgehänge übertreffen gelegentlich die Größe des übrigen Ohres.

Nicht nur Eitelkeit soll der Grund für diesen Schmuck sein. Manche Eltern erzählen ihren Kindern, Löcher in den Ohren, in den Nasenflügeln und der Nasenscheidewand seien bei der späteren Totenwanderung hilfreich. Es heißt in einer solchen Deutung: Auf dem Weg in den Himmel triffst du einen großen Wurm. Hast du Löcher in der Nase und den Ohren, kannst du ihn überspringen. Sonst aber wird sich der Wurm bewegen, du erschrickst und verwandelst dich in eine Termite.

Die Frauen tragen häufig auch alltags einen schönen beigefarbenen Stirnreif, der als Streifen aus den Blatt-Trieben der Ranos-Pflanze geschnitten wird. Oft ziehen die Auka in der Mitte des Reifs noch ein fingerbreites rotes Längsband aus der roten Farbe der Achiote-Frucht. Einige von ihnen begnügen sich auch mit einer dünnen Kordel als Haarschmuck. Die Komposition aus weißen Ohrpflöcken und weißrotem Stirnband wirkt harmonisch und attraktiv. Im Gegensatz zu den blühenden Coronas der Cofan-Indianer und den handbreiten, farbenfreudigen Federreifen der Jivaro oder gar den leuchtend roten Helmschöpfen der Colorado aber wirkt bei den

Auka-Männern der Kopfschmuck ärmlich. Wir haben nur einmal eine Federkrone zu Gesicht bekommen, in der auf einem breitgeflochtenen Chambira-Band herrliche, leuchtend rote Gestecke angebracht worden waren. Wir vermuten, daß den Auka dieses Kunstwerk auf einem Raubzug ins Ketschua-Gebiet in die Hände gefallen sein könnte. Aus ihrer eigenen Hand kommen die schmalen, fingerbreiten Rindenstreifen, auf die mit eiligen Fingern die gelben Bauchfedern der Tukane oder anderer Vögel bürstenartig mit einer Wicklung befestigt werden.

Körperfarben bei den Auka sind auf Rot und Schwarz beschränkt. Das ist der bekannte Achiote-Strauch[1]. Aus seinem Samen gewinnen die meisten Indianer das leuchtende Rot, das aus den gelbbraunen Menschen erst »Rothäute« macht. Die Auka tauchen einfach mit den Fingerspitzen in die aufgebrochene, pflaumengroße Frucht und tragen die fettige, cremeartige Farbsubstanz auf die Gesichtshaut auf: Ketschua wollen Auka-Krieger, die auf Raubzügen an den Rio Napo gekommen sind, auch mit roten »Kniestrümpfen« gesehen haben. Sie nennen die Auka dieses Gebiets daher Pucachaquis. Die Farbe Schwarz liefert den Auka der Saft der Genipa-Frucht[2]. Im Augenblick, in dem der Saft auf die Haut aufgetragen wird, zeigt sich die Farbe noch nicht. Erst nach Minuten tritt die schwarze Zeichnung durch Oxidation hervor.

Nur zu besonderen Anlässen wird man die Auka besonders geschmückt sehen. Dann holen sie aus den Blättertaschen auch die bunten Federgestecke und -fächer heraus, deren Kiele sie mit schwarzem Wachs zusammengeschweißt haben. Sie werden gemeinsam mit dem einzigen Musikinstrument beim Tanz verwendet. Keine Trommel, keine Rassel, keine mehrstimmige Flöte begleitet oder unterstützt den Gesang der Männer und Frauen. Die Musen haben nur Fruchtbänder um die Waden und ein grobes, armlanges Stück Bambusrohr hervorgebracht, einen »Luftklinger«, bei dem der Spieler gegen die scharfe Kante bläst und die im Hohlkörper eingeschlossene Luftsäule zum Schwingen und Klingen bringt. Der summende, unsaubere Ton des Instruments läßt sich nicht, wie bei den Flöten der Cofan, der Secoya und der Cayapa, variieren. Die genügsamen Auka-Musikanten haben noch nicht herausgefunden, daß man durch Löcher, die über die Länge des Rohres verteilt sind, mit den Fingern die Luftsäule verlängern oder verkürzen kann, um so höhere oder tiefere Töne zu erzeugen.

Gesellschaft der Alleskönner

Eine Gesellschaft, die um ihr Überleben hart zu ringen hat, überdies ständig auf Überfälle, Gegenwehr und Flucht gefaßt sein muß, für die der Handel mit Nachbarstämmen und untereinander ohne Bedeutung ist, erlaubt dem einzelnen keine Spezialisierung seiner Fertigkeiten. Hier muß jeder alles können. Nicht einmal die Arbeitsteilung zwischen Mann und Frau ist so geprägt, daß der eine nicht die Pflichten des anderen übernehmen könnte.

Eine Episode brachte uns gegenüber den Auka-Alleskönnern in arge Verlegenheit: Es begann damit, daß wir ihnen ein paar rote und grüne Kunststoffkämme der Im-Dutzend-billiger-Qualität und dazu Scheren schenkten. Nachdem sich die helle Aufregung über diese Dinge gelegt hatte, zeigten sie

[1] Lat. Bixa orellana
[2] Lat. Genipa americana
[3] Lat. Euterpe edulis

uns bereitwillig, wie ihre gepflegten Ponykopffrisuren entstehen. Der »Friseur« kappt bei Männern und Frauen das Haar gleichmäßig vorn vom rechten bis zum linken Ohr etwa zwei Finger breit über den ausgezupften Augenbrauen. Hinter dem Ohr fällt bei der Frau das Haar weit über die Schulter, während die Männer es im Nacken abschneiden. Die gepflegte Friseurarbeit auf Gegenseitigkeit ist mühselig. Man schiebt ein Stück Holz unter das Haar und trennt es mit scharfkantigen Muschelschalen oder Steinen ab, die gegen das Holz gedrückt werden. Ihre Haartracht pflegen die Auka mit Öl aus einer Palmenfrucht[3]. Sie haben uns gezeigt, wie sie ihren urigen Kamm herstellen, der Zinken nach zwei Seiten aufweist: Die Zinken sind spannenlange, streichholzdünne Bambusstäbchen, die im millimeterengen Abstand zwischen zwei flache Querleisten geklemmt sind. Eine feste, harte Wicklung aus Baumwollschnur hält das Gebilde zusammen.

Als die Auka uns, den einseitigen Abgesandten der arbeitsteiligen Zivilisationsgesellschaft, die Scheren und Kunststoffkämme brachten und gestenreich verlangten, wir sollten ihnen die Herstellung unserer Geschenke vorführen, setzten sie uns in arge Verlegenheit. Mit Schulterzucken und »Kanitverstan« drückten wir ihnen die Industrieprodukte wieder in die Hand.

Die Speergesellschaft

Es scheint, als hätte der Speer, die überlegene, schöne Auka-Waffe, sich dem Willen der Krieger entzogen, als flöge das mit den blauen Federn der Cotinga geschmückte Eisenholz nicht nur den Feinden der Auka entgegen, sondern wüte allzu oft auch gegen seine Schöpfer. Seit Franzisco de Orellanas Flußreise von 1542 hat der Speer die Auka-Menschengesellschaft am Napo zwar vor der Vernichtung durch die Weißen bewahrt, doch hat er auch viel Schaden in ihrer Mitte angerichtet. Daß es heute nur noch 500 Auka geben soll, hat nicht nur mit den Spaniern, ihren Erben und den anderen Indianern im Regenwald zu tun, sondern auch mit dieser Waffe.

Die Speerbündel neben dem Hütteneingang scheinen auf die Krieger mit verführerischen Signalen zu wirken. Der psychologische Zwang zum Töten siegt offenbar allzu oft über die Hemmungen. Wir haben erschütternde Zeugnisse aus dem Mund jener Frauen und Kinder, die wahre Kettenreaktionen von Speermorden und die Auslöschung ganzer Familiengruppen miterlebten. Die Flucht in die feindselige, zumindest ungewisse, oft verhaßte Außenwelt schien diesen Frauen weniger gefahrvoll als ihr Verbleiben in der selbstzerstörerischen Auka-Welt zu sein.

Die Auka wissen, daß sie von der Außenwelt mit dem Speer identifiziert werden, so daß sie die Waffe vorher aus dem Blickfeld seltener Besucher räumen, wenn sie selbst eine friedliche Begegnung im Sinn haben. Alles haben die Männer der freien Gruppen uns gezeigt: Blasrohre, Köcher, Pfeile, Federschmuck – nur Lanzen nicht. Als Erwin eine Waffe in ihrem Kreis in die Hand nahm, entwand sie ihm ein Krieger und brach sie in der Mitte durch. Auch die zerbrochenen Enden wollte der Auka dem Besucher nicht lassen. Als Erwin sie aufnahm, riß er sie ihm zornig aus der Hand und warf sie ins Dickicht.

Sie zeigen sich wehrlos und nackt wie kein anderer Stamm, den wir kennen gelernt haben, wenn sie friedliche Absichten hegen. Wo sie jedoch mit Speeren erscheinen, besteht über ihre Ziele kein Zweifel mehr.

Nur selten ist es uns gelungen, ein Mitglied der Speergesellschaft zum Umgang mit der Waffe zu bewegen. Bei unserer Begegnung mit der Dayuno-Gruppe ist das gewesen! Ein kräftiger Mann mit Namen Munga lebt dort in Wiñames Dorf. Er ist kurz nach der ersten Einübung in die Regeln der Zivilisation aus Tigueno geflohen. Doch hat die Zeit gereicht, in ihm Vorliebe für Doppelflinte, abgeschnittene Gummistiefel, Hemd und Hose zu wecken und den Speer weitgehend aus seinem Leben zu verdrängen. Vergessen aber hat Munga ihn nicht.

Erwin hatte Speere in Zoilas Hütte in Campana Chocha entdeckt. Sie sollen die Gruppe auf ihrem langen Marsch durch den Urwald schützen. Als wir die Speere anfaßten, blickten die Krieger verlegen drein. Erst gingen wir zu Dabo, dem Chef, und baten ihn über Zoila, die Speere für Filmaufnahmen fliegen zu lassen. Vergebens. Auch der sonst so bereitwillige Dare wollte die Speere nicht einmal berühren. Blieb Munga! Er schien unabhängig zu sein. Jedenfalls wirkte er auf eine unauffällige Art selbstbewußt und humorvoll. Weil wir ihn reich beschenkt hatten, war er uns zugetan. Er hatte sich schon nicht – wie andere – davongestohlen, als wir mit den Speeren von einem zum anderen gingen. Glucksend ging er zwei, drei Schritte zurück, als die Reihe an ihm war. Wiñame sagte ein paar ruhige Worte zu ihm. Wir hofften, daß sie unseren Wunsch übersetzte. Langes Schulterklopfen und eine neue Machete taten schließlich ihre Wirkung.

Plötzlich nahm Munga uns die Speere ab. Er ging weit weg von den Hütten, weit weg von Frauen und Kindern, über ein Feld zum Saum der Urwaldbäume. Drei, vier Männer folgten und wechselten dauernd Zurufe mit ihm. Ein paar domestizierte, fette Schweine, die sich nicht trollen wollten, reizten Munga zur Wurfpantomime. Was dann geschah, vermittelte uns eine Ahnung von der tödlichen Treffsicherheit und Gewalt des Speerwurfs. Munga hatte einen schlanken Baum gewählt und etwa 25 Meter davor seine fünf Speere deponiert. Eben wog er den ersten Speer noch in der Hand, um die Mitte der Waffe für einen ausgewogenen Wurf zu suchen, da spurtete der Krieger schon. Gut zehn Meter vor dem Stamm stoppte Munga mit dem rechten Fuß seinen Lauf abrupt. Der Oberkörper wurde durch den Schwung nach vorn gerissen, und im selben Augenblick flog aus der weit nach vorn gestreckten Rechten der Speer und fuhr krachend in den Baumstamm. Ein greller Jodler quittierte den Treffer. Die übrigen Auka lachten beifällig. Auf dieselbe Weise brachte Munga auch die vier anderen Speere ins Ziel. Jedesmal mit derselben Kraft und Sicherheit in einer einzigen fließenden Bewegung.

Wir fragten Munga, ob die Auka beim Angriff nicht die restlichen zwei, drei Speere in der Hand behielten und erfuhren, daß dies keiner festen Regel unterliegt. Die Situation erfordere mal die rasche Wurffolge aus dem Stand und – bei großer Distanz – den von ihm demonstrierten Anlauf, meinte Munga. In nächster Nähe des Feindes werde die Waffe auch wie ein Spieß benutzt. Fragen und Antworten bereiteten ihm und Wiñame Unbehagen.

Die soziale Organisation der Auka ist auf Familiengruppen begrenzt. Eine Anzahl Haushalte verschwägerter oder befreundeter Familien lebt unter einem Dach zusammen. Solche Familiengruppen bewohnen eine Lichtung und unterhalten die Anpflanzungen gemeinsam. Fünf oder mehr Familien leben oft unter einem Dach. Eine Familie, die die Chance zur normalen Entfaltung hat, besteht etwa aus einem Mann, zwei Frauen, drei bis fünf Kindern der ersten und ein oder mehr Kindern der zweiten Frau. Zu größeren Zusammenschlüssen kommt es heute kaum mehr, auch wenn Gefahr von außen dies geböte.

Nicht einmal verwandtschaftliche Bande hemmen den Verlauf tödlicher Auseinandersetzungen. Der Schmerz über ein verlorenes Familienmitglied wandelt sich schnell in unkontrollierbaren Zorn auf vermeintliche Feinde, auf Zauberer, auf nutzlose alte

Verwandte unterm eigenen Dach. Dann gehört der Griff zum Speer zum schrecklichen Höhepunkt der Trauer in einem Auka-Haus. Schon geringere Anlässe haben oft genügt. Eine unachtsame Frau, die einmal einen Topf zerbrach, soll vom Besitzer des Topfes gespeert worden sein. Diese Gesellschaft wird in Augenblicken tiefster Frustration und höchster Erregung zum allzu raschen Umgang mit der Waffe verführt.

Auch die Rolle des Zauberers ist oft unheilvoll. Sie hat Parallelen zu anderen Stämmen im Regenwald, ob sie in unmittelbarer Nachbarschaft leben, wie die Jivaro, oder fern wie die Waika in Venezuela. In diesen Stämmen heilen Zauberer auf ähnliche Weise, liefert ihre Praxis Gründe für tödliche Fehden. Dayuma sagte, es wäre noch gar nicht so lange her, daß das Töten begann: »Ein Kind starb, und sie sagten, der Zauberer wäre schuld. Und dann töteten sie ihn. Der Zauberer hatte viele Verwandte, die ihn rächten. Und so war es eine böse Kette von Morden, bis nur noch ganz wenige übrigblieben. Als sie merkten, sie würden aussterben, versuchten sie das Töten zu beenden. Dann begann es wieder mit einem Brujo. So töteten sie bis auf den heutigen Tag. Darum leben auch so wenig Alte unter ihnen.«[1]

In der Heilpraxis des Zauberers also finden wir – neben vielen anderen Gründen – den Keim für soviel Leid. Die Auka sind Gefangene einer Vorstellungswelt, in der dem Brujo nur dann Erfolge beschert sind, wenn er die Krankheit, die er einem Menschen fortnimmt, einem anderen Auka auflädt. Stirbt jener, so wird dessen Verwandtschaft den Brujo heimsuchen. Von diesem Denkschema ist denn auch nur ein kleiner Schritt zu der Konsequenz, daß am Krankheitstod eines Auka immer ein Brujo schuld sein müsse, den man dafür zu töten hätte.

Wie heilt ein Zauberer also? Wir haben ein Beispiel gehört: »Wenn ein Kind krank ist, gehen die Eltern zum Brujo. Der trinkt seine Ayahuasca. Während er die Drogenpflanze kocht, kommen ein Kondor und ein Falke und setzen sich auf den Rand des Topfes. Die Vögel sind rot und erscheinen gelassen. Sie stellen böse Geister dar. Der Brujo befiehlt, daß sie diesen oder jenen Auka töten sollen. Während sie den Auftrag erfüllen, wird der Patient des Brujos geheilt. Viele sagen dann, das geheilte Kind solle auch Zauberer werden. In einer anderen Hütte stirbt währenddessen ein Mensch, und die Verwandten sagen: ›Dieser Brujo hat wieder getötet. Geht hin, er sitzt da in seiner Hängematte und singt.‹ Und die Leute gehen hin, und er sitzt wirklich in seiner Hängematte und singt. So töten sie den Brujo. Auch Frauen können Brujos sein. Ja, Zauberer können alle Menschen kontrollieren!« So erklärt Dayuma die Rolle des Zauberers unter den Auka[1].

Über solche Konflikte hinaus bieten Raubgut, Frauen und auch gut bestellte Chacras genügend Anreize für den Aufbruch von Speerparteien gegen andere Gruppen. Bei diesen Beutezügen wird auch ein Anführer akzeptiert. Ein renommierter Killer lädt zum Totentanz ein: »Wollen wir töten? Gehen wir töten?« Seine Aufforderung bringt Gleichgesinnte zusammen, die miteinander gegen andere Auka-Gruppen oder Ketschua ziehen.

Im Umgang mit Angehörigen der Außenwelt genügt schon das leiseste Mißverständnis zur tödlichen Reaktion der Auka. Sogar der Abwurf von Freundschaftsbeweisen über einer Auka-Lichtung, Weihnachten 1945, wird gelegentlich mißdeutet. Joaquina Grifa[2] berichtete, daß Perlen und Kleider, die aus einem Flugzeug herniederfielen, zwar »gierig aufgesammelt« wurden, jedoch mit der Erklärung: »Schaut, es ist verwundet. Das ist aus seinen Eingeweiden gekommen. Ein Fest und ein Tanz wurden abgehalten, um die Verwundung des Mannvogels zu feiern.«

Der protestantische Missionar David Cooper hat

---

[1] Ethel E. Wallis, »Dayuma«, Konstanz 1969

[2] Eine Yumbo-Indianerin, die im Mai 1945 bei einer Flußfahrt auf dem Rio Arajuno von Auka-Kriegern geraubt wurde, ein Jahr unter den Auka lebte und dann entkommen konnte

einen Report nach den Zeugnissen der Joaquina verfaßt, die ein Jahr als Gefangene bei den Auka lebte: »Sie waren nur fröhlich, wenn sie einen erfolgreichen Raubzug hinter sich hatten. Als sie Joaquina gefangen und ihre Speere in ihre Begleiter gerammt hatten, war ihr Ausdruck von Freude wild und ehrlich.

Sie lachten und heulten und brüllten. Auch daheim herrschten Gelächter und Freude, und die Frauen wurden von dem Taumel angesteckt. – Aber im Alltag, besonders, wenn eine lange Zeit ohne neue, blutige Raubzüge vorübergegangen war, war die Atmosphäre düster und depressiv. Die Frauen schlichen umher wie Hunde, leise und mit gesenkten Köpfen, in ständiger Furcht vor den Männern, die sauer und bitter waren.«

»Blutvergießen«, schloß Rolf Blomberg, der Coopers Bericht in seinem Buch »The Naked Auca« zitierte, »schien offensichtlich nötig zu sein, um sie in guter Stimmung zu halten.« Joaquina erzählte Cooper, daß eine der beiden Gruppen, die etwa neun Wegstunden vom Shell-Camp Arajuno entfernt lebten, von Moipa beherrscht wurde. Nach Coopers Notizen waren diese Auka zu einer Bande »regelrechter Mörder« degeneriert: »Joaquina erklärte, daß sie immer ihre Speere dabei hatten, und selbst wenn nur ein Indianer ihrer Gruppe von der Jagd heimkehrte, begegneten ihm gesenkte Speere. Sie waren extrem mißtrauisch und immer bereit zum Kampf.«[1]

Die erfolgreiche Heimkehr einer Killer-Expedition war in Joaquinas Gruppe um den Häuptling Huamaya Anlaß für ein Fest: »Die Männer trinken viel Chicha, dann ziehen sie sich in ihre Hängematten zurück. Die Frauen schlagen sie dann mit Nesseln, bis sie einschlafen. Ihre Siege zelebrieren sie mit einem großen Fest und mit einem Tanz. Dabei sammeln sich die Frauen in zwei Gruppen in der Mitte, halten sich bei den Händen und marschieren im Rhythmus aufeinander zu und voneinander weg. Zur selben Zeit springen . . . die Männer um die Gruppe und schwingen ihre Lanzen.«

Diese Form des Tanzes, bei dem der summende, monotone, abgehackte Klang einer Flöte den Rhythmus angibt, haben wir in leichten Varianten auch bei anderen Anlässen mehrmals gesehen. Hochzeiten oder Einladungen nach einer guten Maniok-Ernte sind Gelegenheiten für Tanz und Gesang.

Zoila sagte uns, beim Maniok-Fest kämen alle eingeladenen Männer mit Lanzen und schenkten sie dem Gastgeber. Alle schmückten sich auch mit geraubten Kleidern und trügen Kronen auf dem Kopf. Joaquina wollte Kronen mit vertikal angebrachten, langen weißen Federn gesehen haben, als Kronen oder Rückenschmuck auch ein schimmerndes blaues Federkleid. Sie meinte auch, daß die Männer nur für diesen Anlaß kleine Balsastöcke horizontal durch die Nasenscheidewand steckten, ihre Gesichter und Beine rot und auch mit schwarzen Streifen bemalten.

Zwei, drei Tage kann so ein Tanzfest dauern. Wir konnten zusehen und feststellen, mit wieviel Ausgelassenheit und Gelächter die Auka bei der Sache waren. Ein paar Frauen faßten sich bei den Händen und stellten sich nebeneinander auf. Einer der Männer trug ein Bündel langer, roter Federn in der Hand und jeder, der er eine in die Hand drückte, mußte mitmachen. Einer begann die Flöte zu blasen, die Mädchen lockten mit rhythmischem »Eee, Eee, Eee« die Tänzer und liefen einige Schritte vor. Munga, ein großer Spaßmacher, hopste mit gespreizten Beinen auf sie zu, drehte sich und versuchte, sie mit seinem Hinterteil zu rammen, worauf sie lachend zurückwichen. Auch die anderen Männer tanzten auf »Kollisionskurs«.

Carlos Espinoza erlebte mit Erwin ein anderes Tanzfest. Ein Auka-Haus wurde dabei als Festhütte bestimmt. Draußen versammelten sich die Männer, während die Frauen und Kinder im Innern der Hütte einen Chor anstimmten, der immer dieselben Noten wiederholte und einen kurzen Vers. Espinoza erinnerte sich: »Inzwischen stellten sich die Männer in

[1] Rolf Blomberg, »The Naked Auca«, London 1956

Reih und Glied auf, die Schultern des Vordermannes mit den Händen berührend. Im Chor begannen sie »Uuuuuu« zu schreien und sprangen mit geschlossenen Beinen ins Haus, machten im Innern die Runde und kehrten mit Schreien und Springen auf den Vorplatz zurück. Inzwischen hatten die Frauen die Melodie des Verses gewechselt, und die Männer wiederholten das Spiel. Nach etwa einer Stunde wurde den Männern die Chicha gereicht, die Frauen sangen weiter, bis sie an der Reihe waren. Dann formierten sich die Männer im Innern des Hauses neu zu einer kompakten Gruppe, mit vier Tänzern in jeder Reihe, die ihre Hände auf die Schultern des Vordermannes legten. Zu den Tönen eines neuen Liedes tanzten sie mit kleinen Schritten vorwärts und rückwärts.«

Kann man angesichts solch derber Fröhlichkeit an all die Geschichten über ihre Gewalttätigkeit glauben? Wir haben uns oft gefragt, ob der hemmungslose Umgang mit dem Speer typisch für alle Auka-Gruppen sei, ferner die Beerdigung von Menschen vor Eintritt des Todes, das Erwürgen von Lieblingskindern, die als Grabbeigabe bestimmt sind, die mörderische Gesinnung gegenüber Ehe-, Nahrungs- und Besitzkonkurrenten, Hexendoktoren, Nachbargruppen, Fremden. Sind alle Menschen im Busch, die links und rechts vom Curaray leben und mit dem Wort Auka belegt werden, tatsächlich Auka-Gruppen? Haben nicht die Tigueno-Auka selbst von einem Angriff auf die Wiñatarae-Auka berichtet, deren Sprache nur noch die Alten von ihnen sprechen können? Gehörten jene Wiñatarae tatsächlich zu den Auka und hatte nur die Isolation den Sprachwandel verursacht?[1] Aus frühen Aufzeichnungen Günter Tessmanns[2] wissen wir, daß er seine »Aushiri-Gruppe« sogar in Peru, nahe der Grenze Ekuadors, angetroffen hat. Jene, ebenfalls kriegerisch, nur dreißig bis fünfzig Menschen umfassend, sollen berüchtigt als Friedensstörer am Napo-Fluß gewesen sein. Vergleicht man Tessmanns Notizen mit anderen, unterscheiden sich »seine Auka« vom Tivacuno-Fluß und vom Vacacocha-See durch eigene Namen, Sprache, Erscheinung, Materialbesitz und Sitten von den ekuadorianischen Auka. Sie nannten sich selbst auch nicht Huarani, sondern Tekiraka. Für Maniok benutzten sie das Wort Kasá anstatt Tschana. Der Jaguar hieß bei ihnen Miyale, weiter westlich heißt er Miyi.

Bei ihnen bohrten sich die Frauen ein Loch in die Unterlippe und steckten ein Stück Chonta-Holz als Schmuck hindurch, malten Hände und Gesicht schwarz mit Genipa, schwärzten sogar die Zähne und deformierten die Schädel durch das Bandagieren der Babys.

Von Tessmann erfahren wir, daß der Speer auch die Waffe der Tekiraka war, lesen jedoch nichts von Blasrohren. Dafür haben sie speergespickte Gräben um ihre Häuser, trinken auch alkoholische Chicha und die Traumdroge Ayahuasca.

Sie haben die Sterbenden nicht lebend beerdigt, wie wir von den westlichen Auka wissen. Tessmann schrieb, daß unter den Tekiraka »ein Toter drei Tage in der Hängematte liegt und beklagt wird. Ein Topf wird unter der Hängematte aufgestellt, und die Flüssigkeit, die durch die Zersetzung des Körpers hervorgerufen wird, fällt hinein. Der Körper wird nicht beerdigt, bevor die Flüssigkeit ausgelaufen ist«. Tessmanns Informant, ein Angehöriger des Stammes, erzählte, »daß eine Mutter die Flüssigkeit von ihrem toten Baby getrunken hätte. Aber in der Regel wurde sie nicht getrunken, sondern bei der Beerdigung über den toten Körper gegossen, damit nichts verlorenging«. Nach seinen Aufzeichnungen wurde der Tote in Sitzstellung begraben. Das Grab befand sich innerhalb des Hauses, in dem die Bewohner weiterhin lebten. Der Topf, der das »Körperwasser« enthielt, wurde zerschlagen und fortgeworfen. Tessmanns Bericht erinnert an frühere Beschreibungen der Begräbnissitten bei den Yameo.

So viele Jahre nach Rolf Blombergs erster Zusam-

[1] Nachzulesen in »Dayuma«, von Ethel E. Wallis, Konstanz 1969

[2] Günter Tessmann, »Die Indianer Nord-Ost-Perus«, Hamburg 1930

menstellung aller Informationen über die »Auka, Aushiris, Abijiras, Avigiras, Auxiras, Avixiras, Abiras, Ahuishiris, Avixiris, Ahuisiris, Auxiris« – alles Worte für »unseren« Stamm – kann noch immer kein verbindliches anthropologisches Bild von »den Auka« gezeichnet werden, weil weder alle Gruppen bekannt noch alle erforscht sind. Beobachtungen beziehen sich auf die vier Gruppen, etwa fünfhundert Menschen, die als Tigueno-Auka, als Unterlauf-Auka (Downriver), als Hügel-Auka (bei Gabaro), als Cononaco-Gruppe und als Dayuno-Gruppe lokalisiert sind. Ob sich im Dschungel Ekuadors oder Perus weitere Gruppen befinden, die in all die unterschiedlichen Darstellungen über die Auka hineinspielen, wissen wir nicht.

Diese Gruppen aber führen anscheinend das konfliktreiche Dasein einer Speergesellschaft, in der der Tod eine größere Rolle spielt als das Leben. Carlos Espinozas Beobachtung kennzeichnet ihre Situation: »Ein Beispiel fanden wir in der traurigen Lage einer Greisin, die völlig allein geblieben war. Vierzig Mitglieder ihrer Familie und Verwandtschaft waren gestorben, nur der Ehemann eines natürlichen Todes. Alle anderen hatten die Feindseligkeiten zwischen den Gruppen mit dem Leben bezahlt oder waren dem schweren Existenzkampf unterlegen.«

Fruchtbarkeit ist unter den Auka daher – wie der Militär Espinoza es ausdrückte – »die einzige Waffe gegen den Untergang«. Schon vom zwölften Lebensjahr an werden die Mädchen als reif für die Verbindung mit einem Mann angesehen. Bei kaum einem Anlaß im Auka-Leben treibt man größeren Aufwand als bei einer Hochzeit.Es gibt verschiedene Varianten des Festes. Espinoza weiß, daß die Beteiligten »die größtmögliche Menge an Maniok-Knollen, Bananen, Fleisch und anderen Lebensmitteln aufhäufen«. Dafür richten sie schon lange vorher Waffen und Geräte: »Das Hochzeitsfest«, berichtete unser Gewährsmann, »beginnt mit der Jagd. Am Abend der Rückkehr gibt es Chicha und die Köpfe der Affen. Alles andere wird für den kommenden Tag, den eigentlichen Hochzeitstag, aufbewahrt. Von den frühen Morgenstunden an bereiten die Frauen die Mahlzeiten. In der Dämmerzeit beginnt das Fest. Nach stundenlangen Gesängen und Tänzen nähert sich der Bräutigam der Frauengruppe, nimmt seine Braut bei der Hand und läuft mit ihr zu einer Hängematte. Die Männergruppe sitzt mit gekreuzten Beinen auf der Erde um das Paar herum und singt Lieder, die dem Paar Glück wünschen. Oft singen beide Brautleute fröhlich mit oder hören, umarmt und glücklich, den gesungenen Ratschlägen zu. Die Eltern raten zu gutem Benehmen und zur Erfüllung der Pflichten. Am folgenden Tag, sehr früh, holt die Braut Maniok, um dem Bräutigam eine Mahlzeit zu bereiten. Das ist der eigentliche Augenblick. Nimmt er die Mahlzeit aus ihren Händen an, ist die Ehe besiegelt, und sie sind für immer Mann und Frau. Abends wird das Fest weiter gefeiert, tagelang, bis die Lebensmittel aufgebraucht sind.«

Sehr viel formloser feiert die Dayuno-Gruppe die Hochzeit. Zoila berichtete uns darüber: »Wenn ein junger Mann ein Mädchen haben will, fragt er Vater und Mutter. Manchmal kleidet er seine Werbung in ein Lied. Er wiederholt dann zwanzig bis dreißig Mal in derselben Tonfolge den Vers: »Ich will deine Tochter. Ich liebe sie. Kannst du sie mir geben?« Die Zustimmung kann – auch gesungen – von den Eltern oder der Tochter kommen: »Wenn du mich willst, dann nimm mich.« Wenn Vater und Mutter eingewilligt haben, setzen sie Braut und Bräutigam zueinander in die Hängematte. In früheren Jahren blieb das Paar oft in einer Abteilung der Hütte bei den Eltern. Heute baut es ein neues Heim.«

Beide Darstellungen vermitteln das Bild eines sittlich geordneten Zusammenlebens. Doch trügt der schöne Schein: Nicht immer geht es bei der Hochzeit friedlich und unbeschwert zu. Von Dayumas Sohn Sam Padilla wissen wir zwei Varianten zu diesem Thema. Für manchen »überzeugten Junggesellen« ist die Heirat eine kleine Tragödie. Ihm gegenüber hält man geheim, welcher Tag für ihn zum Heiraten bestimmt ist. Nur die Braut ist eingeweiht. Ist die

Zeit heran, so wird er von der Hochzeitsgesellschaft manchmal regelrecht »eingefangen« und mit Gewalt zu der Braut in die Hängematte gebracht, wo der älteste Mann das Hochzeitslied anstimmt. Er sitzt dann traurig inmitten der feiernden Gäste. Umgekehrt können Wut und Gewalttätigkeit eines abschlägig beschiedenen Bewerbers Anlaß für eine Kette von Speermorden sein. Wir haben von Dayumas Sohn gehört, daß in Heiratskonflikten nach Meinung seiner Mutter in zurückliegenden Jahren auch eine Ursache für die Auflösung des Stammes in viele kleine Gruppen gelegen habe: »Manchmal tötete der Vater den Bräutigam oder der Bräutigam den Brautvater – das war der Anfang.«

Wenn Eifersucht oder Abneigung nicht dagegenstehen, darf ein Auka-»Ehemann« mit allen Frauen seiner Brüder schlafen. Die »Ehefrau« darf mit allen ihren Schwägern verkehren. Aber die sexuelle Freiheit auch außerhalb solcher Bindungen ist oft groß. In den kleinen, isolierten Gruppen, in denen nur fünf bis zehn heiratsfähige Männer mit 30 und mehr Frauen und Kindern zusammenleben, sind die Grenzen der Partnerwahl so eng, daß die Gefahr der Inzucht nicht mehr auszuschließen ist. Als wir bei unseren Besuchen auf eine Gruppe stießen, in der eine Anzahl Kinder je einen kleinen Finger und einen kleinen Zeh zuviel an Händen und Füßen aufwiesen, sahen wir schon eine genetische Katastrophe. Doch haben wir – was sich erst später zeigte – unsere Beobachtungen überbewertet. Fachleute im Institut für Genetik der Freien Universität Berlin[1] sind da – aus wissenschaftlicher Einsicht – nicht so pessimistisch. Sie bescheinigen den isolierten Auka nach der Analyse ein Heiratsprinzips[2], das die Gefahr der Inzucht verringert, indem es nur die eheliche Verbindung der entferntesten Vettern erlaubt.

In dieser Menschengesellschaft besteht auch ein interessantes Verwandtschaftsprinzip. Nehmen wir zwei Elternpaare! Die Ehemänner sind Brüder; Kinder, die sie mit ihren Frauen zeugen, gelten bei den Auka nicht als Vettern, sondern als Geschwister. Diese dürfen untereinander nicht heiraten. Das Heiratstabu gilt für die Kinder auch, wenn die Frauen in beiden Elternpaaren Schwestern sind. Dagegen dürfen nach der Auka-Familienordnung die Kinder des Bruders in einem Ehepaar die Kinder der Schwester im anderen Ehepaar heiraten, obwohl sie Cousinen sind.

Dieser Grundsatz bewahrt die Auka vor einem hohen Inzucht-Risiko, weil immer nur Vettern und Basen heiraten, die verwandtschaftlich am weitesten voneinander entfernt sind. Dennoch muß man bei der beschränkten Populationsgröße mit einer Abnahme der Mischerbigen – der Fachmann sagt: Heterozygoten – um vielleicht fünf bis acht Prozent je Generation rechnen. Bei den im Erbgut enthaltenen genetischen Informationen, die die Ausbildung bestimmter Merkmale und Eigenschaften steuern, speichern die Mischerbigen, die Heterozygoten also, die Variabilität. Ein hoher Grad von Mischerbigkeit gibt der Population nun die Möglichkeit, auf Umweltschwankungen besonders gut zu reagieren. Diese Eigenschaft nimmt ab, wenn identische, abstammungsgleiche Gene an einem Genort überwiegen. Man spricht dann von Homozygotie. Eine Bevölkerung, die homozygot beschaffen ist, besitzt eine geringe Vitalität und kann nur noch innerhalb ihrer (physiologischen) Norm reagieren. Eine genetische Anpassung an die Umwelt ist – außer durch Neumutationen – nicht mehr möglich. Nimmt man also an, daß die Auka ihr Heiratsprinzip schon über sechs Generationen – also 70 bis 80 Jahre – üben, so bedeutete dies einen Rückgang der mischerbigen Anlagen auf 70 Prozent der ursprünglichen Heterozygotie. Dies gilt indessen für Gruppen von nur vier Familien.

Doch wer kann sagen, ob die Zufallspaarungen nicht schon eine bedeutende Rolle in dieser dezimierten Gesellschaft spielen? Die Sechsfingrigkeit unter mehreren Kindern einer Auka-Gruppe läßt jedenfalls auf genetisch bedingte Schäden schließen.

[1] Professor Belitz und Dr. Köhler

[2] Carlos Espinoza hat das abgebildete Heiratsschema unter Mitarbeit der Dayuma für uns aufgezeichnet, S. 152

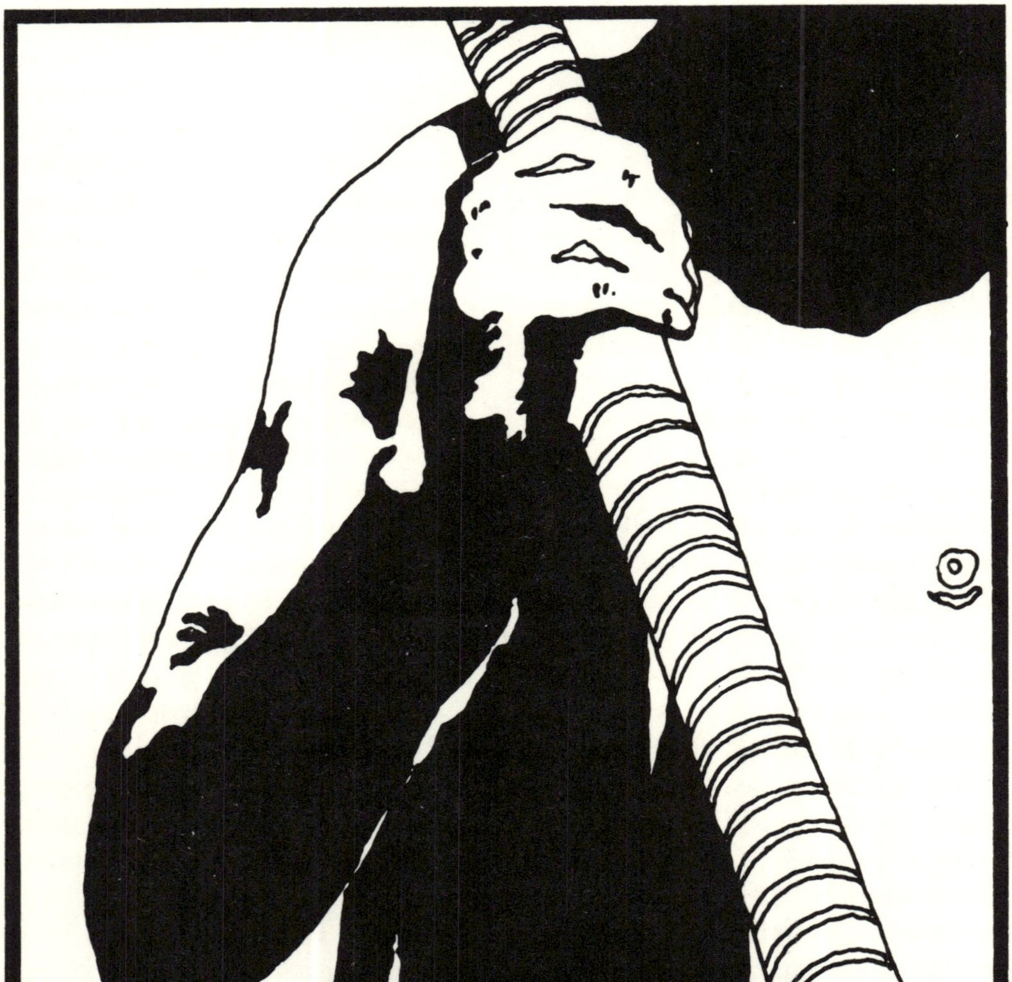

Der Untergang der Auka-Welt

Das Auka-Land »schwimmt« im Öl

Der Untergang der Auka-Welt ist nur noch eine Frage von wenigen Jahren. Ob er auch den Untergang der Auka bedeutet? Einige wenige Indianer werden vielleicht als domestizierte, seßhafte, arbeits- und wehrwillige, christgläubige »integrierte« Ekuadorianer eine Überlebenschance haben. Aus drei Gründen sind die Zerstörung der traditionellen Basis voraussehbar: sie heißen Öl, Mission und Kolonisation.

Der erste Grund ist der gewichtigste. Das Auka-Land »schwimmt« im Öl. Als Ekuador vor Jahrzehnten die Exploration von Ölvorkommen im Oriente gesetzlich verankerte, gab es niemanden, der seinen Fuß freiwillig ins Auka-Land gesetzt oder eine Ahnung gehabt hätte, ob im Oriente überhaupt Öl zu finden sein würde.

Die Shell drang dann erst vom Jahre 1938 an mit allen technischen und finanziellen Mitteln der dollarschweren Profession ins Auka-Land ein. Von ihren Stützpunkten Shell-Mera und Arajuno aus trug sie den ersten Konflikt mit den Auka aus, gegen den die Überfälle der Gummisucher und Kolonisten auf diese Indianer am Napo nur Geplänkel gewesen waren.

Den Indianern ist wohl kaum bewußt geworden, daß die Shell – wäre die Gesellschaft wirklich fündig geworden – ihre Existenz schon vor dreißig Jahren ernsthaft bedroht hätte. Zwar reagierten sie schon seinerzeit mit kompromißloser Feindseligkeit auf die Ölleute, doch ist es dem Expertenurteil letztlich zuzuschreiben, daß die Gesellschaft Bohrgestänge und Zelte abbrach. Das war 1951. Das mißlungene Experiment hatte bis dahin 58 Millionen Dollar gekostet.

Wie sehr die »Wilden« den Eindringlingen damals zu schaffen machten, kann man aus den Geschäftsakten der Shell in Scheveningen herauslesen: »Eine unserer geologischen Expeditionen wurde von Auka-Indianern am Ufer des Curaray angegriffen, aber glücklicherweise verloren wir kein Menschenleben«, heißt es in einem nüchternen Bericht aus dem Jahre 1940. Und später wird berichtet: »Im Jahre 1942 griffen die Auka Arajuno an, und die Gesellschaft erhielt einen Polizeischutz, 25 Mann stark. Die Notwendigkeit dieser Vorsichtsmaßnahme zeigte sich im Januar 1942, als die Aushiri-Indianer . . . unsere Arbeiter angriffen und drei von ihnen töteten.« Ein Jahr darauf heißt es: » . . . Vier unserer Arbeiter verloren ihr Leben, drei von ihnen wurden von Aushiri-Indianern getötet. Die geologischen Explorationen wurden fortgesetzt, aber die Gesellschaft sieht z. Z. davon ab, Expeditionen in das Gebiet der Aushiri-Indianer zu senden.« Nur drei Indianer sollen den Angriff auf das große Camp am 7.

Januar 1942 gewagt haben. Jedenfalls sah man drei bei der Speerarbeit, wenn auch mehr Krieger im Umkreis von Arajuno verborgen gewesen sein mögen.

Die Abschreckung, die sie erreichten, war groß. In einem Geschäftsbrief an seine Zentrale stellte Dr. H. J. Tschopp, damals Shell-Direktor in Ekuador, am 12. Januar 1942 fest: »Trotz unserer Versuche, das Geschehen im Büro so geheim wie möglich zu halten, wurden die Zeitungen davon informiert und begannen, übertriebene Berichte zu veröffentlichen . . . Dies hatte in der Tat zur Folge, daß von 60 Arbeitern, die am 10. Januar bereit waren, nach Arajuno zu gehen, nur 24 aufbrachen. Der Rest verschwand, ohne auch nur unser Büro zu benachrichtigen. Außerdem gab es verschiedene Desertionen im Camp . . .«

Auch der Schweizer Geologe Dr. Emile Rod erlebte mit seiner Expeditionsmannschaft einen Angriff der Auka. Alle sechs Mann überlebten ihn und präsentierten sich später – einer mit dickem Kopfverband – dem Selbstauslöser. Was der Geschäftsbericht der Shell im Jahre 1940 mit drei Zeilen abmacht, hat Rolf Blomberg, der in jenen Pioniertagen Ekuador bereiste, nach Augenzeugenberichten rekonstruiert. Wir haben seine Geschichte als Beispiel für den typischen Hergang einer Auka-Attacke genommen. Sie geschah in der Region zwischen den Flüssen Laguana, Anangu und Curaray:

Eines Tages, als er (Dr. Rod) und fünf andere – Halbblütige und Canelos-Indianer – auf ihrem Weg durch den Dschungel waren, hörten sie das Krachen von Axtschlägen, gingen in die Richtung des Geräusches und kamen plötzlich an eine Rodung, wo sie eine Anzahl Auka entdeckten. Im Augenblick, da die nackten Wilden Dr. Rod und seine Männer erblickten, ergriffen sie so geschwind die Flucht, daß es schien, als hätte der Erdboden sie verschluckt. Dr. Rod und die Peones kamen an zwei wohlbearbeiteten Stückchen Land vorbei und gelangten zu einem dritten, in dessen Mitte ein Auka-Haus stand – oder besser die Reste eines Hauses, weil seine Besitzer Feuer daran gelegt hatten und im Dschungel verschwunden waren, nachdem sie hastig ihren wertvollsten Besitz eingesammelt hatten. Dr. Rod und seine Männer fanden verschiedene Gegenstände, die die Aukas bei ihrer eiligen Flucht zurückgelassen hatten, und etwas davon nahmen sie mit. Da waren eine Anzahl Tontöpfe, Blasrohre und Hängematten sowie auch einige zahme Vögel, Truthähne und Papageien verschiedener Arten. Nachdem die ungeladenen Gäste sich mit Chicha erfrischt hatten und Dr. Rod einige Aufnahmen gemacht hatte, zog die kleine Expedition in Richtung Anangu-Fluß. Sie erreichte sein Ufer kurz vor Einbruch der Dunkelheit und schlug ihr Lager auf. Dort geschah es. Plötzlich stürzte einer der Peones zum Fluß, Panik im Gesicht, und schrie: »Aushiris, Aushiris!« Ein Auka-Speer hatte ihn um ein paar Zentimeter verfehlt und zitterte nun in einem Koffer. Der betäubende Lärm, der folgte – das Kriegsgeschrei der Wilden – hörte sich an, als würde die Expedition von Hunderten von Aukas angegriffen. Dr. Rod blickte in Verwirrung unter dem Palmblätterdach des Ranchos heraus – er hatte seine Pistole in der Aufregung vergessen – und sah sich Auge in Auge einem Auka gegenüber, der seinen Speer bereit hatte. »Vielleicht«, sagte Rod später, als er sein Abenteuer erzählte, »war es der ungewöhnliche Anblick meines blonden Bartes, der den Auka eine Sekunde lang stutzig machte, so daß ich ihm ausweichen und mein Heil mit einem Sprung in den Fluß suchen konnte!« Alle, bis auf ein unglückliches Halbblut, das nicht schwimmen konnte, folgten seinem Beispiel. Es rutschte das steile Ufer hinab. Ein Speer traf das erschreckte Halbblut am Kopf, doch brach die Spitze am Schädelknochen ab. Es wurde in letzter Sekunde vom Tode errettet. Einer der Mitarbeiter, der wie Rod jetzt das andere Ufer erreicht hatte, besaß eine Pistole, und damit eröffnete Rod das Feuer auf die Wilden, die das Halbblut attackierten. Die Schüsse vertrieben sie. Nur ein einziger, furchtloser Auka blieb zurück. Er stieß wütende, herausfordernde Schreie aus: »Chau! Tschau!« – was immer das bedeuten mochte – und begann Speer auf Speer nach Dr. Rod zu schleudern. Der Fluß war indessen zu breit für die Speere, und als Dr. Rod noch einige Schüsse abgefeuert hatte, verschwand der rasende Auka in Richtung der anderen. Nach einiger Zeit kehrten sie zum Lager zurück. Die Wilden hatten den Platz buchstäblich gereinigt. Sie hatten Dr. Rods Feldbett und die Kleider gestohlen, alle Macheten und was sonst von Wert war. Ein Gewehr, Dr. Rods Pistole und etwas Kleidung, die den Indianern gehörte, war zurückgelassen worden. Dr. Rod und seine Mitarbeiter brachen ihr ungesundes Rancho ab und machten sich zu einem nahen Shell-Camp auf den Weg. Sie erreichten es nach einem harten Nachtmarsch, in dessen Verlauf sie zeitweilig bis zu den Hüften im schnellfließenden Fluß wateten. Nach der Attacke waren die ohnehin nervösen Peones in Panik, planten zu desertieren und die weißen Anführer der Expedition im Stich zu lassen. Nur mit größten Schwierigkeiten und durch das Versprechen eines Aufgeldes konnten Dr. Rod und seine Kollegen, die Wind von dem Plan bekommen hatten, die Peones zum Bleiben bewegen. Einige Tage später kehrte Dr. Rod mit dem Schweizer Geologen Dr. Kappeler und einer Anzahl Peones zum Schauplatz zurück.

Der Anblick, ihres Lagers legte grausam Zeugnis ab von der wahnsinnigen Wut, . . . von der die Auka besessen gewesen sein müssen. Die Wilden waren zurückgekehrt und hatten sich mit den Macheten auf alles geworfen, was im Camp zurückgeblieben war. Sie hatten alles in kleinste Stücke gehackt, nicht einmal das kleinste Blatt . . . war heil gelassen worden. Die zahmen Vögel, die Rods Peones vom Auka-Haus mitgebracht und im Camp zurückgelassen hatten, waren mit sinnloser Grausamkeit gequält worden. Zuerst waren den armen Kreaturen alle Federn ausgerissen und dann waren sie in Stücke gehackt worden.[1]

[1] Rolf Blomberg, »The Naked Auca«, London 1956

Von diesen Angriffen auf die Shell übermitteln uns Linguisten die Version der Auka. Dayuma hat der Missionarin Rachel Saint von den Diskussionen ihrer Leute über die »Fremden« erzählt, und Ethel E. Wallis berichtet uns davon: »Unter den Auka gab es verschiedene Meinungen über die Menschen, die außerhalb ihrer Grenzen lebten und die sie niemals in ihr Gebiet hineinließen. Manche sagten, gute Fremde gebe es nicht, und alle Nicht-Auka seien sehr böse. Andere glaubten . . . aufgrund von persönlichen Erfahrungen, daß Fremde vom Unterlauf des Curaray besonders schlimm, während die vom Unterlauf des Napo ziemlich anständig seien . . . Die Auka machten keinen Unterschied zwischen den Gruppen, aus denen sich die Außenwelt zusammensetzte.«

Wir wissen von Dayuma, daß eine Anzahl von Überfällen gegen Shell-Leute um 1940 bei Arajuno auf das Konto von Moipa gingen. In der Übersetzung von Ethel E. Wallis steht darüber: »Moipa leistete jeder Annäherung dieser Fremden, die ihre Nasen in sein Gebiet steckten, Widerstand. Er tötete sechs von ihnen, bevor er wieder im Wald verschwand. Eines Tages sah er mehrere Männer einen schmalen Pfad entlanggehen. Er beobachtete, daß sie einen breiten Pfad zum Fluß einbogen. ›Ich werde diese Menschen töten‹, sagte er. ›Was haben sie hier zu suchen?‹ Mit Hilfe seines Bruders Itaeka verfolgte er die Spur der Fremden bis zu einem großen Haus. Dort töteten sie mehrere Männer mit ihren Speeren, bevor ihnen die Kugeln um die Ohren flogen. Moipa entkam nur knapp dem Tode, als die Kugeln ihn streiften. ›Sie haben Moipa einfach nicht töten können‹, jubelten die anderen Auka. Nach seiner Rückkehr sammelte Moipa alle Kräfte für einen Angriff, der die Fremden vernichten sollte. Er bedrohte Dayumas Vater und ihren Bruder Wawae, falls sie sich weigern sollten, mitzugehen. Sie gingen mit . . . Als die Gruppe jedoch am Lager der Fremden ankam, war niemand zu sehen. Sie plünderten die Niederlassung, kehrten das Unterste zuoberst, zerstörten und warfen den größten Teil der Ausrüstung fort. Fässer und Säcke mit Reis und Mehl platzten auf. ›Was könnte das sein?‹ fragten sie einander, als sie etwas sehr Süßes kosteten. Es war Zucker, ein Nahrungsmittel, das die Auka weder kannten noch schätzten. ›Es ist nichts Gutes!‹ entschieden sie und warfen es fort.«

Wir erfahren von Dayuma, wie sie andere Güter der Zivilisation kennenlernten und damit umgingen: »Dann nahmen sie die Bettwäsche der Fremden. › Jetzt werden wir zugedeckt schlafen ‹, sagten diejenigen, die beobachtet hatten, wie die Eindringlinge schliefen. Aber nachdem sie sich zur Probe mit der seltsamen Bettwäsche zugedeckt hatten, sagten sie, › sie stinkt ‹ und warfen sie ebenfalls fort. Sie nahmen einige ›Maniok-Knollen der Fremden‹ mit nach Hause, damit ihre Frauen sie sehen sollten. Insgeheim mischten die Frauen sie nachts unter die eigenen Speisen. Dann, am Morgen, als die Männer ihre Maniok-Brühe tranken, hieß es: ›Was kann das nur sein? Es stinkt.‹ Sie gossen alles fort und lachten und lachten.«

Auch ein weiterer Überfall des Moipa auf einen Shell-Posten ist verbürgt: »Später beobachtete Moipa die Hummel der Fremden, die über dem Curaray kreiste und an einem bestimmten Platz Bündel abwarf. Er folgte dem Weg des Flugzeuges und entdeckte einen einzelnen Fremden, der Bäume fällte und ein Lager einrichtete.

Der entlegene Vorposten wurde von einem Neger der Shell-Ölgesellschaft betreut, der den Weg für eine noch folgende Forschungsgruppe vorbereitete. Das Flugzeug warf Nahrung, Kleidung und andere Vorräte für diese entlegene Außenstelle ab. Moipa ging zu Tyaentos Wohnplatz und versuchte, eine Gruppe für einen Überfall zusammenzustellen, der das Vordringen der Fremden in ihr Wohngebiet verhindern sollte. Dayumas Bruder Wawae folgte der Aufforderung. Der Gedanke eines Überfalls mit Moipa gefiel Wawae, und er ging mit ihm an den Curaray. Dort trafen sie den einsamen Fremden, auf seiner Gitarre zupfend, an. Sie töteten ihn und stahlen seine Kleider, die Moipa und Wawae zu Hause trugen. Sie legten sie niemals ab, bis sie ihnen schließlich vom Leibe fielen«.

Moipa starb in den 50er Jahren. Er wurde das Opfer einer Auka-Verschwörung von der Art, wie er sie selbst oft gegen Stammesbrüder angezettelt hatte: »Sie waren toll wie die Brüllaffen, als sie ihn mit Speeren töteten«, erzählte Dayuma der Missionarin Saint[1].

Zu diesem Zeitpunkt hatte die Shell schon die Explorationen im Indianerland aufgegeben. Doch nicht der grimmige Moipa und andere Auka hatten sie gestoppt, sondern der Bericht von Professor Tschopp war dafür der Grund. Der Schweizer vertrat gegenüber der Zentrale die Theorie, daß durch Erdverschiebungen und, damit verbunden, Erdrisse, vor 100 000 Jahren Öl an die Oberfläche gedrungen und ins Meer gespült worden war. Die Theorie war so lange gut, wie man kein Öl fand. Heute liegt 85 Prozent der Ölförderung Ekuadors im Auka-Gebiet.

Nach neuesten Erkenntnissen liegt der Grund für den schwarzflüssigen Ölreichtum der Ekuadorianer an folgenden erdgeschichtlichen Ereignissen:

Die Gebirgskette der Kordilleren wurde während der Tertiärzeit durch tektonische Gewalten hochgewuchtet. Die Auffaltung hat ein schmales Randmeer zerschnitten, das zwischen dem eigentlichen Pazifik und der früheren Küste lag. In der Höhe von Ekuador blieb es jedoch durch einen breiten Meeresarm – das »Tor von Guayaquil« genannt – mit dem großen Ozean verbunden. Dann schlossen neue tektonische Gewalten vor gut 25 Millionen Jahren – im Miozän – die Verbindung. Die Anden-Kette versperrte nun auch den uramazonischen Flüssen den Weg in den Pazifik. Die Flüsse und Ablagerungen aus dem jungen Gebirge hoben gemeinsam den Spiegel des isolierten Randmeeres und ließen es wachsen, bis es – wie die Geologen annehmen in

[1] Ethel E. Wallis, »Dayuma«, Konstanz 1969

der Zeit zwischen Pliozän und Pleistozän – die Schwelle des einstigen Pebas-Iquitos-Beckens überflutete.

Die geologische Formation des Beckens schließlich erlaubte nicht, wie das alte Expertenurteil von Shell behauptet hat, daß das Öl ins Meer abfloß, zumal sich an den Rändern des Beckens das Öl mit dem Bodenmaterial zu einer dichten, asphaltähnlichen Masse – dem Brea – verbunden hatte. Daß man in einer marinen Formation Öl vermuten darf, ist den Shell-Leuten klar gewesen. Bleibt aber die Frage, durch welche Brille ein Mann schauen muß, um in der Tiefe des Bodens Öl zu sehen! Die Antwort kam Ende der fünfziger Jahre aus der archäologischen Wissenschaft!

Mit Hilfe der Aereophotogrammetrie kann man Dinge sichtbar machen, die unter der Erdoberfläche liegen. Der Archäologe nutzt dazu das Luftbild, mit dem Schatten-, Boden- und Vegetationsmerkmale durch Schrägaufsicht aus der Höhe deutlicher erkennbar sind als aus der Nähe, um versunkene Stadt- und Festungsanlagen zu entdecken. Ihre Strukturen prägen sich zum Beispiel dort aus, wo gegenüber der normalen Situation der Pflanzenwuchs kürzer ist als sonst oder niedriger steht. Solche Oberflächenanomalien, die sich dem Archäologen durch das Luftbild mitteilen, haben ihre Ursachen jedoch allenfalls in 20 bis 30 Meter Tiefe.

Der sich diese Methode im ölverdächtigen Gebiet des Anden-Staates erstmals zunutze gemacht hat und fündig geworden ist, heißt Howard Steven Strouth: Er hat die Auffassung vertreten, daß das Luftbild auch Oberflächenabsenkungen sichtbar machen würde, die ihre Ursachen in 3000 und mehr Metern Tiefe hätten. Er ging also an das Wagnis einer Projektion der Archäologie-Methode auf große Tiefe heran – und er gewann: »Ich habe auf diese Weise dort große Vorkommen entdeckt, wo die Shell gescheitert ist.«

Die unorthodoxe Auffassung, für die sich in der Wirtschaft bald Verbündete fanden, machte Dr. Howard Steven Strouth zu einem der großen Manager, der in Quito die Fäden zog, an denen unten im Oriente die »Puppen« tanzten.

Der hochgewachsene Mann, der 1947 nach Ekuador kam und im Straßenbild der Altstadt Quitos Wert auf eine gepflegte Erscheinung legte – dichtes Silberhaar, Nadelstreifenanzug und Brillantnadel im modischen Seidenschlips –, vertrat uns gegenüber den distanzierten Standpunkt des Managers, für den die Auka nur widerborstige Randfiguren im großen Spiel der Ölpolitik sind. Es ist wohl oft so, daß die großen Gegenspieler der Naturvölker im persönlichen Umgang sympathisch wirken, die Fürsprecher – nehmen wir die Rachel Saint – hölzern und engherzig. Dieser Mister Strouth nahm 1958 die Zügel wieder auf, die die Shell im Jahr 1951 fallen gelassen hat. Was er uns mit entwaffnender Offenheit schilderte, war sein Beitrag zum Auka-Weltuntergang. Seine Stellungnahme macht besonders deutlich, was Naturvölkern im Umgang mit Weißen stets zum Verhängnis wird: Der Ökonom denkt und handelt nur als Ökonom. Der Geologe denkt und handelt nur als Geologe. Der Missionar nur als Missionar. Der Soldat nur als Soldat. Selten blickt jemand über seinen Arbeitsbereich hinaus. Die Auka geraten in dieses Kraftfeld der Interessen und werden zermalmt. Vielleicht heute. Vielleicht in zehn Jahren. Nur die integrierende Hand eines Politikers, der Umsicht beweist und die Indianerjagdgründe ausspart, könnte hier überhaupt etwas bewirken. Sie fehlt.

Strouth, der Reservemajor der US-Armee, ein Mann mit guter Wallstreet-Adresse, vertrat aufgrund seiner Beobachtungen und Theorien den Standpunkt, die Shell müsse sich geirrt haben. Die beiden amerikanischen Gesellschaften Texaco und Gulf waren in ähnlichen geologischen Formationen, wie sie das Auka-Land aufwies, fündig geworden: in Peru bei Putumayo, Orito und Puerto Asis. Strouth wagte es, der Shell namens seiner Partner und für eigene Rechnung 50 Prozent ihres Gebietes abzukaufen. Goldene Worte machten das Land billiger:

»Wir sind der Menschheit schuldig, dieses Gebiet seinem Nutzen zuzuführen«, sagte Strouth. Die »netten Leute« in Scheveningen ließen den Dr. Strouth in ihr Archiv. So konnte er ihre Erfahrungen auswerten. Sie baten ihn, nicht zuviel Öl zu finden: »Das wäre zu blamabel.«

Im Jahre 1958 begannen Strouth und Partner im Oriente mit ihren Explorationen. Innerhalb von zehn Jahren dehnten sie ihre Such-Camps über ein weites Urwaldgebiet aus, und Ende der sechziger Jahre wurde zur Gewißheit, daß das Auka-Territorium reich an Öl war. Wer die Situation anderer Völker beobachtet hat, in deren Gebiet die überlegene Kultur Gold, Öl oder auch nur Wasserkraft nutzbar machen will, weiß, daß der Erfolg der Strouth-Leute der eigentliche Anfang der Auka-Tragödie war.

Doch zurück zur Ölpolitik im Lande der Indianer, die niemand um ihre Zustimmung gebeten hat. Die Texaco hatte 1967 ihren ersten Bohrturm errichtet, und bis zum Jahre 1971 waren achtundzwanzig Gesellschaften fündig geworden. Sie rechnen – zusammengenommen – in dem von ihnen belegten Gebiet mit fünf bis acht Milliarden Barrels an Ölvorräten. Trotz der ständigen Auka-Gefahr arbeiteten sie guten Mutes, bis im Jahre 1972 die Militärs unter General Rodriguez Lara das Ruder der unter Präsident Velasco Ibarra schlingernden Staatsschiffes unblutig in die Hand nahmen. Jene ließen auch die Ölgesellschaften nicht mehr im alten Stil gewähren. Binnen kürzester Frist brachten sie es fertig, sechsundzwanzig Gesellschaften aus Ekuador zu »vertreiben« (Howard Steven Strouth). Die einen reden von Erpressung, die anderen von einer legitimen Revision ausbeuterischer Verträge.

Als wir im Dezember 1973 das Auka-Land besuchten, hatten die Indianer eine Atempause. Die Trochas wuchsen mit der für den Urwald typischen Geschwindigkeit wieder zu. Camps wie Tivacuno und Cononaco lagen verlassen, teils verbrannt, teils verfallen, im Sonnenglast. Texaco und Gulf, die beiden einzigen Gesellschaften, die im Busch geblieben waren, unternahmen zunächst keine weiteren Explorationen, sondern sahen auf rasanten Abbau ihrer drei großen Vorkommen innerhalb der ihnen laut Vertrag verbliebenen fünf Jahre. 1973 gab es keine weitere Gesellschaft mehr, die noch produzierte. Die Bedingungen der Regierung waren nach Strouth so ungünstig, daß für die Gesellschaften kein großes Geschäft zu machen war.

Im Dezember 1973 sorgte das Öl im Auka-Land für eine gefährliche Zuspitzung der Lage. Es wurden Bohrungen von peruanischer Seite im umstrittenen Grenzgebiet gemeldet[1]. Daraufhin wurde der Botschafter Quitos beim peruanischen Außenminister vorstellig und erklärte, diesen Vorgang müsse er als einen Angriff auf Ekuador betrachten. Er wurde zur Persona non grata erklärt. Die Truppen der streitenden Parteien bekamen Urlaubssperre. Ein Brief des Regierungschefs in Quito wurde in Lima nicht geöffnet. Es gab kein Gespräch. Die amerikanische Regierung, von den Vorgängen informiert, tat inoffiziell kund, daß sie im Falle eines Krieges keiner Seite Hilfe gewähren würde. Schließlich lenkte Ekuador ein. Sein Botschafter hätte kein Recht gehabt, aus dem Amoco-Vertrag falsche Schlüsse zu ziehen. Daraufhin erklärten die Peruaner sibyllinisch, sie hätten den Vertrag mit der Gesellschaft über die Exploration in diesem Gebiet geschlossen, weil sie damit rechneten, bei einer endgültigen Regelung würde es ihnen ohnehin zugesprochen. All das spielte sich unter Ausschluß der Öffentlichkeit ab.

Wenn zwei Nachbarstaaten gegeneinander um des kostbaren Rohstoffes willen die Fäuste schütteln, wird man mit ein paar nackten Kreaturen, die auf den schwarzen Quellen sitzen, nicht viel Federlesens machen: »Sie sollen zum Teufel gehen«, sagte ein Ölpolitiker auf unsere entsprechenden Fragen.

»Ölgesellschaften und Regierungen«, schrieb Jerry Bledsoe[2] nach einem Besuch der Auka-Mission

[1] Das Protokoll von Rio de Janeiro (1942) zieht nach einem Krieg der beiden Staaten eine provisorische Grenze

[2] In »Esquire«, 1972

Tigueno, »sind nicht bekannt dafür, daß solche Minderheiten großen Profiten im Wege stehen dürfen. In der Vergangenheit gab es ein Gespräch, welche Gewehre und Bomben notwendig sein würden, um hinzugehen und die Auka auszulöschen, damit der Dschungel sauber für Neuankömmlinge wäre. Das wurde nicht getan, teils weil die Missionare opponierten (du kannst keinen toten Indianer erretten), doch vor allem, weil es keinen profitablen Grund dafür gab. Solch eine Expedition wäre kostspielig und schwierig gewesen und wahrscheinlich fehlgeschlagen . . . Nein, das war nicht die Antwort«, resümierte der Autor. Wir wissen nicht, ob ihn der Schalk ritt, als Jerry Bledsoe den Satz niederschrieb: »Gott war die Antwort!« Für ihre unheiligen Profitinteressen suchten die Ölgesellschaften jedenfalls Gottes Botschafterinnen auf Erden in den Dienst zu nehmen: »Schließlich war draußen im Dschungel Rachel Saint, die schon eine Gruppe dieser Wilden durch Gottes Wort gezähmt hatte. Warum nicht den Rest? So wandten sich die Ölgesellschaften und die Regierung mit ihrem Auka-Problem an die Missionare.«

Die Voraussetzungen schienen gut. Die guten Beziehungen reichten – so Bledsoe – in das Jahr 1963 zurück, als »der erste Geologe der Ölgesellschaften, der in den Dschungel ging, ein Missionsflugzeug benutzt hatte. Die Regierung des weitgehend katholischen Landes ließ die Protestanten unter Kontrakt gewähren, wünschte sie jedoch mehr oder weniger an ihren Willen zu binden. Auf der Suche nach einer Lösung des Auka-Problems bot sich eine Kooperation an: Die Missionare, die den Ölgesellschaften halfen, wollten die Auka vor der Hölle retten, und das Ölgeld würde gewiß dabei helfen, »das Wort zu ihnen zu bringen«. Die Regierung wiederum, »die lange Zeit durch die wilden Auka in Verlegenheit versetzt worden war, wollte nicht nur ihre Ölprofite, sondern endlich auch die Auka auf einem Platz zusammenbringen, wo sie sie im Auge behalten konnte«.

Dreihundert Millionen Dollar investierten allein amerikanische Gesellschaften in das Dschungelöl, allen voran Texaco und Gulf. Sechsundzwanzig Gesellschaften insgesamt brachten ihre Bohrtürme in den Dschungel, nachdem die Forschungen abgeschlossen, Helikopterflecken alle drei Kilometer ausgeholzt, Wege, Basen, Airstrips und Lager entstanden waren. Mit den Maschinen kamen schwerbewaffnete Mannschaften und hinterdrein »sickerten Siedler aus den übervölkerten Bergen ein, die den neuen Wegen zu Heimstätten im Dschungel folgten«. Eine Pipeline wurde gelegt, um den für 1972 erwarteten schwarzen Goldfluß aus den Dschungelniederungen über die Anden zum Seehafen Esmeraldas zu transportieren.

Die Indianer haben vom Goldregen, der aus ihrem Lande kommt, natürlich nichts – will man T-Shirts und Gulf-Mützen nicht rechnen und ein perverses Kindervergnügen in Tigueno, bei dem die kleinen Auka im Dschungel »Ölgesellschaft« spielen. Nach bewährtem Muster setzte die Regierung anno 1969 ein Auka-Reservat von einhundertneunundsechzigtausend Hektar fest, dessen Grenzen die auf diesem Felde unerfahrene Dayuma selbst in die Karte einzeichnen durfte.

Der viel zu knappe Landausschnitt zwischen Nushiño- und Chualla-Fluß hat nicht nur die christianisierten Auka um Tigueno aus dem Gleichgewicht gebracht, abhängig gemacht von Care-Paketen aus den Vereinigten Staaten und anderer Hilfe der Außenwelt, er soll auch noch einige hundert »Wilde« aus dem Busch aufnehmen: Die ehemals freien Jäger und Pflanzer werden dann Bettler im eigenen Land sein. In Ruhe lassen wird man sie aber auch im Reservat nicht: Schon 1970/71 schielten die Ölgesellschaften nach dem Auka-Protektorat, und die sonst resolute Rachel Saint ließ auf Bledsoes entsprechende Fragen Resignation erkennen: »Bis zu einem gewissen Punkt kann man koexistieren – aber was geschieht, wenn dies auf uns zukommt, ich weiß es nicht.«

Frühjahr 1971. Multimedia-Schau in 27 Städten der Vereinigten Staaten: Chikago, Detroit, Minneapolis, Kansas City, Dallas sind darunter. Ein Verbund von Projektoren, Leinwänden, aufregenden Filmspots und Dias, eine Stereo-Mixtur aus Wort und Musik zwingen Tausende von Amerikanern in den Bann. Das elektronische computergesteuerte Lichtbild-Theater entwirft auf drei Leinwänden ein perfektes Public-Relations-Bild vom Missionswerk der Wycliffe-Bible-Translators, deren Sisyphusarbeit es ist, die Heilige Schrift Luthers für 3000 auf dieser Welt noch verbliebene Sprachen und Dialekte mundgerecht zu machen. Fünf der 2000 Missionare haben das Wort in die widerspenstige Auka-Zunge übertragen.

»Fasten Seat Belts!« befiehlt eine sonore Stimme nach dem Feuerwerk der Multimedia-Schau, und schon sieht sich die staunende Audienz in niedriger Höhe über den ovalen Palmendächern von Tigueno, taucht ein in die exotische Welt der Auka, erschrickt beim Anblick überdimensionaler Fotos vom Missionarsmord am Curaray, die bezeugen sollen, daß ein Leben mit den »wilden« Auka keine harmlose Sache ist. Und während die Eindrücke mit dem jähen Verlöschen des Lichtes noch nachwirken, schneidet ein Scheinwerfer plötzlich die Gestalt der Rachel Saint aus der Dunkelheit. Augenzeuge Jerry Bledsoe schreibt: »Ein Missions-Superstar, der berühmteste Missionar unserer Zeit!« Kurz und bündig berichtet Rachel Saint über die letzten Ereignisse im Dschungel und kündigt mit dramatischer Geste den Auftritt der Auka an: Zuerst Gikita! Sie stellt ihn als ihres Bruders Mörder vor, »der nun mein Bruder in Christo geworden ist«. Die Menschen in den Sälen erfahren von dem Auka-Krieger, »wie er als Töter gelebt und sich gewandelt hat, seit Jesus in sein Herz gekommen ist«.[1]

Gikita, Kimo und Dawa sind die drei Auka auf Goodwilltour. Sie gehören zu den ersten, die sich bekehren ließen, seit Rachel Saint und Betty Elliot im Oktober 1958 den Fußmarsch von Arajuno aus wagten und in den Hütten von 56 Verwandten der Dayuma akzeptiert wurden. Dayuma – die erst von den Katholiken und ein zweites Mal von den Linguisten getauft wurde, nachdem sie vor ihren wilden Brüdern in die Außenwelt am Rio Napo geflohen war – hatte der Rachel Saint in mehrjähriger Zusammenarbeit auf der Hacienda »Ila« den Sprachschlüssel zu ihrem Volk verschafft und den Missionarinnen dann in Tigueno den Boden einen Monat lang vorbereitet. In dieser Gruppe, die durch Kriege auf nur sieben verheiratete Männer und 49 Frauen und Kinder zusammengeschrumpft war, hatte die Auka-Frau begonnen, von Gott zu berichten, wurde zuerst ausgelacht, erhielt dann aber zögernd Resonanz. Rachel Saint skizzierte das Bild eines solchen sonntäglichen Gottesdienstes auf der »Waldblöße« in ihr Tagebuch: »Setz dich hier auf den Baumstumpf – oder dorthin«, dirigierte Dayuma ihre zwanglos eintreffenden Zuhörer: Sie hatte sich die Joseph-Geschichte vorgenommen . . . Zum Schluß sagte sie ihren Zuhörern, sie sollten die Augen schließen, da sie jetzt mit Gott sprechen wolle . . . Dann betete Dayuma: »Laß Onkel Gikita und die anderen den Pfad nicht verlieren. Laß die Schlange sie nicht beißen. Treibe die Zauberer und die Teufel aus . . . Wer wird der erste sein, der Gott liebt und ihm gehorcht, und der gut lebt?«[2]

Der Erfolg – zäh angestrebt – stellte sich über die Jahre ein, bezeugt Jerry Bledsoe: »So verließen viele ihre alten Wege. Sie bauten einen Airstrip . . . Sie begannen, Kleider zu tragen, die die Missionare hatten einfliegen lassen, und gaben die großen Balsa-Ohrpflöcke auf. Sie ließen es sein, viele Frauen zu nehmen und ›umherzuschlafen‹. Eine Kirche, eine offene, strohbedeckte Plattform, wurde gebaut und in Rachels Haus eine Schule begonnen. Für diese Auka an der Versorgungslinie ihrer Missionare sind die Dinge nie besser gewesen. Das Leben verlief friedlich und fortschrittlich«, kommentierte der Besucher zweideutig.

Christliche Inhalte lernte die Gruppe, indem Dayuma und Rachel, anstatt abstrakte Gebote aufzustellen, testamentarische Geschichten zur Illustration ihrer Lehren heranzogen und mit Auka-Vorstellungen sättigten. Etwa so: »Moipa verfolgte uns.

Genauso verfolgte Saul David . . . Wenn ihr Gott liebt, dann tut ihr so was nicht . . . Versucht nicht, eure Feinde zu töten.«

Oder so: »Alle, die nicht an Gott glauben, werden verlesen. Ihr lest Würmer aus dem Mais. So wird Gott sie verlesen. Versteht ihr das alle? So ist es, wie es ist. Wer nicht glaubt, den wird der Teufel holen. Es wird sehr schlecht für ihn sein.« Mit solchen Botschaften gewann man langsam einen gläubigen Kern.

Die christianisierten Auka in Tigueno hatten durch ihre Heiratsmethoden zahlreiche Verwandte in jenen Auka-Gruppen, die sie zornig ihre Feinde und auch Wilde nannten. Sie ließen gut elf Jahre darüber hingehen, bevor sie ernsthaft wagten, die »Downriver-Auka« zu umwerben. Bis dahin war die Tigueno-Gruppe auf etwa 100 Menschen angewachsen. Der Druck der Ölinteressen trieb die Mission zum Handeln. Die freien Auka mußten aus dem Weg und ins Reservat. Im Februar 1969 begannen die ersten Flüge zu den Häusern der »Wilden«, Lautsprecher und Geschenkabwürfe luden die wilden Brüder nach Tigueno ein. Auf das Resultat war niemand vorbereitet: Elf Auka kamen sofort. Im Juni aber trafen 93 weitere Indianer ein: »Was wir erlebten«, sagte Rachel Saint zu Jerry Bledsoe, »war eine heftige Kollision zwischen einer Christen- und einer vollkommenen Heidengesellschaft. Und es gab einige Zusammenstöße, sage ich ihnen . . .«[1]

Die »Neuzugänge« waren so zahlreich, daß die Auka-Christen sich plötzlich der versammelten Macht ehemaliger Feinde gegenübersahen. Sie wuchs ständig. Die Christen gingen hin und belehrten jeden eintreffenden Heiden über die neuen Gesetze: Speerfehden waren ebenso strikt verboten wie der Beischlaf mit den Schwestern der eigenen Frau.

Doch die Reibereien begannen bald. Zeitweilig mußte die Schule geschlossen werden: »Der Grund war, weil wir die Mädchen um drei Uhr nachmittags nicht nach Hause schicken konnten, da die Downriver-Auka moralisch im Morast steckten!« Rachel bekräftigte: »Und ich meine, was ich sage . . . Wir mußten auch unsere Nachtschule schließen, weil sich nach der Dämmerung niemand hinauswagte aus Angst, er könnte gespeert werden.«

Mutige Frauen gingen nachts durch das Dorf und überwachten die feindlichen Parteien, vergewisserten sich, daß niemand seinen Speer schärfte. Die Christen blieben in ihren Hängematten, weil sie sich vor alten Abrechnungen fürchteten.

Als die jungen »Wilden« Christenmädchen heiraten wollten, wurde Rachel Saint gewarnt, »sich da rauszuhalten. Sonst würde es Blutvergießen geben.«

Sie erinnert sich: »Hier war ein Bereich, in dem die Stammessitten so fest in beiden Gruppen verwurzelt waren, daß nichts getan werden konnte.«

In Tigueno wurden jedoch nicht nur die Auka-Christen erschreckt. Auf viele Downriver-Auka wirkte die Konfrontation mit der fremden Kultur als Schock. Ein Pilot, der von Limonchocha nach Tigueno Versorgungsflüge durchführte, teilt ein dafür typisches Erlebnis mit: »Ein Auka-Mann, der gerade angekommen war, geriet in ein solches Schock-Stadium, daß er unfähig zu sprechen war: ›Ich ging hinüber, stellte mich zu ihm und ließ meinen Arm den seinen berühren, so daß er menschliches Leben fühlen sollte. Schließlich begann er an den Haaren auf meinem Arm zu zupfen. Nach einer Weile konnte er wieder sprechen . . . Vor einigen Wochen schärfte ein Neuankömmling seinen Speer, um einen Piloten zu töten, der mit Rachel aß. Ein christlicher Auka kniete darauf erst mit seiner Familie nieder, um zu beten, dann ging er den Hügel hinauf, dem Mann entgegen, und schlug ihm ins Gesicht – eine Tat, die nicht den Auka-Sitten entspricht, doch eine, die ihn zur Besinnung brachte.«[3]

Die kulturelle Konfrontation war für die Downriver-Auka noch die freundlichste Seite der

[1] In »Esquire«, 1972

[2] Ethel E. Wallis, »Dayuma«, Konstanz 1969

[3] Aufgeschrieben von Georgie-Ann Geyer, »Chicago Daily News«, vom 14. 6. 1969

Begegnung mit der Zivilisation. Für ein Großteil der Gruppe, die im Juni 1969 kam, ging die Umarmung durch die Vorboten der Zivilisation schon in den ersten Monaten tödlich aus. Wie bei den vielen unkontrollierten Begegnungen mit der einsickernden Zivilisation im Amazonas-Wald hatte auch hier, im anscheinend doch wohlorganisierten Tigueno, eine Epidemie ihre Chance. Die medizinische Versorgung war zeitweilig völlig unzulänglich. Zuerst zwangen Grippe-Infektionen viele Auka in die Hängematten. Mit dieser harmloseren Heimsuchung konnten die Missionare noch fertig werden. Im September 1969 aber traf eine Polio-Epidemie den Platz: »Wir wußten, daß Gott mit uns war« , sagte Rachel Saint später zu Bledsoe, »aber es sah eine Zeitlang nicht so aus . . . Diese Polio-Epidemie brachte das Heidentum an die Oberfläche. Boy, ich sage Ihnen, diese Bande . . . wir hatten 56 Leute, die eben zwei Wochen hier waren, und wir hatten die Downriver-Gruppe, die erst einige Monate hier war, aber wir hatten kaum Gelegenheit, sie zu unterrichten. Eine Epidemie kam nach der anderen . . . Verlor ein Mann eine Frau, saß er grimmig da und machte einen Speer, um zu töten und eine Frau von draußen zu nehmen. Wir erkannten, daß diese Leute, die diesen großen Bereich von Ekuador all die Jahre regiert hatten, im Angesicht des Todes vollkommen frustriert waren. Sie scheuten alles, was der Verstorbenen gehört hatte, und brannten das Haus nieder und rannten zornig umher, und wenn es Männer waren, nahmen sie ihre Speere auf, um zu töten. Verlor ein Mann einen Sohn, brachte er es fertig, . . . seine eigene Tochter zu töten. Lag ein Mann im Sterben, weigerte sich seine Frau, ihm Nahrung und Getränke zu geben. Er starb, wozu also? Laß ihn sterben. Sie begann, sein Grab neben der Hängematte auszuheben, noch während er am Leben war . . .«[1]

In sechzehn Tagen starben sechzehn Auka. Die gleiche Zahl wurde zu Krüppeln. Die Missionarinnen selbst mußten Injektionen machen. Niemand wollte in der gefährlichen Situation das Leben eines Arztes riskieren, um ein Auka-Leben zu retten. Ein paar Kranke wurden nach Pastaza geflogen, wo es Eiserne Lungen gab. Bevor die Prüfung zu Ende ging, infizierte sich auch Rachel Saint: »Ich hatte immer geglaubt, es sei eine Kinderkrankheit. Es schlug mich wie eine Tonne Ziegelsteine. Ich konnte fühlen, wie meine Muskeln schrumpften. Ich war so schwach, daß ich nicht einmal die Injektionsampulle schütteln konnte.« Die Missionarin wurde jedoch so rasch gesund, daß sie sich erneut um die Kranken kümmern konnte: »Wir hatten ganze Familien mit Polio. 40 Menschen waren unter meinem Dach hier. 18 Feuer rauchten gleichzeitig im Haus.«

Die Katastrophe von Tigueno gipfelte in der Flucht großer Familiengruppen unter Führung einer Auka namens Baiwa. Sechs »Fremde« sollen sie beim Umherschweifen getötet haben. Die christianisierte Gruppe holte einen Teil der Geflohenen schließlich zurück. Doch auch in Tigueno hatte sie ihre »wilden« Brüder nicht immer unter Kontrolle. Die Missionare erlebten einen Speer-Konflikt im unmittelbaren Wirkungskreis. Ein paar Auka, die nichts von tödlichen Viren wußten, verdächtigten einen bösen Hexendoktor in den eigenen Reihen. Rachel Saint bekennt gegenüber Bledsoe: »Dieser Hexendoktor, dem sie die Schuld an den Dingen gaben, starb hier. Er hatte zwei Frauen durch Polio verloren. Er hatte drei Kinder, und die drei Kinder waren alle zugleich gelähmt, niemand blieb, um auch nur ein Bodenfeuer zu versorgen . . . Ich sagte zu den Leuten in der Kirche: ›Ihr sagt, dieser Mann verursacht Kinderlähmung durch Zauberkraft!‹ Ich sagte: ›Wir haben dies in den Staaten, wo es keine Zauberei gibt.‹ Ich sagte: ›Welcher Hexendoktor würde sich selbst vollkommen lähmen, seine ganze Familie und seine Kinder verlieren?‹ Aber es war der alte Kampf mit dem, was sie immer lehrten und immer glaubten . . .«[1]

Die unerbittlichen Gesetze der Speergesellschaft wurden noch einmal wirksam. Iniwa bedrohte den Zauberer Piyamo, und eines Tages ging er mit den

---

[1] In »Esquire«, 1972

Helfern zu dessen Hütte. Ihre frisch geschärften Speerspitzen aber trafen den »Zauberer« nicht, der abwesend war, sondern dessen Sohn.

Ein anderer Krieger speerte eine Verwandte für den Verlust eines Schwagers: Der Zorn und die Trauer seines Weibes hatten das Opfer verlangt!

Iniwa überlebte sein Opfer nicht lange. Nahe Palm Beach – von einem unsichtbaren Schlag getroffen – stürzte er plötzlich zu Boden, stand auf, als sei nichts gewesen, und ging mit seinen Freunden weiter. Augenblicke später stürzte er ein zweites Mal und starb schreiend und zuckend. Rachel Saint schreibt Iniwas Tod dem Zorn Gottes zu.

Niemals wieder wollten die Tigueno-Christen in eine so unkontrollierbare Lage gebracht werden wie im Jahre 1969. Die Missionarin erlaubte daher den Zuzug von Heiden nur noch in überschaubaren Gruppen. Sobald ein Verwandter der »Wilden« für seine Leute im Busch draußen Maniok angepflanzt und versprochen hatte, sie auf den neuen Lebensweg zu weisen, durften sie kommen.

Etwa 200 Hügel-Auka, 90 Meilen östlich von Tigueno, aber sollten die Frohe Botschaft besser erst aus dem Mund eines ihrer Verwandten fernab von Tigueno erfahren. Die Mission schickte Toña. Sein Schicksal ist bekannt. Er starb 1970 unter den Speeren der Gabaro-Gruppe, obwohl sein Halbbruder Wipe dort lebte. In der Folgezeit kamen von den Auka am Gabaro-Fluß dennoch 50 Menschen mit Wipe nach Tigueno. Dort wurde dann auch bekannt, daß Wipe selbst Toña getötet hatte. Als unsere Expedition 1973 und 1974 bei den Gabaro-Auka landete, standen nur noch zwei Hütten. 200 Auka aber sollten nach Schätzungen dort umherschweifen. Wo waren die anderen?

Besuche in der Außenwelt

Januar 1974. Für sieben Auka, die mit uns im Motorkanu den Napo-Fluß hinauf zum Dschungelhafen Misahualli fahren – Anfangs- und Endstation der Zivilisation –, ist die Reise genauso ein Wagnis, wie es für uns das Eindringen in ihre Welt gewesen ist. Die sieben gehören der Dayuno-Gruppe an.

Zoila scheint gleichmütig. Aus früherer Erfahrung ist sie ein »alter Hase«. Dabo und die anderen aber kennen nur das isolierte Tigueno, kennen vielleicht am Curaray noch manche Ketschua-Siedlung, die sie umschlichen haben mögen. Dennoch wirken auch sie unbewegt.

Lange Zeit haben sich die Auka als überlegene Beherrscher ihrer Welt gewußt, nun müssen sie für ihre Neugier, für den Wunsch nach Gütern, die wir und andere in ihnen geweckt haben, für die Aussicht auf medizinische Versorgung mit ihrem unsicheren Auftreten in der verhaßten Außenwelt bezahlen. Ihr Glück ist, so paradox dies klingt, daß an der Pioniergrenze der sogenannte Fortschritt unendlich langsam vorankommt. Die Konfrontation mit einer rasanten, hektischen Entwicklung wäre für die Auka tödlich. Für viele wird der Abschied von der Freiheit des Dschungels ohnehin mit der Deformierung ihres Daseins enden.

Während der große, von Pferdestärken getriebene Einbaum die widerspenstigen Wellen und Wirbel des Stromes zerschneidet, gehen uns solche Gedanken durch den Kopf. Dabo sitzt auf der Kante des Einbaums, ein Kleinkind zwischen den Knien. Hinter mir hält sich Dawa wacker, lacht ziemlich unbeschwert, wann immer ich mich nach ihm umdrehe. Der Krieger, ein großer Vorsänger, hat etwas Verschmitztes in seinen kleinen, verhangenen Augen und eine Unerschütterlichkeit, die vielleicht von den vielen überstandenen Dschungelgefahren kommt. Er hat sich auch Hemd und Hose zu verschaffen gewußt. Ganz vorn im Boot kauert frierend der alte, gewalttätige Dare, dem die Zivilisation bisher nur Unterhemd, Turnhose und einen wilden Haarschnitt beschert hat.

Die drei Frauen im Boot sind unentwegt damit beschäftigt, ihre bunten Baumwollfähnchen auszuwringen und sich das nasse Haar mit Kunststoff-Kämmen zu strählen. Der Regen, der immer wieder kurz und heftig vom Himmel kübelt, sorgt unter ihnen für nervöse Beschäftigung, bis die Bambushütten am Flußhafen hinter einer letzten Biegung ins Blickfeld kommen.

Es ist Sonntag, 10 Uhr morgens, als unser Boot mit letztem Schwung auf den weichen Ufersand gleitet. Misahualli hat Staat angelegt. Wir klettern mit unseren Auka den Uferweg hinauf. Auf der breiten Plaza sind papageienbunte Busse aufgefahren. Händler breiten Tand und Textilien aus, hoffen am Tage des Müßiggangs auf gute Geschäfte. Sie und auch der Dorfpfarrer haben mit Störungen des gewohnten Daseins kaum gerechnet. Gerade läutet der Gottesmann an langer Strippe, die vom Glockenstuhl bis hinab zum Kircheneingang reicht, zur heiligen Sonntagsmesse, als wir mit den Auka am einzigen Restaurant des Ortes ankommen. Er läutet vergebens. Messen kommen jeden Sonntag. Auka nicht.

Ihr Anblick elektrisiert das Dorf, obwohl ein ungeübter Blick einen angezogenen Auka kaum von einem Ketschua unterscheidet. Vom Kleinkind bis zur uralten Frau preßt sich die Menge gegen die Bambuswände des Restaurants, in dem die Besucher gelassen Platz nehmen. Den Grenzbewohnern sitzt die Furcht vor den Auka noch tief in den Knochen. Doch bestaunen sie jetzt ohne Feindseligkeit die Dschungelmänner, die ihnen so lange zugesetzt haben. Der Pfarrer spielt an diesem heißen Tropentag über Lautsprecher »Stille Nacht«, kann jedoch noch immer niemanden für den Kirchgang gewinnen. So sehen wir ihn schließlich auch unter den Zuschauern.

»Das sind die Auka, die in all den zurückliegenden Jahren hier am Fluß die Überfälle durchgeführt haben«, mutmaßt der Kneipwirt. Über seiner Theke hängen »benutzte« Auka-Lanzen. Ohne Widerwillen tischt er der kleinen Gruppe jedoch Reissuppe und Brot auf. Die Auka essen hungrig. Die Gaffer staunen, wie sicher die »Wilden« mit ihren Löffeln umgehen. Auch wir erleben an diesem Sonntag eine Überraschung. Die gesammelte »Finanzkraft« der Dayuno-Gruppe gilt – entgegen besseren Vorsätzen sicherlich – einem einzigen Objekt: Nach dem Handel mit Jaguarfellen, Papageien und Spielzeug-Lanzen, bei dem wir ihnen geholfen haben, weist Dabos Zeigefinger auf ein schimmerndes Transistor-Radio. Das erste Geschäft eines »Wilden«, bei dem das abstrakte Zahlungsmittel Geld eine Rolle spielt, wird abgeschlossen. Wir fassen es nicht. Was mag den Dabo zum Kauf des Radios bewogen haben? Hat ihn der scheinbare Zauber der magischen Stimme, die aus der Ferne kommt, während seiner Zeit in Tigueno so beeindruckt? Will er etwa in der Sicherheit seiner Dschungelwelt mit Hilfe seiner Frau Zoila so mehr über das Leben der Außenwelt erfahren und auf seine Weise den Brückenschlag vollziehen?

Unter den Auka, die nach und nach auf Besuch in die Außenwelt kommen, ist ein Mann mit Namen Nemunga, der im Jahre 1956 eigenhändig am Rio Curaray einen der fünf Missionare umgebracht hat. Die Zeitung »El Comercio« wird später seine Version der Geschichte vom Curaray bringen, in der Nemunga behauptet, einer der Missionare hätte dem Auka-Krieger Nampe damals eine Kugel durch den Kopf geschossen. Zuvor hat Nemunga uns die indianische Version des Dramas wissen lassen. 18 Jahre lang ist sie der Außenwelt verborgen geblieben. Die Missionare ließen die Öffentlichkeit nur Bruchstücke davon wissen. Oder sie erfuhren selbst nicht die ganze Geschichte. In Wahrheit hatte die Konfrontation von Palm Beach noch mehr Opfer gefordert als die fünf Missionare.

Nach Nemungas Erzählung hat die Eifersucht des Nenquiwe, den die fünf Amerikaner scherzhaft George genannt hatten, eine unheilvolle Rolle bei dem Drama von Palm Beach gespielt. Er wollte die kokette Gimare zur Frau, die von den fünf Missionaren Delilah gerufen wurde. Fotos von diesen beiden jungen Auka wurden später in der Kamera auf dem Flußgrund gefunden und gingen um die Welt. Nemunga erinnert sich: »Nenquiwe hat uns aufgehetzt. Er ist in unsere Hütten gekommen und hat gesagt, die Fremden wollten uns Frauen und Land wegnehmen. Die Fremden waren nicht ohne Waffen gekommen. Als wir hingingen und die alte Akawo und mein Freund Diuwe die Missionare fesseln wollten, haben sie geschossen. Alle Schüsse gingen in die Luft, bis auf einen. Er traf Nampe am Kopf, und ein Teil der Schädeldecke platzte weg. Nampe ist noch bis zu seiner Hütte gekommen und dort gestorben. Dieser Missionar, der getroffen hatte, wollte sich hinter mir verstecken, als ein Krieger den Speer gegen ihn erhob. Der Missionar riß dem Auka den Speer aus der Hand und lief in den Fluß. Dort habe ich ihn dann gespeert.

Nach dem Kampf waren wir sehr zornig auf Nenquiwe, weil er uns aufgehetzt hatte und weil Nampe sterben mußte, der unser guter Freund war. Diuwe und ich beschlossen, Nenquiwe zu töten. Von Gimare verlangten wir, daß sie ihn nachts aus seiner Hütte locken sollte. Wenn sie uns verriete, würden wir auch sie töten. Sie kam dann austreten. Nenquiwe begleitete sie mit einem glühenden Holz. In der Dunkelheit gingen sie an uns vorbei. Nenquiwe war sehr stark. Als ihn meine Lanze in den Rücken traf, warf er sich herum, und sie zerbrach. In dem Augenblick traf ihn die zweite Lanze vorn. Da fiel er mit den beiden Lanzen zu Boden. Sein Tod war sehr schlimm. Am Morgen nach Sonnenaufgang – die Lanzen im Körper, mit sehr großen Schmerzen – war er immer noch nicht tot. Er wollte nicht länger leiden. So verlangte er, daß wir ihm ein Grab machen und seinen Sohn mit ihm lebendig begraben sollten. Diuwe und ich haben ihm ein Loch gegraben, Bananenblätter ausgebreitet und zerbrochene Lanzen neben den Sterbenden gelegt. Seine Frau hat ihm den Sohn nicht mit ins Grab gegeben, aber eine kleine Tochter. Das ist die Geschichte.«

Das Mädchen Gimare lebt noch. Inzwischen ist es mit dem Ketschua Benito Alvarado verheiratet und wohnt am Rio Curaray.

Nach großen Anfangserfolgen ging es in den siebziger Jahren mit dem Missionswerk der Wycliffe-Bible-Translators, also der Linguisten, unter den Auka-Indianern bergab. Das muß wohl auch daran gelegen haben, daß Worte und Taten bei uns Christenmenschen nicht so recht in Harmonie zu bringen sind. Jedenfalls lösten sich im Laufe der Zeit viele Gruppen vom Missionsdorf Tigueno.

Gikita, der alte Anführer der Tigueno-Gruppe, zog mit 40 bis 50 Gefolgsleuten zu einem neuen Platz am oberen Curaray. Und Dayuma, die Mitgründerin der Mission Tigueno, wanderte mit 150 Menschen ebenfalls ab. Sie ließ am oberen Curaray Bäume fällen, Unterholz abbrennen und einen Landestreifen ebnen. Dayuma ließ auch eine Schule errichten und forderte einen Lehrer vom Staat an.

Warum es zur Trennung zwischen Dayuma und den Linguisten gekommen ist, wissen wir nicht genau. Einen der Gründe hat uns später ihr Sohn Sam Padilla erzählt. Nach seinen Worten wollten die Missionare die medizinische Versorgung der Indianer nicht mehr gewährleisten: »Ich kaufte mir in der Mission Limoncocha eine Medizin gegen Magenbeschwerden. Bei der Gelegenheit sagte mir die Krankenschwester, meine Mutter hätte noch eine Rechnung zu begleichen. Ich dachte mir zunächst nicht viel dabei und zahlte für sie. Aber später begann ich nachzudenken. Warum, fragte ich mich, muß meine Mutter bezahlen? Sie hat doch so viel Medizin nicht für sich allein, sondern für ihre Stammesangehörigen gebraucht.«

Auch Sam war innerlich längst auf Distanz zu den Missionaren gegangen: »Sie haben den Auka-

Stamm zerstört!« behauptet er heute kategorisch. »Erst sind die Indianer von den Weißen mit Waren geködert worden. Und nun müssen sie laufend Firlefanz produzieren, um Munition für die Gewehre, Batterien für die Radios, um Schuhe oder Kleidung kaufen zu können. Und sie müssen für Medikamente gegen Krankheiten arbeiten, die sie vorher nicht gekannt haben.«

Dennoch hat das Werk der Gottesmänner reichlich Früchte getragen – nur für die falsche Seite. Heute können viele Auka kaum noch einen Tag weit reisen, ohne Weiße anzutreffen.

Der letzte Konflikt?

Eine halbe Stunde vor Sonnenuntergang verstummt das Kreischen der Motorsägen. Es sind drei Kilometer Fußmarsch bis zum Camp, und dafür brauchten die Männer in der Urwaldschneise das letzte Tageslicht. Die sechzehn gehen nicht gemeinsam zurück. Einige lassen sich durch Seitenpfade zu kurzen Streifzügen verführen.

Der Capo, der Sani und drei weitere Arbeiter schultern als letzte Motorsägen und Macheten. Sie halten sich auf dem Hauptweg.

Als der glitschige Pfad zu einem der namenlosen Rinnsale abfällt, werden ihre Füße unsicher. Zu sehr sind die Trocheros mit sich selbst beschäftigt, um die leisen Bewegungen im Dickicht zu bemerken – und die jäh aus der grünen Wand herauszischenden Speere.

Manuel Lascano ist auf der Kreuzung von Linie 15 und Linie 16 angelangt, als er den Schrei hört – so grauenhaft, wie ihn nur wildeste, triumphierende Auka-Wut hervorbringt. Er und ein paar andere Arbeiter sind nur ein paar hundert Meter vom Ort des Angriffs entfernt. Er hört auch die Hilferufe seiner Kameraden. Aber er rennt um sein Leben ins Lager »Shiripuno I«.

Manuel Lascano erzählt uns diese Geschichte 1979 auf den Stufen zum Büro der »General Physical« in Quito – zwei Jahre nach dem Urwald-Massaker. Seit Stunden möchte er zu Señor Roque, möchte dem Boß der französischen Öl-Erschließungsgesellschaft sagen, daß er mit seiner Machete zurück in die Schneise will.

Was, fragen wir uns, treibt diesen mageren, ängstlich wirkenden Mann dazu, seine Haut im Urwald zu Markte zu tragen?

2265 Mark sind hier ein Menschenleben wert; so niedrig war, zum aktuellen Umrechnungskurs, die Abfindung für die Familien der bei jenem Massaker getöteten Männer. Was, fragen wir uns, ist schlimmer als die Angst vor den Lanzenmännern? Schlimmer als die Aussicht auf einen schnellen Tod im Busch ist die Aussicht auf das langsame Sterben als Arbeitsloser. Deshalb will Manuel Lascano von Señor Roque wieder einen Job.

Der Franzose kann ihm nicht helfen. Der weitere Vortrieb von Schneisen in den Auka-Wald ist vorerst unmöglich. Zu heftig ist in den Zeitungen die Frage diskutiert worden, welche Sicherheit den Menschen eigentlich geboten werde, die dem Land an der Pioniergrenze die Kastanien aus dem Feuer holen.

Die »Kastanien« sind das Öl. Ein Teil der schwarzen Quellen wird nun auch im letzten Gebiet des Amazonas-Regenwaldes erschlossen werden, in dem wenige frei schweifende Indianerkrieger noch immer ihre Lanzen gegen den Fortschritt fliegen lassen. Die meisten Stämme des ekuadorianischen Oriente –

Die Krönung ihrer handwerklichen Leistungen ist bei den Frauen die Hängematte. Die Knüpfarbeit dauert viele Wochen.

Mit einem einfachen zusammengebogenen Holzstäbchen zieht diese Frau Chambira-Fasern durch die bereits fertigen Maschen. Das fertige Fischnetz ist meist kaum größer als eineinhalb Quadratmeter.

Ein ungewöhnlich großer Tontopf. Er ist fast kniehoch. Früher soll es in manchen Gruppen mannsgroße »Pondos« gegeben haben.

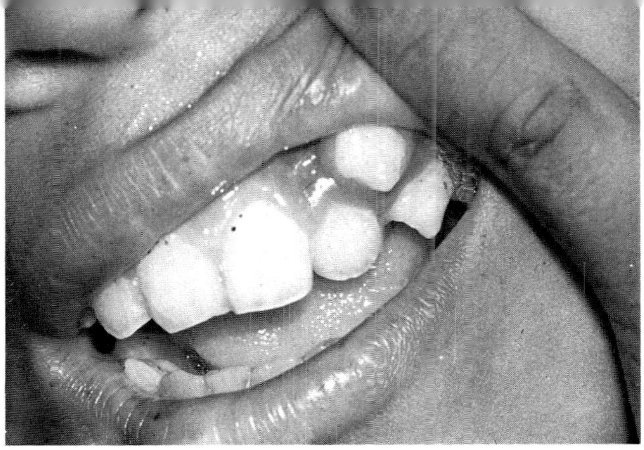

Kieferverbildungen trafen wir unter den Männern besonders häufig an.

Die Haartracht der Auka ist gepflegte Friseurarbeit. Ihre Kämme bestehen aus spannenlangen, streichholzdünnen Bambusstäbchen, die im millimeterengen Abstand zwischen zwei flache Querleisten geklemmt sind. Eine feste Wicklung hält alles zusammen.

Aus der Luft ein Bild der Verwilderung. Eine Rodung, auf der die Auka Maniok anbauen.

Die Werkstatt einer alten Frau, die Chambira-Fasern zu Schnüren verarbeitet.

Zu den Köstlichkeiten gehören die großen Larven des Rüsselkäfers. Sie werden roh und geröstet genossen.

Die Chonta-Ernte ist überaus beschwerlich. Die Früchte hängen hoch am stacheligen Stamm. Meist erklettern die Auka einen Nachbarbaum oder sie fällen die Palme.

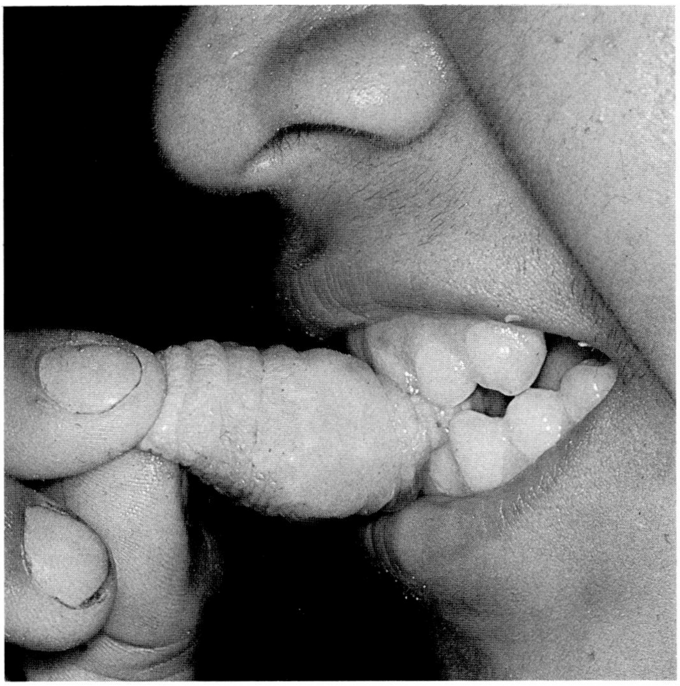

Aufforderung zum Tanz: Die Musen haben bei den Auka nur einen armseligen »Luftklinger« hervorgebracht. Das armlange Bambusrohr wird über die Kante angeblasen und gibt einen unsauberen Ton ab.

Nemunga (unten) und Wipe (rechts) waren beteiligt, als die Auka Missionare der Linguisten töteten. Nemunga speerte zwei der fünf Missionare am Curaray, Wipe erschlug seinen Halbbruder Toña.

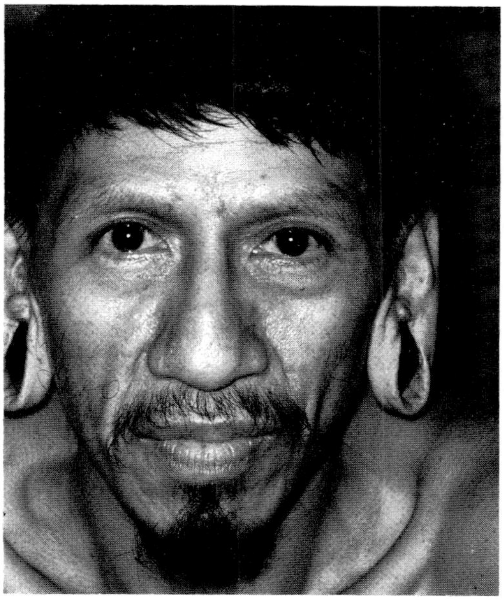

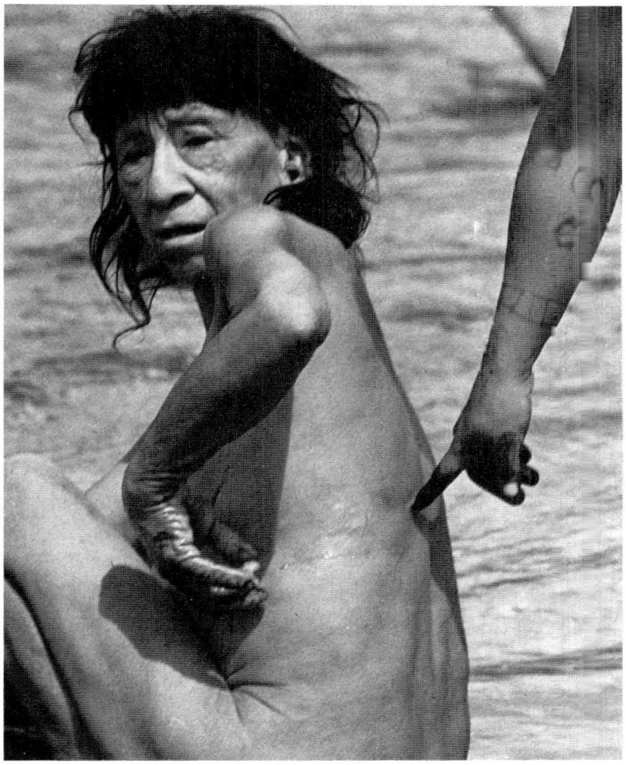

Eine Frau aus der Dayuno-Gruppe entging – wie die lange Speerwunde zeigt – nur knapp dem Tode.

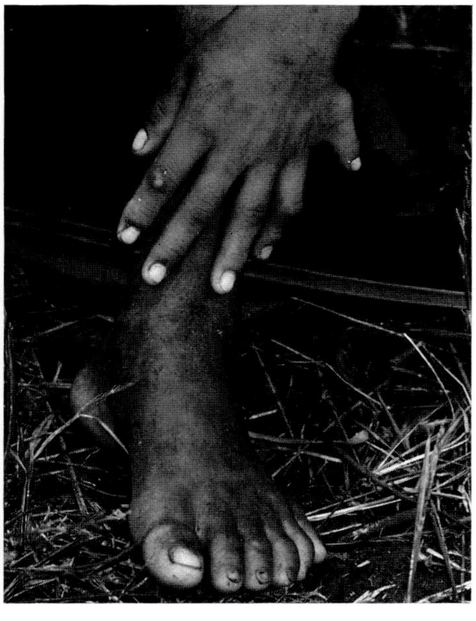

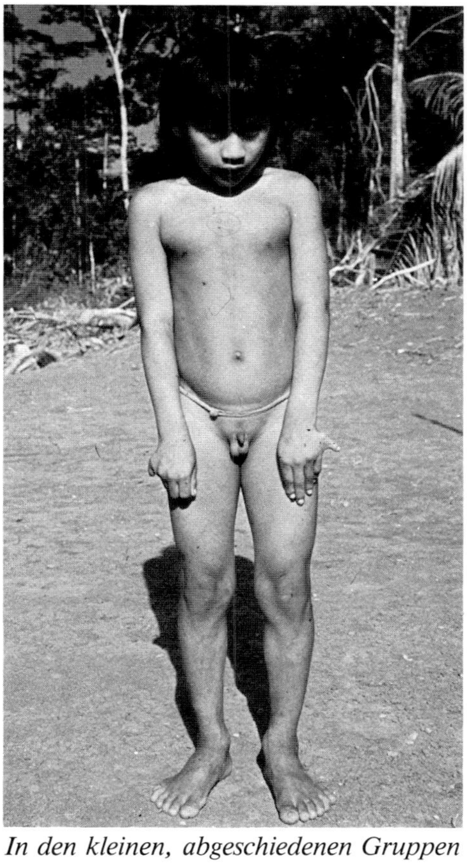

In den kleinen, abgeschiedenen Gruppen sind die Grenzen der Partnerwahl schon so eng, daß genetische Schäden nicht mehr auszuschließen sind: Eine Anzahl Kinder kam mit sechs Fingern und sechs Zehen zur Welt.

Wie viele Indianer des Amazonas-Regenwaldes verehren auch die Auka den Affenadler. Diese gezähmte Harpyie lebt bei einem Gemeinschaftshaus.

Die Frauen knüpfen sehr stabile Fischnetze aus Chambira-Fasern.

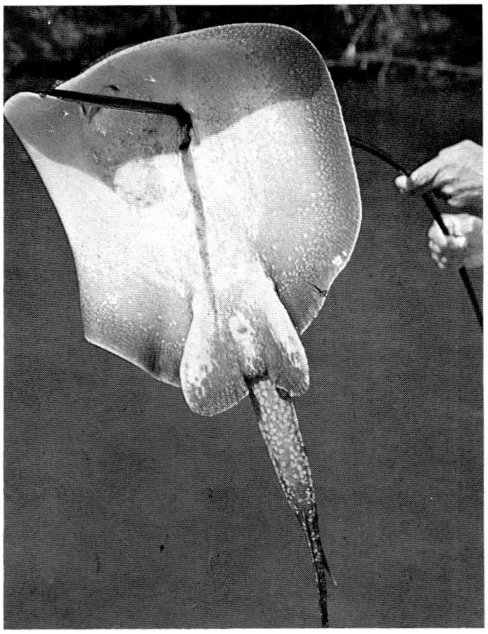

Der gefährliche Giftrochen.

Der Panzerkopfwels kommt in den Oriente-Flüssen besonders häufig vor. In seiner Freßgier geht er auch leicht an Angelköder.

Der Tapir – unser Bild zeigt ein Jungtier – wird mit dem Speer erlegt.

Diese sechs Meter lange Anakonda wird nicht mehr lange leben. Unsere Auka speerten sie, banden den Kopf an einem Baum und zogen ihr noch bei lebendigem Leib die Haut ab. Die Auka hassen die Schlange.

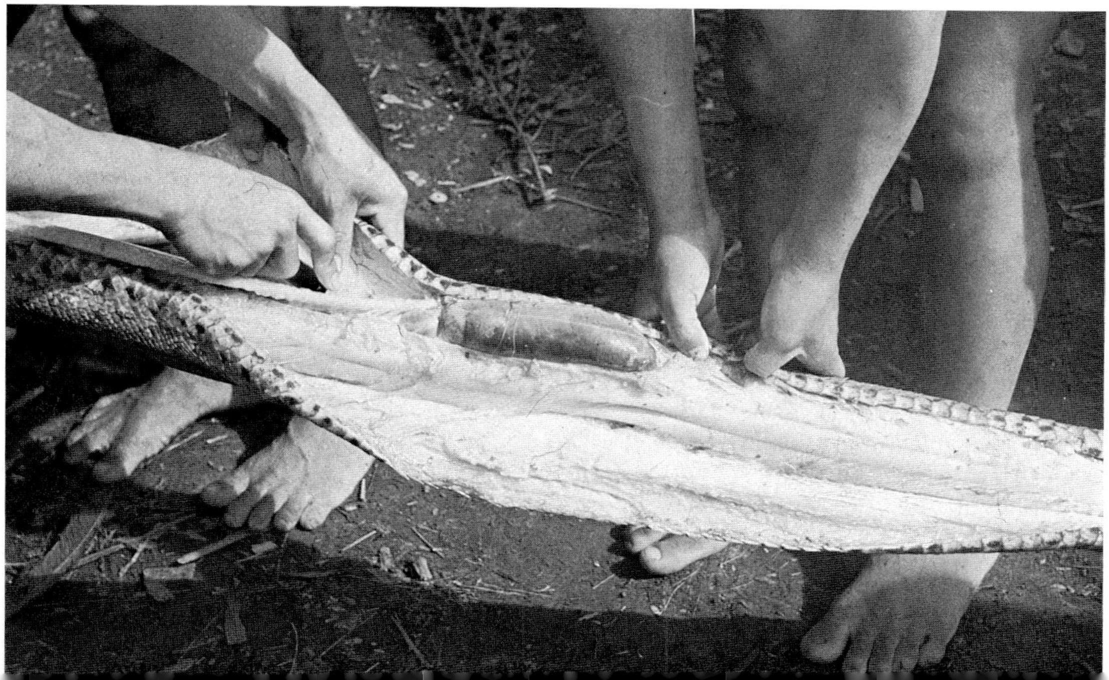

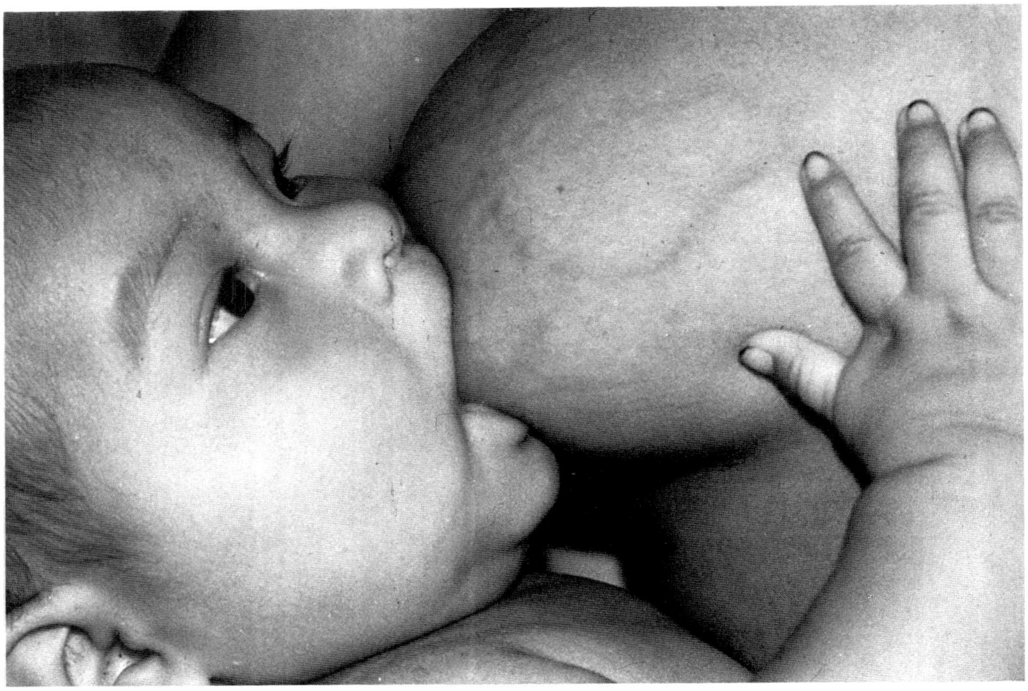

Eine Auka-Frau beim Stillen ihres Kindes.

Verbindungen (Verhältnisse) der Blutsverwandtschaft in einer Auka-Familie

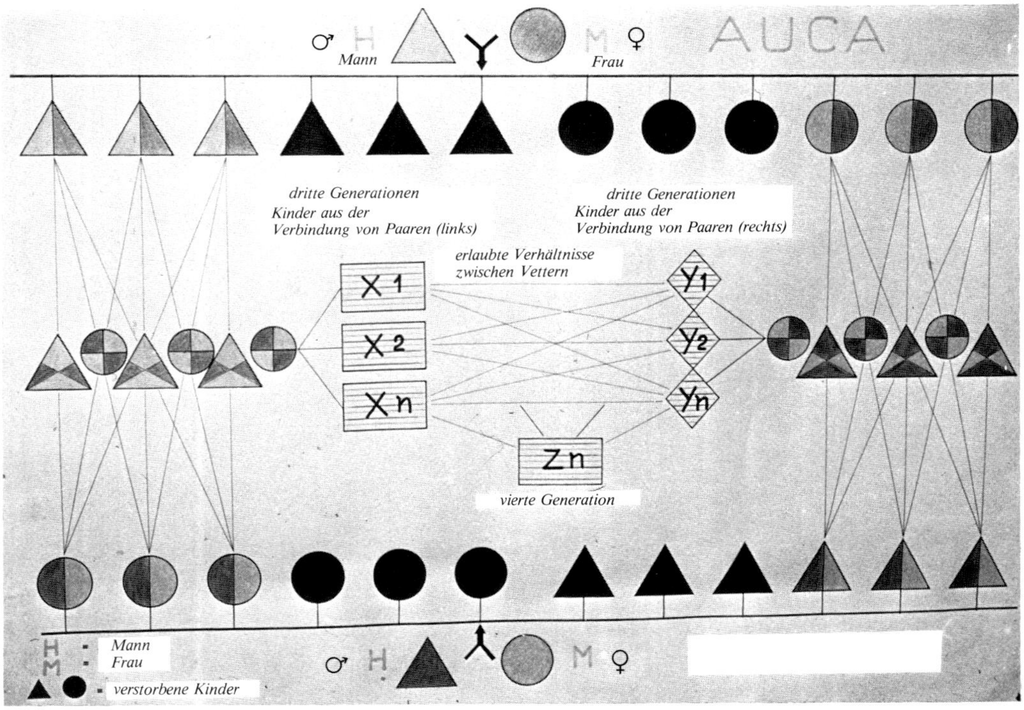

Das Heiratsschema zeigt, daß bei den Auka die Heirat unter Vettern erlaubt ist. Doch heiraten immer nur die am weitesten voneinander entfernten Verwandten.

die Jivaro, die Cofan und andere – sind längst auf dem Weg, seßhafte, wehrwillige, christgläubige Menschen zu werden. Aber hundert oder mehr »ungezähmte« Auka gibt es im Urwald noch. Wir kennen einige von ihnen mit Namen. Sie gehören zu den »ethnischen Schätzen«, die das Amazonas-Schutzabkommen vor der Vernichtung bewahren will. Ekuador, als einer der Amazonas-Anrainerstaaten, hat den Vertrag gerade im August 1979 unterschrieben. Für uns ist dies ein Anlaß, das Abkommen im Jahr seiner Unterzeichnung am Beispiel des Auka-Stammes an der indianischen Wirklichkeit in Amazonien zu messen.

Ungefähr 60 Kilometer südlich der Urwaldstadt Francisco de Orellana hatte sich 1977 der Auka-Angriff ereignet. Nahe dem Ort hatten spanische Konquistadoren 1541/42 ihre Brigantinen gebaut und waren auf der Suche nach den Schätzen des legendären Dorado jenes Flußmeer hinabgefahren, das man nach dem Bericht des Teniente de Orellana später den Rio de las Amazonas nannte. Uns hat immer überrascht, daß das Gebiet so nahe beim Ausgangsort des spanischen Abenteuers noch immer so wenig erschlossen ist. Die Ekuadorianer nennen die Auka als einen der Gründe dafür.

Doch 420 Jahre nach der Irrfahrt des Francisco de Orellana nun haben dessen Erben im Auka-Gebiet endlich doch Eldorado gefunden. Der Reichtum glänzt zwar schwarz, bringt aber mehr Gold, als sich die Konquistadoren je erträumt hätten. Die Freiheit der Auka wiegt da weniger als die Hoffnung des Staates. Und deshalb konnte die Attacke vor drei Jahren die Erschließungsmannschaften auch nur vorläufig vom Weg zu neuen Quellen des Reichtums abdrängen. Im Jahre 1979, als wir am Rio Napo sind, darf noch niemand in der Gefahrenzone arbeiten.

In Francisco de Orellana erzählen die Menschen uns, daß die angreifenden Krieger rotbemalte Füße gehabt hätten. Patas coloradas nennen sie diese Gruppe. Auch dem Piloten Fernando Garçon Troya, der die Leichen der Wegbereiter von der Urwaldstadt nach Quito überführt hat, ist das Drama so gegenwärtig, als sei es gestern erst geschehen: »Als der Angriff passierte, arbeitete ich als Pilot der Texaco in Lago Agrio«, berichtet er uns. »Während eines Versorgungsfluges erfuhr ich über Bordfunk davon. Alle Hubschrauber, hieß es, hätten zur Verfügung zu stehen. Im Camp traf ich dann viele Leute bewaffnet an. Auch das Militär war alarmiert. An einem Sonnabend, glaube ich, wurden die Toten aus dem Wald nach Francisco de Orellana gebracht. Ich konnte kaum fassen, was geschehen war. Für mich sind die Auka nie wilde Teufel gewesen. In einer Gruppe, die ich kenne, leben die nettesten Leute. Sie erscheinen mir manchmal wie Kinder – freilich, bei Kindern schlägt die Stimmung manchmal rasch in Wut um!«

Wut und Zorn müssen den Auka die Hand geführt haben. Die drei Toten, die Troya geflogen hatte, waren schrecklich zugerichtet. Der Arbeiter Rivero Proaño, erfahren wir von Troya, hatte sieben Lanzen in der Brust und im Bauch, Pablo Guarniza neun. Paredes Laso war nur von einer Lanze getroffen worden, die ihn am Hals, knapp unterhalb des Ohres, durchbohrt hatte. Die schweren, bis zu drei Meter langen Waffen waren durch Widerhaken so fest im Fleisch der Opfer verankert, daß sie nur abgebrochen werden konnten.

Die Bergungsmannschaft unter dem Kommando von Capitan Nelson Bedós und Leutnant Eduardo Escoba konnte am Morgen nach dem Überfall einen Mann retten, der verletzt in den Fluß gesprungen war und die ganze Nacht hindurch am jenseitigen Ufer in einem Baum ausgeharrt hatte. Ein fünfter Mann war im Augenblick der Attacke quer durch den Wald entkommen. Von den Überlebenden kam die Kunde in die Zeitungen, die Auka hätten den Urwaldpfad mit gekreuzten Lanzen gesperrt – zur Warnung.

Angesichts der Bilder von den Särgen geriet das Land in helle Aufregung. Im »El Comercio« machte sich ein Leitartikler Sorgen über das Echo in der Welt: »Man kennt Ekuador nur in Verbindung mit den blutigen Auseinandersetzungen . . . Sie sollten Ekuador nicht so darstellen, sondern als ein Beispiel für wirksame Verwaltung . . . und soziale Leistungsfähigkeit.«

Für die Auka aber zeigte der Beitrag durchaus Verständnis: »Die Indianer fühlen sich im Herzen frei. Ihr Land ist ihr Heiligtum, das nicht verletzt werden darf. Das sollten wir anerkennen, sollten wir verstehen. Man geht auf eigene Gefahr in den Oriente.« Auch Bischof Jesus Landarica Olagüe meldete sich zu Wort: »Die Tragödie«, schrieb er, »hat wieder Vergeltungsgedanken wachgerufen. Und die Meinungen darüber prallen in Ekuador aufeinander!« »Warum«, fragt er, »greifen die Huarani an? Warum töten sie? . . . Sie leben natürlich immer in Gefahr. Von den Vätern zu den Söhnen wurde weitergegeben, welche furchtbaren Massaker durch das Volk der Cowoden angerichtet worden waren . . . Seit dieser Zeit ist es ihnen mitgegeben, sich gegen jeden zu wehren, der von außen kommt. Alle Fremden werden von den Aukas als Cowoden bezeichnet.«

So engagiert der Bischof schreibt – er irrt ein wenig. Auch unter den freien Auka-Gruppen ist manche, die ihre entschiedene Feindschaft gegenüber den Fremden abgelegt hat. Aber gerade um diese Auka sind wir besorgt; denn die Gefahr ihrer Auflösung ist besonders groß. Eine dieser Gruppen lebt am Cononaco-Fluß. Ich kenne sie seit 1973. Erwin Patzelt kennt sie noch länger. Als wir sie das erste Mal besuchten, war die Gruppe vor den Missionaren vom Gabaro-Gebiet zum Cononaco-Fluß ausgewichen. Fünf Jahre ist unser letztes gemeinsames Treffen mit ihnen her. Jetzt, im November 1979, möchten wir wissen, wie es ihnen inzwischen ergangen ist. Und wir sind gespannt darauf, ob sich Ginkawe, der Anführer, und Männer wie Apa, Menga und Boca noch freundschaftlich an uns erinnern. Ob sie wohl mit dem Überfall auf die Trocheros zu tun haben?

Solche Gedanken bewegen uns, als wir von Pastaza aus in den Auka-Wald fliegen. Sam Padilla ist diesmal mit dabei. Pastaza ist nach wie vor das Tor zum Oriente. Im Filz des Dschungels aber zählt man mittlerweile 60 Landepisten. Mit einer Länge von 1000 bis 1500 Meter gibt es außer Pastaza jedoch nur fünf Flugplätze.

Die meisten Oriente-Flüge werden immer noch von der »Atesa« durchgeführt. Für unseren Flug stellt uns Capitan Wiesner eine »Icelander« zur Verfügung, die auf 600 Meter langer Bahn mit viel Ladung starten und landen kann. Unser Pilot ist Fernando Garcon Troya, der die Route nach Cononaco kennt. Sam Padilla hat die Ginkawe-Gruppe inzwischen überredet, unmittelbar an den Airstrip zu ziehen. Der Rat ist nicht ganz uneigennützig. Gelegentlich läßt sich unser Mann für kurze Trips dorthin bezahlen. Seine Sünde gegenüber den roten Brüdern hält er für läßlich: »Man muß leben!«

Die Freundlichkeit der Auka dort hat sich aber leider so herumgesprochen, daß schon ungebetene Besucher gekommen sind. Ginkawe läßt daher Ölfässer aus dem verlassenen Camp Cononaco auf die Piste rollen und nur entfernen, wenn ein mit ihm verabredetes Zeichen aus dem Flugzeug fällt.

Noch immer sind Oriente-Flüge ein Risiko. In Richtung Cononaco zum Beispiel hat der Pilot nur drei Referenzpunkte. Hinter Curaray ist er sich selbst überlassen, hat nur noch in Flußläufen Orientierungshilfe. Windabdrift und Wolkenbildungen können ihm beim Sichtflug zum Verhängnis werden. Und dann die Landung! Sie muß mit Minimumgeschwindigkeit geschehen, damit man auf den ersten zehn oder fünfzehn Metern der kurzen Piste aufsetzt. Nasser oder gar schlammiger Lehmboden hat dabei schon manches Mal für Bruch gesorgt.

Wir kommen nicht in Schwierigkeiten. Ginkawe hat bereits gewußt, daß die »Holzbiene«, wie er das Flugzeug nennt, kommen würde: »In dieser Nacht habe ich von der Holzbiene geträumt. So bin ich früh auf die Jagd gegangen. Jetzt haben wir genug Fleisch«, erzählt er uns bei der Umarmung im Schatten der Tragflächen. Während wir uns in einer alten Hütte am Rande der Piste einrichten, sammelt sich allmählich die Gruppe. Viele Auka atmen schwer vom Laufen durch den Wald und vom Schwimmen über den Fluß. Da kommt auch Apa, der alt geworden ist. Da sind auch Menga, Titä, Karuä und Nenquiwe, der sechs Zehen hat. Boca ist inzwischen ein großer Jäger geworden. Unter den Männern vermissen wir keinen, den wir kennen.

Nachdem das Ritual vertrauensbildender Maßnahmen abgelaufen ist – man beklopft, betastet und beschenkt sich – machen wir Besuche in den Hütten, und die Auka untersuchen unser Gepäck. Wir maschieren mit ins Maniokfeld und baden im Fluß. Danach richten wir uns auf eine lange Nacht ein. Es wird nicht geschlafen, sondern erzählt!

Wir kochen einen Kessel voll Tee, in den jeder den Becher eintauchen kann. Dann setzen wir uns auf den gefällten Baumriesen in der Nähe des Hauses zusammen.

Apa beginnt ohne Aufforderung: »Wir hatten alle Durchfall hier. Ich war im Dschungel, als meine Tochter daran starb. Ich konnte sie nur noch begraben.«

Da Apa das Thema aufs Sterben gebracht hat, fragen wir, ob die Gruppe Konflikte mit anderen Auka oder gar Fremden habe. Ginkawe schneuzt sich ausgiebig durch die Finger und antwortet: »Hier können wir ruhig schlafen. Wir müssen uns keine Sorgen über Feinde machen, die in der Nacht kommen.« Auch der Friede in der Gruppe ist gewahrt: »Ginkawe«, erläutert Apa, »ist mein guter Bruder. Boca ist mit meiner Tochter verheiratet. Karuä ist verheiratet mit der Tochter von Menga. Nun herrscht zwischen uns sehr enge Verwandtschaft!«

Dennoch haben sie Sorgen. Ginkawe erzählt, daß Fremde im Helikopter gekommen seien und Geschenke abgeworfen hätten. Die Gruppe sei darüber nicht froh. Sie erinnert sich daran, daß Nemo Ebo, das ist ihre Bezeichnung für das Flugzeug der Rachel Saint, gekommen ist und die Leute von Gabaro fortgeholt hat.

»Hattet ihr Streit mit den Fremden?« fragt Samy direkt. »Wir nicht«, erwidert Ginkawe, »aber die Gruppe von Tagä.« Ginkawe hat davon erfahren, als er mit Verwandten vom Rio Tivacuno zusammentraf: »Die Tagä-Truppe hat Fremde getötet!« sagt eine Frau leise.

Ich vermute, daß diese Fremden die Ölarbeiter gewesen sind: »Warum mußten die Fremden sterben?« will ich wissen.

»Vielleicht haben die Buschmesser der Fremden Tagä gereizt?« vermutet Ginkawe: »Das ist ein guter Grund, Leute zu töten!«

»Fürchtest du nicht, daß sich die Fremden eines Tages mit ihren Buschmessern einen Weg bis hierher schlagen?«

Ginkawe zeigt in Richtung Sonnenaufgang und beschreibt den Weg der Sonne: »Uuuh!«, ruft er, »sie sind weit, weit weg.«

Der Arglose! Er weiß nicht, daß das Ölcamp »Auka Central« mit seinen Container-Wohnungen, Bädern, Klima-Anlagen, gefüllten Kühlschränken und einer Leistung von 16 000 Barrel Öl täglich nur 15 Flugminuten von dieser Lichtung entfernt liegt.

Zwei Momentaufnahmen

Im kalten Quito überreicht ein Beamter des Registro civil dem würdig gekleideten Paar Zoila (Wiñame) und Dabo Enomenga mit umständlichem Zeremoniell die ersten Personalausweise, die Auka in Ekuador je erhalten haben. Ein historischer Vorgang! Er verlangt von den Beamten Behutsamkeit und Kompromißfähigkeit. Für 52 Auka der Dayuno-Gruppe, die sicher nicht recht wissen, wie ihnen geschieht, stellen sie Personalausweise aus, schreiben Geburten ein, beglaubigen Ehen und erkennen Kinder an. Bei diesem Integrationsversuch kann und darf nicht alles mit rechten Dingen zugehen. Wie soll man den Familiennamen von Auka-Kindern feststellen, deren Väter nicht bekannt sind? Wie soll man eheliche Verbindungen beglaubigen, wo doch das Gesetz die Ehe mit mehreren Frauen verbietet? Selten mußten die Beamten bei einer Amtshandlung so oft über ihren Schatten springen, wie bei dieser, die aus den ersten Auka Bürger Ekuadors machen soll. Welchen Nutzen werden diese Menschen davon haben? Auch sie gehören einem der gefährdeten Naturvölker an, für die in dieser fortschrittsbesessenen Welt kein Platz ist. Sie gehören zu den Menschen, die das Schicksal zu ewigen Verlierern verurteilt hat.

Am selben Tag im Regenwald des ekuadorianischen Oriente. Im Blau des Himmels zieht ein Riesenvogel seine Bahn, läßt den winzigen gelben Flecken im grünen »Quellmoos« des Urwaldes hinter sich. Eine Minute lang betäubt das Geräusch seiner Düsen einer Gruppe steinzeitlicher Auka die Ohren. Die Erwartung, unter seinem Leib könnten rote Blumen aufblühen und mit Macheten und Töpfen an den Wurzeln auf sie herabregnen, erfüllt sich nicht. Die erregenden Augenblicke enden enttäuschend. Die Auka wenden sich dem Alltag in der Hütte, am Fischwasser und im Maniok-Garten zu – so wie ihr Volk dies seit Jahrhunderten gewohnt ist.

Nachwort

Die kulturgeschichtliche Stellung der Auka unter den Urwaldindianern Südamerikas

Professor Dr. Otto Zerries

Das Wort Auka (pl. auca cuna) entstammt der Sprache der Ketschua-Indianer des Anden-Hochlandes und bezeichnet zunächst in ihrer Mythologie die Menschen des kriegerischen Zeitalters. Es nimmt später die Bedeutungen »Fremder, Feind, Verräter, Rebell, Krieger, Soldat« an (Friederici 1948, S. 63). Im Osten Ekuadors belegten die aus dem Hochland stammenden und früher vermutlich zu Chibcha-Sprachfamilie gehörigen Quijos oder Yumbos, die aber wohl schon in vorspanischer Zeit ihr eigenes Idiom zugunsten des Ketschua aufgegeben hatten – das Inkareich reichte im Norden bekanntlich bis zur Grenze des heutigen Ekuador mit Kolumbien (Mason 1950, S. 184) –, alle ihre feindlichen und »wilden« indianischen Nachbarn als »auca-cuna«. Die »Weißen« im Osten Ekuadors bezeichnen damit nur die hier behandelten schweifenden Gruppen zwischen dem Rio Napo und dem Rio Curaray.

Diese nennen sich selbst »Huarani«, ihre Sprache ist das Huarani (C. Loukotka 1968, S. 158; P. Naranjo 1970, S. 125; Scott S. Robinson 1972, S. 397), mit dieser Zuordnung zu einer größeren linguistischen Einheit auch die ethnische Zugehörigkeit beziehungsweise Verwandtschaft der Auka – wir behalten diesen in der Literatur eingebürgerten Namen im folgenden bei – verbunden ist. Dabei ergeben sich gewisse Schwierigkeiten: Loukotka (a.a.O.) rechnet das Auka zur Sabela-Sprache, die nach S. Tax (1960, S. 434) eine Untergruppe der Zaparo-Familie darstellt. Nach Tessmann (1930, S. 298) ist Ssabela eine Bezeichnung der Quijos für die Auka des oberen Rio-Napo-Gebietes. Oberem (a.a.O.) hat diesen Namen jedoch nie gehört und hält die Auka für verdrängte Reste der Koto, eines Stammes der West-Tukano-Sprachfamilie. Der ekuadorianische Ethnologe A. Costales neigt eher dazu, sie mit den Yameo zu identifizieren, die mit den Yagua zusammen eine eigene kleine Sprachfamilie, die der Peba, bilden. Häufig werden die Auka auch mit den isoliertsprachigen Aushiri zusammengebracht, mit denen sie jedoch nach Oberem (a.a.O.) nichts zu tun haben. Nichtsdestoweniger werden von Scott S. Robinson (a.a.O.) Auka, Huarani, Sabela unter dem Oberbegriff Aushiri subsumiert und ihre Zahl zwischen 500 und 2000 einschließlich der bereits akkulturierten Gruppen angegeben, wobei erstgenannte die wahrscheinlichere sein dürfte. Die linguistische Zugehörigkeit der Auka scheint demnach noch nicht endgültig geklärt. Vielleicht handelt es sich bei ihnen ohnedies um Reste verschiedener Gruppen, die sekundär zu einer gewissen Einheit zusammengewachsen sind.

Kulturell gesehen finden wir bei unseren in diesem Buch geschilderten Auka eine Reihe von Kulturzügen, die jeweils auf den einen oder anderen der hier genannten einzelnen Stämme zutreffen. Insgesamt vermitteln sie das Bild einer – gemessen an dem allgemeinen Standard der Tieflandindianer Südamerikas – technologisch weniger entwickelten und bisweilen altertümlich anmutenden Kultur, wobei wir uns selbstverständlich, wie in anderen ähnlich gelagerten Fällen, die Frage vorlegen müssen, ob es sich um eine echte kulturelle Verzögerung oder einen kulturellen Rückschritt handelt, das heißt ob wir es tatsächlich mit einer älteren Unterschicht zu tun haben oder um in Rückzugsgebiete verdrängte und dort verarmte Angehörige höherer indianischer Kulturen. Obwohl letzteres nicht gänzlich von der Hand zu weisen ist, möchte ich jedoch, was die Auka anbetrifft, ersterem den Vorzug geben, ob diese letzten Endes den Zaparo, Peba oder West-Tukano zuzurechnen sind oder nicht. So paßt das wenig bekannte Bild ihrer Kultur weitgehend in den Rahmen, den J.H. Steward (1948, S. 896/7) für diese Stämme als Vertreter der Nordgruppe seines von ihm konzipierten submarginalen westamazonischen Kulturareals abgesteckt hat. Der Begriff eines – hier geographisch wie inhaltlich – auf den amazonischen Kulturraum bezogenen Randvolkes beziehungsweise an das Niveau eines solchen nicht ganz heranreichenden, daher nur »submarginalen« Stammes ist mehr von negativen als von positiven Kriterien geprägt, weshalb man neuerdings vielfach von ihm wieder etwas abgerückt ist. Trotzdem trifft er im Kern etwas Richtiges, nämlich das Fehlen wichtiger, sonst in Amazonien vorhandener Kulturgüter.

So besitzen die Auka von Haus aus keine Wasserfahrzeuge. Sie sind ein Landvolk, kein Fußvolk wie die meisten amazonischen Stämme, für die Flüsse die bequemsten Verkehrswege darstellten, da sie selbst perfekte Bootsfahrer sind. Die Auka kennen ferner keine Musikinstrumente und auch offenbar keine alkoholischen Getränke. Echtes Weben, das heißt der Gebrauch des allerdings auch sonst in Amazonien nicht allgemein verbreiteten Webstuhls, fehlt.

Diese negativen, wie auch eine Reihe positiver, aber als altertümlich erkannter – um nicht zu sagen primitiver – Kulturzüge teilen die Auka als Vertreter des westamazonischen submarginalen Areals mit den Repräsentanten anderer, unter dem allgemeinen Niveau rangierender marginaler Areale des amazonischen Raumes, von denen ich nur die Yanoama als ein nach J.H. Steward (a.a.O.) »inneres Randvolk Guayanas« – rein geographisch gesehen natürlich ein Nonsens – anführen möchte, die ich aus eigener längerer Anschauung kenne und daher im folgenden zum Vergleich heranziehen möchte.

»Marginal« in der materiellen Kultur der Auka ist der offenkundige Vorrang der aneignenden Wirtschaftsform, das heißt von Jagd, Sammeltätigkeit und Fischfang, vor der produktiven, das heißt dem Bodenbau. Der süße Maniok als vorwiegend angebaute Nahrungspflanze nebst dem ihr verbundenen Tanzfest ist für Westamazonien typisch, desgleichen die große Bedeutung der Früchte der Chonta-Palme (Guilielma gasipals) für die Ernährung, wie die intensive Nutzung dieser Palme überhaupt. Beides findet sich auch bei den Yanoama des oberen Orinoco-Gebietes; dort sogar noch mythisch-rituell überhöht, was sich bei näherem Zusehen vielleicht auch bei den Auka feststellen ließe. Die einfache Behausung, ein direkt auf den Boden aufgesetztes Giebeldach, ist morphologisch aus zwei mit der offenen Seite zueinandergekehrten pultförmigen Windschirmen – einem unter anderem bei den Yanoama heimischen, typisch »marginalen« Element – entstanden. Das wichtigste Mobiliar, die meist aus Palmfaser, seltener aus Baumwollschnüren geflochtene Hängematte, gehört indessen zu den Errungenschaften der meisten amazonischen Indianer, mit Ausnahme der den Anden nahen Stämme. Das Zurücktreten der Korbflechterei gegenüber dem Knüpfen von Tragnetzen entspricht hinwiederum marginalem Niveau. Daß die Auka früher große Kochtöpfe aus Ton hergestellt, haben sie mit den Yanoama gemeinsam. Die Gewinnung von Feuer durch Quirlen eines Hartholzstabes auf einer Unterlage aus weicherem Holz ist die bei den Urwaldstämmen vor dem Import von Streichhölzern allgemein übliche Methode. Das Fehlen von Werkzeugen aus Metall, insbesondere Eisen, vor dem Beginn des Zivilisationskontaktes und die Beschränkung auf Stein, Holz oder Knochen als Material zu ihrer Herstellung gilt für alle Indianer Südamerikas außerhalb des Bereichs der andinen Hochkultur.

Die bevorzugte Jagdwaffe der Auka, das mit curare-vergifteten Pfeilchen beschickte Blasrohr, ist vor allem im Norden und Westen des tropischen Südamerika beheimatet. Das von den Auka benützte Gerät wird aus zwei halbkreisförmig ausgehöhlten Hälften eines gespaltenen Palmstämmchens zusammengeklebt und mit Rinden- oder Baststreifen umwickelt. Dies entspricht dem Blasrohrtyp IV (J. Yde [illegible], S. 283, 304), dessen Vertretungszentrum vornehmlich im Tiefland östlich der Kordilleren in Ekuador und Peru und entlang dem oberen Amazonas und seinen Nebenflüssen zu suchen ist. Es fällt offenbar weitgehend mit der Ausbreitung der Chonta-Palme zusammen, aus deren hartem und schwerem Holz dieser Typus vornehmlich angefertigt wird. Er ist also im Gebiet der Auka heimisch, da das Blasrohr als kompliziertes Gerät möglicherweise von technologisch versierten Nachbarn übernommen haben. Die Nationalwaffe der Auka, vor allem für Krieg und Kampf, ist jedoch der aus dem gleichen Material wie das Blasrohr angefertigte Wurfspeer, bei dem der Schaft und die mit eingekerbten Widerhaken versehene Spitze aus einem einzigen Stück Chonta-Holz geschnitzt sind. Diese ebenso simple wie furchtbare Waffe ist im gleichen geographischen Raum Nordwestamazonien beheimatet und möglicherweise kulturgeschichtlich älter als Bogen und Pfeil, an deren Stelle sie funktionell bei den Auka tritt. Dies unterscheidet sie von den Yanoama, die überlange Pfeile und Bögen – wiederum aus Chonta-Holz – als nahezu einzige Waffe für Jagd und Krieg besitzen.

Im äußeren Erscheinungsbild der Auka fallen bei den Geschlechtern die hölzernen Ohrscheiben auf, die vor allem zu der Vermutung beigetragen haben, es handle sich bei ihnen um eine Gruppe der Koto, die wegen dieser Art Ohrschmuck auch auf Spanisch Orejones, das heißt Großohren, genannt werden. Jedoch ist die Sitte nicht auf diesen Stamm beschränkt. Außer bei einigen Nachbarn der Koto kommen solche großen Ohrscheiben sowohl in der andinen Hochkultur – dort allerdings meist aus Metall – als auch unter den Indianern Ostbrasiliens und des Gran Chaco besonders häufig vor (Menzel 1957, S. 99/100). Bei den Auka sind die Ohrscheiben als Ausweis der Stammeszugehörigkeit für die Aufnahme der Totenseelen ins Jenseits wichtig, ein in der Welt weitverbreitetes Motiv für bestimmte einheitlich festgelegte Arten von Körperschmuck. Das Hochbinden des männlichen Gliedes an einer Hüftschnur ist ein, vor allem in früherer Zeit in Amazonien, insbesondere bei Völkern einer älteren Kulturschicht, so auch den Yanoama, weitverbreiteter Brauch, der nach Meinung mancher Forscher vom nordwestlichen Südamerika ausgegangen ist (Zerries 1964, S. 122).

Aus dem sozialen Bereich erstaunt es zu erfahren, daß die Hochzeit mit größtem Aufwand begangen wird, da dies im tropischen Südamerika und auch sonst bei Naturvölkern außerordentlich selten ist. Von den Yanoama her vertraut ist nur der Brauch, daß ein Mann mit den Frauen seiner Brüder sexuell verkehren darf; vielleicht der Ansatz zu einer Art Gruppenehe, die auch sonst in Südamerika, aber bisher nicht in unmittelbarer Nachbarschaft der Auka, nachgewiesen ist. Die Sitte, den Sterbenden noch lebend zu begraben, entspringt, wie auch anderswo bei Völkern altertümlicher Kulturverfassung, der Furcht vor dem freiwerdenden Totengeist oder auch vor dem bösen Geist, der den Tod verursachend in den Betreffenden hineingefahren ist.

Dem Vorrang der Jagd vor anderen Formen des Wirtschaftslebens entspricht die zwar bei Urwaldindianern allgemein übliche, hier aber besonders stark betriebene Haltung gefangener Wildtiere. Vielleicht hängt diese Intensivierung mit der angeblichen Verwendung dieser Tiere als Nahrungsreserve zusammen. Das wäre allerdings ungewöhnlich, denn in nahezu allen mir bekannten Fällen ist die Haltung dieser »pets« oder Schoßtiere zweckfrei, das heißt, sie werden nicht getötet und gegessen. Die Tabuisierung des Hirsches ist in Südamerika, gerade auch im nordwestlichen Amazonien weit verbreitet. Daß die Auka behaupten, dieses Tier zu verehren, hängt sicherlich damit zusammen, daß es als Sitz eines Geistes betrachtet wird.

Eindeutig zweckfrei – im Nützlichkeitssinne, denn sie erfordert im Gegenteil aufwendige Fütterung mit noch lebenden Beutetieren – ist die Haltung der Harpyie, des Schopfadlers, des mächtigsten Raubvogels der südamerikanischen Urwälder. Sie dürfte auch hier mit Seelenvorstellungen zusammenhängen, denn bei vergleichbaren Völkern, wie zum Beispiel bei den Yanoama des oberen Orinoco, wohnt der Vorstellung nach in diesem Vogel die Buschseele des Mannes als dessen zweites Ich. Dort wird zwar kein Exemplar im Dorf gefangengehalten, solches geschieht jedoch besonders ausgeprägt bei den Stämmen des oberen Xingu-Gebietes, die nach J.H. Steward (a.a.O.) zu den Randgruppen an der südlichen Peripherie Amazoniens zählen. Die gefangene Harpyie steht dort in deutlicher Beziehung zum Häuptling, mit dem sie offenbar im Gleichlauf des Lebens verbunden ist: stirbt der Häuptling, so läßt man auch den Vogel verhungern (Zerries 1947, S. 278). Aus Nordwestamazonien ist die Harpyien-Haltung nur von den Stämmen des Uaupes-Gebietes ohne näheren Kommentar aus der Mitte des 19. Jahrhunderts bezeugt. Die Klauen des Vogels wurden noch Anfang unsere Jahrhunderts von den Medizinmännern der Andoke, eines Stammes am oberen Rio Yapurá, als Zaubermittel verwendet.

Das Trinken von Ayahuasca, der »Seelen-Liane« (Ketschua), das heißt eines Auszuges aus den Stengeln einer Banisteriopsis sp. durch den Medizinmann der Auka zur Erzeugung eines visionären Trancezustandes, wird auch bei vielen anderen Stämmen des westlichen und nordwestlichen Amazoniens geübt. Die Auka gebrauchen die Droge auch bei gemeinsamen religiösen Zeremonien.

Nach Rachel Saint (bei P. Naranjo 1970, S. 124) erklärt sich die Aggressivität der Auka vielleicht aus einer alten und wohl bewahrten Tradition, die von einer zur anderen Generation weitergegeben wird. Vor langer Zeit wurden sie von einer Anzahl von Menschenfressern beherrscht, die bei jedem Fest einige Auka zu verzehren pflegten, so daß der Stamm nahe daran war, auszusterben. In einer Nacht gelang es den Überlebenden, zu fliehen und in die Freiheit zurückzukehren. Seit dieser Zeit glauben sie, daß jeder Stammesfremde zu jener einstigen Gruppe von Kannibalen gehört, die mit ihnen nur zu dem einzigen Zweck Freundschaft suchen, sie auf trügerische Weise zu beherrschen und danach zu verschlingen. Mit den Kannibalen könnten die Quijos gemeint sein, von denen die Chronisten des 16. Jahrhunderts noch Nachrichten über Kopfjagd und Kannibalismus überliefern, die aber beides spätestens seit dieser Zeit aufgegeben haben (Oberem 1971, S. 237, 274).

Dies würde mit einer ursprünglichen Zugehörigkeit der Quijos zu den Chibcha-Völkern übereinstimmen, die zur Conquista-Zeit von den Spaniern als berüchtigte Kannibalen angetroffen wurden.

Diese Tradition erklärt aber immer noch nicht die innerhalb der »Auka-Speergemeinschaft« selbst herrschende, aufs Töten irgendwie mißliebig gewordener Angehöriger oder benachbarter Gruppen des eigenen Stammes gerichtete Mentalität. Die Auka stehen in dieser Hinsicht in Südamerika nicht allein: im Osten Ekuadors sind oder waren es wenigstens bis vor kurzem noch die Jivaro, die das Ideal des Mannes in dem »Mächtigen« (Kakaram) sahen, der durch häufiges Töten von Menschen eine Anhäufung von Seelenkraft (arutam) erreicht, die ihn selbst vor dem Tode schützt, solange sie ihn nicht verläßt (Zerries 1974, S. 234). Auch die Yanoama kennen das Ideal der dauernden Bereitschaft des Mannes zum Töten von Mensch und Tier, das sich in dem Begriff des »waitedi« niedergeschlagen hat und häufig in die Tat umgesetzt wird (l.c.p. 125). Ein drittes und letztes Beispiel, das für weitere stehen soll, bilden die Shokleng-Indianer in Südbrasilien, die noch vor einigen Jahrzehnten in ihrem Verhalten untereinander und gegen Fremde ein gleiches Bild boten wie die noch freien Auka heute.

Anhang

Einige wichtige Begriffe in der Auka-Sprache

Der Mensch

Auka	huarani (Mensch)
Bruder	memu
Frau	nanoyana
Fremder	cowoden
Kind	wiñana
Mann	nanoge
Mutter	bara
Schwager	menke
Schwester	menga
Vater	mempa

Der Körper

Arm	unome
Auge	awinga
Blut	wepe
Finger	unumbo
Fingernagel	unda
Haare	okagi
Hals	unomenga
Kopf	okamu
Mund	unune
Nase	ununkaro
Ohr	unomungo
Penis	unhe
Scheide	uña
Zahn	baga
Zunge	onoguenewa

Fürwörter u. a.

du	bito
dein	bitongui
ich	woto
mein	wotongui
ja	ao, amopa
nein	ba

Haus und Geräte

Barbasco-Fischgift	kumpago
Baumwolle	dayo
Blasrohr	oména
Chicha	käi
Curare	úme
Fischnetz	digindai
Fischspeer	tiwänga
Flöte	oña
Hängematte	ñoo
Korb	oto

Köcher	ontoka
Lanze	tapa
Tontopf	käñe

Tiere

Ameisenbär	yanepe
Ara	e'we
Boa	ube
Eichhörnchen	näne
Fischotter	ompura
Giftrochen	buyotai
Gürteltier	okeme
Hase	tuki
Jaguar	meñe
Kaiman	noma
Made, Raupe	pagua
Nasenbär	kuba
Specht	gikare
Tapir	ditä
Tukan	yawe
Wasserschwein	tota
Wildschwein	amo
Wildtruthahn	cowatai

Pflanzen

Banane	päne
Baum	ahne
Chambira (Palmfaser)	une
Chonta-Baum	tewä
Chonta-Frucht	dagänga
Erdnuß	koromo
Maniok	ke'ne
Mais	kagino
Palme	umo

Zeit und Umwelt

Abend	woyowotä
gestern	iimo
heute	ñuwo
immer	kuwi
Morgen	bane
Feuer	guna
Fluß	äpe
Himmel	unäre
Mond	apaika
Regen	kune
Sonne	nenki
Stern	nemu
Wasser	äpe

Die Auka in der Geschichte der Napo-Region Ekuadors

Zusammenstöße 1915 bis 1935

(Nach Angaben des Carlos Sevilla, Hazienda-Besitzer am Napo, und anderer)

Jahr	Schauplatz	Geschehen	Bemerkungen und Quellen
1915	Rio Curaray	40 Arbeiter von Manuel Segovia	Während des Kautschukzapfens
1916	Rio Nushiño	1 Arbeiter verwundet, 7 Auka getötet	Während einer Kanureise
1917	Rio Nushiño	5 Arbeiter getötet, 2 verwundet, Sevilla verwundet	Während der Kanufahrt stromaufwärts
1924	Puniyacu	1 Indianer, seine Frau	Während des Fischens, (Mr. Souder)
1924	Rio Arajuno	2 Männer getötet 2 Frauen (freie Tena-Indianer)	Mr. Souder, Sevilla etc.
1925	Old Curaray, Dorf	18 Indianer getötet durch Angriff	Sevilla etc.
1928	Rio Napo (gegenüber Veneca)	2 der Maldonado-Indianer getötet	Mr. Souder, Maldonado, Sevilla, etc.
1931	Hazienda »Capricho«, Sevilla zugehörig, am Curaray	12 Arbeiter getötet, 18 Auka getötet	Sevilla, etc.
1934	Rio Arajuno	9 Tena-Indianer getötet	Sevilla
1935	Puniyaco	Eine ganze Indianer-Familie getötet	Sevilla

Zusammenstöße 1958 bis 1967

(Nach Aufzeichnungen der Kapuziner-Mission von Aguarico)

1. 1958. Monat Juni. In Zupaimolino (am Napo), ungefähr 5 km vom vor kurzem gegründeten Dörfchen entfernt, flußaufwärts von Francisco de Orellana.

Drei Eingeborene kommen in der Abenddämmerung von der Jagd zurück. Einer von ihnen, Clemente Noteno, versucht, das Kanu zur Mitte des Flußes hin zu schleppen. Eine Lanze der Aukas ritzt eine Seite des Kanus auf und bleibt in der Hand von Clemente stecken. Dieser Mann lebt noch und hat die Narbe an der Handfläche.

2. 1960. Monat Juli. In San Carlos, gegenüber der Hacienda von Herrn Carlos Sanmiguel. Ein Eingeborener ist beim Bebauen seines Ackers. Die Aukas töten ihn mit dreizehn Lanzen.

3. 1961. Am 20. September. An dem Taracoa-See, einen Kilometer vom rechten Ufer des Napo entfernt. Sie töten eine Frau mit fünf Lanzen. Dagegen verschonen sie ihren Sohn im Säuglingsalter.

4. 1961. 20. Dezember. An der Mündung des Zuyuno. Ungefähr dreißig Aukas überfallen einen Eingeborenen mit dem Beinamen »Mandolin« und seine Stieftochter. Sie ergreifen den Eingeborenen und töten ihn. Das Mädchen von dreizehn Jahren wird von einer Lanze am Schulterblatt getroffen. Es gelingt ihm aber zu entfliehen, indem es sich ins Wasser wirft. Die Aukas hatten Badehosen an.

5. 1962. 11. März. Gegenüber den Missionsgebäuden, am rechten Ufer des Napo. Manuel Jipa wird mit sieben Lanzen ermordet. Vier Kameraden springen in den Fluß und können sich retten.

6. 1962. Im Monat November. Nahe beim Zuyun-Fluß töten die Aukas einen Eingeborenen und zermalmen seinen Kopf mit Steinen. Zum erstenmal töten sie am linken Napo-Ufer.

7. 1963. Im Monat Juli. Am linken Napo-Ufer, nahe bei der Schlucht von Manduro, verfolgen die Aukas mit Lanzen eine Frau, die Wäsche im Fluß wusch. Die Gegenwart und das Geschrei eines bewaffneten Eingeborenen bewirken die Flucht der Aukas, ohne daß sie die Frau verletzt hätten.

8. 1963. Im September. Gegenüber der Kapuziner-Mission überqueren Raúl Papa und einige Kameraden den Napo. Sechs Auka-Männer und eine Frau werfen Lanzen nach ihnen. Es passiert nichts, da die Lanzen ihr Ziel verfehlen. Die Aukas gehen zum Ufer, um sie zu beschimpfen. Sie sind vollkommen nackt.

9. 1964. 9. Januar. Einen Kilometer vom Dorf entfernt, am linken Napo-Ufer. Um 11.30 Uhr vormittags. Die Aukas morden eine Familie, der Name des Mannes vollkommen unleserlich, vermutlich Atache, und seinen Sohn von sieben Monaten. Sie entführen eine Tochter von sieben Jahren. Wenige Tage später findet man die Kleider des Mädchens.

10. 28. Februar. Am linken Ufer des Payamino, gegenüber den Wiesen von Pavayacu. Olimpia Avilés, die Frau von Felipe Zalazar, wird in ihrem eigenen Haus überrascht und mit sieben Lanzen ermordet. Ihr Sohn von vier Jahren kann entfliehen.

11. 1964. 18. Mai. Einen Kilometer vom Dorf entfernt, am Payamino, um vier Uhr nachmittags, töten acht Aukas, die auf einen Baum (Yutzo) auf den Wiesen von Pavayacu geklettert sind, Ceferino Noteno, der zusammen mit einem Sohn und einem Neffen fischt. Letztere retten sich durch einen Sprung ins Wasser.

12. 1964. 17. Oktober. Auf den Wiesen von Pavayacu, die der Kapuzinermission gehören, töten sie mit Lanzen ein Rind.

13. 1965. 9. Februar. Nähe bei der Mandura-Schlucht, am linken Napo-Ufer, um 14.15 Uhr nachmittags. Die Aukas überfallen Aurelio Noteno, der mit seinem Sohn Gervasio und zwei Frauen den Acker jätet. Aurelio Noteno wird mit dreizehn Lanzen ermordet. Sein Sohn versucht, den Vater zu verteidigen und schießt auf die Gruppe der Aukas, ungefähr zwanzig an der Zahl, woraufhin diese fliehen. Als sie merken, daß das Gewehr nicht (mehr) funktioniert, kehren die Aukas zurück, um Gervasio anzugreifen. Er wird zweimal verwundet, an der Handfläche und an der Brust. Die Leiche von Aureliano hat über siebzig Wunden im Rücken, eine Lanze durchbohrt die Brust vollständig und eine andere den Kopf oberhalb der Ohren.

14. 1967. 7. Januar, um 7 Uhr morgens. In Primavera, auf einem nahe gelegenen kleinen Anwesen, töten sie Alfonso Lanza.

15. 1967. 14. August. Ungefähr drei Autostunden vom Dorf entfernt, wird ein Eingeborener getötet, der sein Kanu zum Ufer des Napo hinsteuert.

Auffällig am Tukan ist der große Schnabel. Er dient zum Zerkleinern der Früchte und als „Saftpresse".

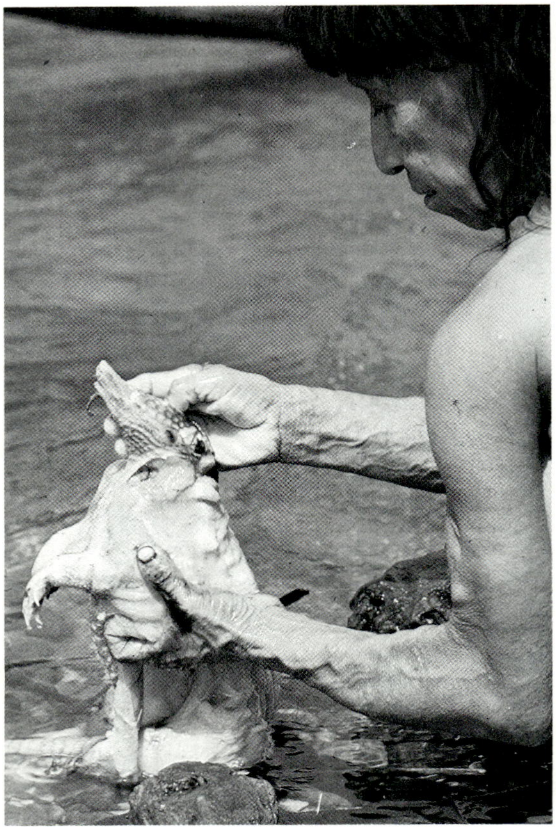

Ein Gürteltier.
Sein Fleisch wird im Fluß vom Blut gereinigt.

◁◁
Kolibris sind in Ekuador noch zahlreich. Ihre Augen sind besonders rotempfindlich. So trifft man sie häufig an roten Blüten, so auch diesen Langschwanz-Kolibri.

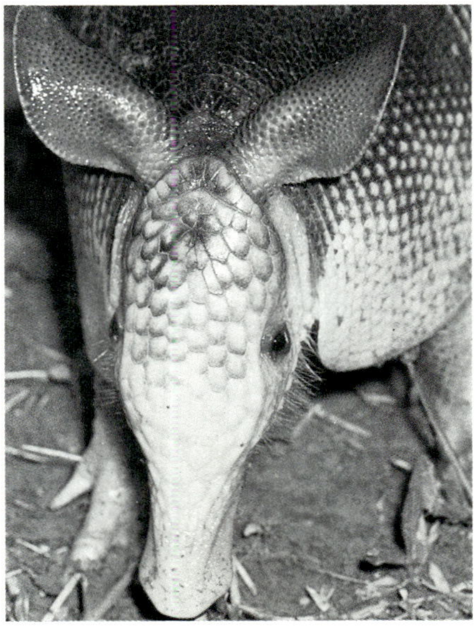

Legt man sie auf den Rücken, verfällt die Blomberg-Kröte wie andere Froschlurche in eine Scheinstarre.

Dieses Exemplar von Bufo blombergi, wie die größte Kröte der Welt wissenschaftlich heißt, mißt 20 Zentimeter. Doch es gibt noch größere Vertreter dieser Art.

Auf der Suche nach der Blombergkröte, die wahrscheinlich nur auf der Anden-Westseite vorkommt, d. h. Patzelt hat diese Riesenkröte auf der Ostseite noch nicht gefunden.

Wenn man links und rechts der Straßen, die sich die Anden in den Tropenwald hinunterwinden, auf Exkursionen geht, kann man noch viele Entdeckungen machen.

Spielgefährte oder Nahrungskonserve? Alle Auka-Gruppen haben eine große Anzahl lebender Urwaldtiere um sich versammelt. Den Wollaffen nennen sie Gata.

Verwendete und ergänzende Literatur

Baumann/Patzelt, Das Amazonas-Dschungelbuch, Berlin 1980.

Baumann/Patzelt, Erinnerungen eines Kopfjägers, Frankfurt 1978.

Baumann, Peter, Valdivia, Die Entdeckung der ältesten Kultur Amerikas, Hamburg 1977.

Baumann/Uhlig, Rettet die Naturvölker, Berlin 1979.

Blomberg, Rolf, The Naked Auca, London 1956.

Friederici, Georg, Amerikanisches Wörterbuch, Hamburg 1947

Loukotka, Ĉestmir, Classification of South American Indian Languages, Latin American Center. University of California, Los Angeles 1968.

Mason, John Alden, The Languages of South American Indians. Handbook of South American Indians, Vol. 6, Bull. 143, Bur. Amer. Ethnol. Smiths Inst., Washington 1950.

Menzel, Brigitte, Deformierender Gesichtsschmuck südamerikanischer Naturvölker. Baessler Archiv, N. F. V/1, Berlin 1957.

Naraño, Plutarco, Ayahuasca: Religion y Medicina. Quito 1970.

Oberem, Udo, Los Quijos. Memorias del Deportamento de Antropologia y Etnologia de America 1, 2, Universidad de Madrid 1971.

Scott, S. Robinson, Numbers, Distributions and Present State of the Indigenous Groups of the Coastal and Amazonian Regions of Ecuador. In: Dostal, W. (Hrsg.), The Situation of the Indian in South America. Veröffentlichung des Seminars f. Ethnologie Univ. Bern, Nr 3, Genf 1971.

Steward, Julian H., Culture Areas of the Tropical Forests. Handbook of South American Indians, Vol. 3, Washington 1948.

Tax, Sol, Aboriginal Languages of Latin America. Current Anthropology, Vol. I, No. 5/6 Chicago 1960.

Tessmann, Günter, Die Indianer Nordost-Perus. Hamburg 1930.

Yde, Jens, The regional distribution of South American blowgun types. Journ. Soc. Amer., N. S. XXXVII, Paris 1948.

Zerries, Otto, Waika. Die kulturgeschichtliche Stellung der Waika-Indianer des oberen Orinoco im Rahmen der Völkerkunde Südamerikas. Ergebnisse der Frobenius-Expedition 1954/55 nach Südost-Venezuela, Bd. 1, München 1964.

Zerries, Otto, Die Indianer der Wälder und Savannen. In: Völkerkunde der Gegenwart, Bd. Südamerika, Berlin 1974.

Namen- und Sachregister

(Schräg gestellte Zahlen verweisen auf Abbildungen.)

Abstammung der Auka 91
Abuta-Liane 88
Achiote-Farbe 22, *48,* 122
Aereophotogrammetrie 135
Affen *70,* 113, 114, *172*
Affenadler siehe Harpyie
Aggressivität 161
Ahuano 73
Alama-Indianer 29, 87
Alkohol 87, 118
Alltag der Auka 19
Amazonas-Schutzabkommen 153
Amazonas-Zuflüsse 73
Amazonen 113
Ambato 82
Ameisenbär 74
Anakonda 114, *151*
Annäherung, erste 13
Ara siehe Papagei
Armeeposten 34
Aronstabgewächse 74
Auka, Begriffserklärung 9, 12, 91, 158
Ayahuasca 125, 161

Balsaholz-Flöße 89
Bananen *69,* 73, 93
Barbasco-Gift 51, 115
Bären 25, 74
Bärlappe 74
Baumann, Peter *46*
Baumsteigerfrösche 29
Baumwolle 104, 120
Beile 51
Bergtapir siehe Tapir
Bering-Brücke 93
Bestattung 18, 127
Besuch, zweiter 154
Bevölkerungsexplosion 81
Bison 93
Blasrohr *8,* 87, 93, 160
Blasrohr, Herstellung 104, *110, 111*
Blätterdach 102
Blomberg, Rolf 14, 17, 132
Blutstiller 83
Blutuntersuchungen 93
Boote 64, 159
Brandrodung 73, 93
Brautwerbung 127
Brehm, Alfred 20
Brenner, Joe 58
Brille 77
Brillenbär 25
Bromelien 74
Brüllaffen 113
Brustschmuck 73
Buschmesser 50, 83, 116
Busfahrt 82

Campana Cocha 74, 75, 79
Camp Curaray 31, *42,* 55
Chambira-Fasern *147*
Chibcha-Völker 162
Chicha-Getränk 87, 118, 127
Chimbo-An[illegible], Pedro 57, 63, *67,* 75, 11[illegible]
Chonta-Palme 73, 101, 104, *112,* 117, *147,* 159, 160
Christianisierung siehe Missionierung
Cofan-Indianer 87, 102, 115, 120, 121
Colorado-Indianer 18, 115, 121
Cononaco, Ölcamp 36
Conquista-Zeit 162
Cotinga, Vogel 39
Curaray, Fluß, Camp 12, 34, *42, 65,* 14[illegible]
Curare 39, 57, 88, 93, 102

Dabo *67*
Dach, Abdichtung *69,* 102
Dayuma 12, 14, 17, 40, 57, 61, 87, 88, 94, 121, 125, 133, 143
Dayuno 79, 95
DDT 115
Diego-Faktor 93

Ehen 157
Einbaum 89
Einwohnerzahl 90
Elliot, Elisabeth 118
Erdnuß 73
Erdrutsch 27
Erstkontakt mit den Auka 37
Espinoza, Carlos 88
Estrella, Cäsar 20
Ethnologische Forschung, erste Ergebnisse 85

Fallschirme (für Geschenke) 19, 38, *44, 45, 46*
Familiengruppen *72,* 124, 129
Farne 74
Faultier *70,* 74, 114
Federschmuck 73, 122
Feldanbau 73, 93, 101, 117
Felsenhahn 28
Fernglas 77
Feste 126
Feuermachen *107,* 119, 160
Fischfang 51, *70,* 115
Fischnetze 115, *145, 150*
Fischotter 74
Flöten 122, *148*
Flöße 89
Fluchtbereitschaft *7, 45*
Flughafen, Pastaza 29
Flußfahrt 64, *67*
Frauen, erste Begegnung 54
Frauenraub 52, 79, 100
Frisuren 39, 123, *146*
Frösche (Kröten) 18, 29, 74, *171*
Fruchtbarkeit 128

Gabaro 16
Gebrauchsgegenstände 119
Geburten, Registrieren 157
Geburt, Legende 96
Geister 78
Gemeinschaftshaus *45,* 101, *108*
Genetische Schäden, siehe Mißbildungen
Geologie des Auka-Gebietes 89, 134
Geschenke zwischen Auka und Weißen 12, 26, *44, 45,* 50, 54, 77, 85, 122
Gesichtsschmuck *48*
Gift, Fischfang 115
Giftgeschoß 87, 102
Giftherstellung 103, *110*
Giftrochen *150*
Gottesdienste 138
Grabbeigaben 127
Grison 74
Gürteltier *69, 170*

Haartracht 39, 123, *146*
Hacke *71*
Handel 142
Hängematte *68,* 87, 91, 101, 120, *145*
Harpyie *105, 150,* 161
Haustiere 19
Heiratsprinzip 129, *152*
Hexerei 79
Hirsche 114, 161
Hochzeit 128, 161
Hubschrauber-Landung *7, 45, 46*
Hüftschnur 39, *47,* 120, 121
Hühner 20, 37, 54
Hütte der Auka *45,* 101, 108
Hüttenaufteilung *68*
Hüttenbau 92, 159

Inka-Reich 158
Integration 75, 157
Isolierung der Auka 87, 97

Jagd *8,* 102, 113, 161
Jaguar 114
Jaramillo, Hugo 30
Jivaro-Indianer 79, 87, 88, 92, 102, 116, 118, 120, 125, 162

Kaiman 114
Kamm 54, 122, *146*
Kannibalen, Legende 97
Kannibalismus 162
Karte des Auka-Gebiets *42*
Ketschua-Indianer 24, 29, *42,* 102
Kiederle, Georg 14
Kieferverbildungen 76, 83, *146, 149*
Kindesentführung 21
Kleidung 20, 39, 74, 142
Kolibri 25, 28, *169*
Kondor 25
Königsbambus 73, 104
Kontakt mit den Auka 40
Kopfjagd 79, 162
Kopfschmuck 122
Kordillere 24, *42*
Krankheiten 118, 119, 140
Krebse 115
Kröten siehe Frösche
Kulturelle Konfrontation 139

Landwirtschaft 73, 93, 101, 117
Lanze siehe Speer
Larven, Rüsselkäfer 118, *147*

Legenden der Auka 87, 94, 95, 97, 121
Liane 88
Linguisten siehe Missionierung
Lochkrankheit 76
„Luftklinger" 122, *148*

Machete *71*
Maká-Indianer 116
Mammut 93
Maniok 93, 117, 147, 157, 159
Märchen siehe Legenden
Maroni, Pater 92
Medikamente aus Pflanzen 78
Medizinische Versorgung 76, 140
Menschenfresser, Legende 97
Messer 51
Mintal-Baum 120
Misahualli 61, 64, *66,* 81
Mißbildungen, Zähne, Zehen 76, 83, 129, *146, 149*
Missionare, Kontakt 15
Missionierung 62, 79, 90, 92, 100, 138
Moipa 17
Montaña 29
Moose 74
Mundharmonika *47,* 83
Musikinstrumente *72,* 159
Musikinstrumente, Flöten 122, *148*
Musikinstrumente, Mundharmonika *47,* 83

Nachahmung von Tierlauten 113
Nahrung 78
Nahrungsmittel, Räuchern *70,* 116
Nahrungsreserve 161
Namensbedeutung (Auka) 12, 91, 158
Nasenbär 74
Noratlas 23, *65*

Oberarmbänder 120
Ohrschmuck 22, 39, 48, *72,* 74, 91, 121, 160
Ölcamp Cononaco 36
Ölcamp, Der letzte Konflikt? 144
Ölcamp Pavacachi 35
Ölcamp Tivacuno 12, 53, 59
Ölgesellschaften 16, 17, 20, 58, 120, 131, 134, 135, 137
Ölvorkommen 131, 134
Orejone-Indianer 92
Orellana, Francisco de 153
Ozelot *6,* 114

Palmen, Schlafmatten *68*
Panamericana 24, 82
Panzerkopfwels 35, 115, *150*
Papageien 73, 114
Papaya 73
Pastaza, Flughafen 29
Patzelt, Erwin *47, 65*
Pavacachi, Ölcamp 35
Personalausweise 157
Pfeile 87, *106*
Pflanzengift 102
Pflanzenwelt 74
Pilze 74
Piranha-Gebiß 103, *106*
Piranha, Geschichten 116
Polio-Epidemie 140

Räuchern, Nahrungsmittel *70,* 116
Real, Jorge 30, 65
Regenwald *6, 113*
Regenzeit 89
Reservate 137
Rhesus-Faktor 93
Riesenameisen 113, 116
Riesenkäfer 18
Riesenkröte 29, *71*
Rio Arajuno 21, 39
Rio Curaray 89
Rio des Mortes 116
Rio Nashiño 89
Rio Napo *41, 67,* 89
Rochen 114
Rondôn, Candido 26
Rotfüße 22, 153
Rüsselkäfer 118

Saint, Nate 11
Saint, Rachel 12, 14, 17, 61, 79, 99, 133, 137, 155, 161
Sangray, Vulkan 23, 57
Scheren 122
Schildkröte *108,* 114
Schlafmatten *68*
Schmuck 121
Schulgründung 58
Schulunterricht 75
Schußwaffen 77
Schwämme 74
Seibo-Baum 104
Sexualleben 129
Shell 16, 17, 20, 58
Shokleng-Indianer 162
Skorpion 116
Sonnenverehrung 96
Speere 84, 88, *106, 107,* 123
Speeren, Fischen 51, 70, 115
Speer-Konflikt 140

Speermorde 13, 16, 21, 34, 59, 64, 79, 90, 123, 131, 143, 156
Speisen der Auka *69*
Spiegel 51, 54
Sprache 91
Sprachkurs 164
Stachelrochen 116
Stroeth, Howard St. 135
Sußmann, Max 16
Süßwasserkrabben 115

Tangaren 73, 114
Tanz *72,* 122, 125, *148*
Tapir 25, 74, 114, *151*
Taschenlampe 77
Tauschhandel 50, 91, 142
Terra 60
Tierlaute, Nachahmung 113
Tierwelt 74
Tigueno, Missionsort 12, 17
Tivacuno, Ölcamp 12, 53, 59
Tod 97
Tod bei den Auka durch äußere Einflüsse 17
Tonband, Begrüßung 40
Tontopf *145*
Torres, Jaime 12
Torres, Raul 30
Totenkopfäffchen 5, 109
Totentanz 125
Tremblay, Robert 14
Tukan 73, *170*

Überfälle 59
Uhr 77

Vögel 18, 28, 39, 73
Vogeljagd 113
Vorfahren der Auka 91
Vorräte 102
Vulkan Sangray 29, 57

Waffen 119
Waika-Indianer 93, 125
Waldtruthahn 114
Wallis, E. E. 133
Wasserboa 114, *151*
Wasserfahrzeuge 159
Wasserschwein 74, 114
Weben 159
Werkzeuge 91
„Western Geophysic" 12, 58
Wickelbär 74
Wiñame siehe Zoila
Wohlfahrtsempfänger 80
Wohnplatz der Auka, Entdeckung *44*
Wohnplätze der Auka 90
Wollaffen *172*
Wycliffe-Bible-Translators 138, 143

Yameo-Indianer 92
Yukka 73
Yumbo-Indianer 15

Zaporo-Indianer 92
Zauberer 78, 125
Zerries, Otto 85
Zoila 57, *67,* 75, 78, 95, 124
Zwerghirsch 25

Die Autoren danken

Ohne die Hilfe der ekuadorianischen Regierung wären unsere Expeditionen nicht möglich gewesen. Viele Menchen und Institutionen, die uns weitergeholfen haben, sind mit dem Inhalt des Buches eng verbunden und dort erwähnt. An dieser Stelle gilt der besondere Dank der Autoren der Regierung von Ekuador, er gilt insbesondere der FAE, dem Instituto Geografico Militar, dem Anthropologischen Institut und Naturwissenschaftlichen Institut in Quito, und nicht zuletzt der Deutschen Botschaft, die beide Autoren zusammengeführt hat. Außerdem danken die Autoren Walter Scheel, der den Autoren als damaliger Außenminister einige wichtige Türen öffnen half.

Unmittelbar beteiligt am Gelingen des Unternehmens waren Frau Dr. Siegmund-Schultze, waren die Berater, Weggefährten und Freunde Blomberg, Espinoza, Herrera, Pareño, Rivera, Strouth, das Forscher-Ehepaar Costales. Wir danken auch der Zeitschrift „GEO", die uns unsere letzte Expedition zu den Auka ermöglicht hat.

Professor Dr. Otto Zerries hat über das Nachwort hinaus die kritische Durchsicht vom Standpunkt des Wissenschaftlers aus besorgt. Schließlich muß noch erwähnt werden, daß ohne die Nachsicht und selbstlose Unterstützung von Monika Baumann und Miriam Patzelt der Traum von einer Reise zu den Auka nicht hätte Wirklichkeit werden können.

Inhalt

Ein Wort zu erweiterten Neuauflage 9

Der „wildeste Stamm der Welt" 11

Unternehmen Auka 11
Man muß sie töten! 14

Aufbruch in den Regenwald 19

In Pastaza wartet ein Hubschrauber 19
Cordillera oriental 24

Der Flirt 33

Über dem Regenwald 33
Camp Curaray 34
Auka bei 315 Grad, 7 Minuten 35
Abstieg in die Steinzeit 38
Zweite Begegnung 50
Gefahr bei Tivacuno 53

Im Wilden Osten von Ekuador 57

Rio Napo 57
Flußfahrt 64

Die letzten Urwaldsöhne und ihr Lebensraum 87

Wo die Jaguarmutter wacht 87
Wie viele Auka birgt der Busch? 88
Schwacher Schimmer aus zurückliegender Zeit 91
Am Anfang war eine Sintflut 94
Wie die Auka ein Volk geworden sind 95
Tod und Isolierung 97
Die ersten Weißen 100
Die Materialkultur 101
Auf der Jagd 113
Kalorien aus dem Dschungelgarten 117
Macht über das Feuer 119
Unverwechselbarer Schmuck 121
Gesellschaft der Alleskönner 122
Die Speergesellschaft 123

Der Untergang der Auka-Welt 131

Das Auka-Land „schwimmt" im Öl 131
Besuche in der Außenwelt 141
Der letzte Konflikt 144

Zwei Momentaufnahmen 157

Nachwort 158

Die kulturgeschichtliche Stellung der Auka unter den Urwaldindianern Südamerikas

Professor Dr. Otto Zerries

Anhang 163

Einige wichtige Begriffe in der Auka-Sprache 164
Die Auka in der Geschichte der Napo-Region Ekuadors
Zusammenstöße 1915 bis 1935 166
Zusammenstöße 1958 bis 1967 167
Verwendete und ergänzende Literatur 173
Namen- und Sachregister 175
Die Autoren danken 179

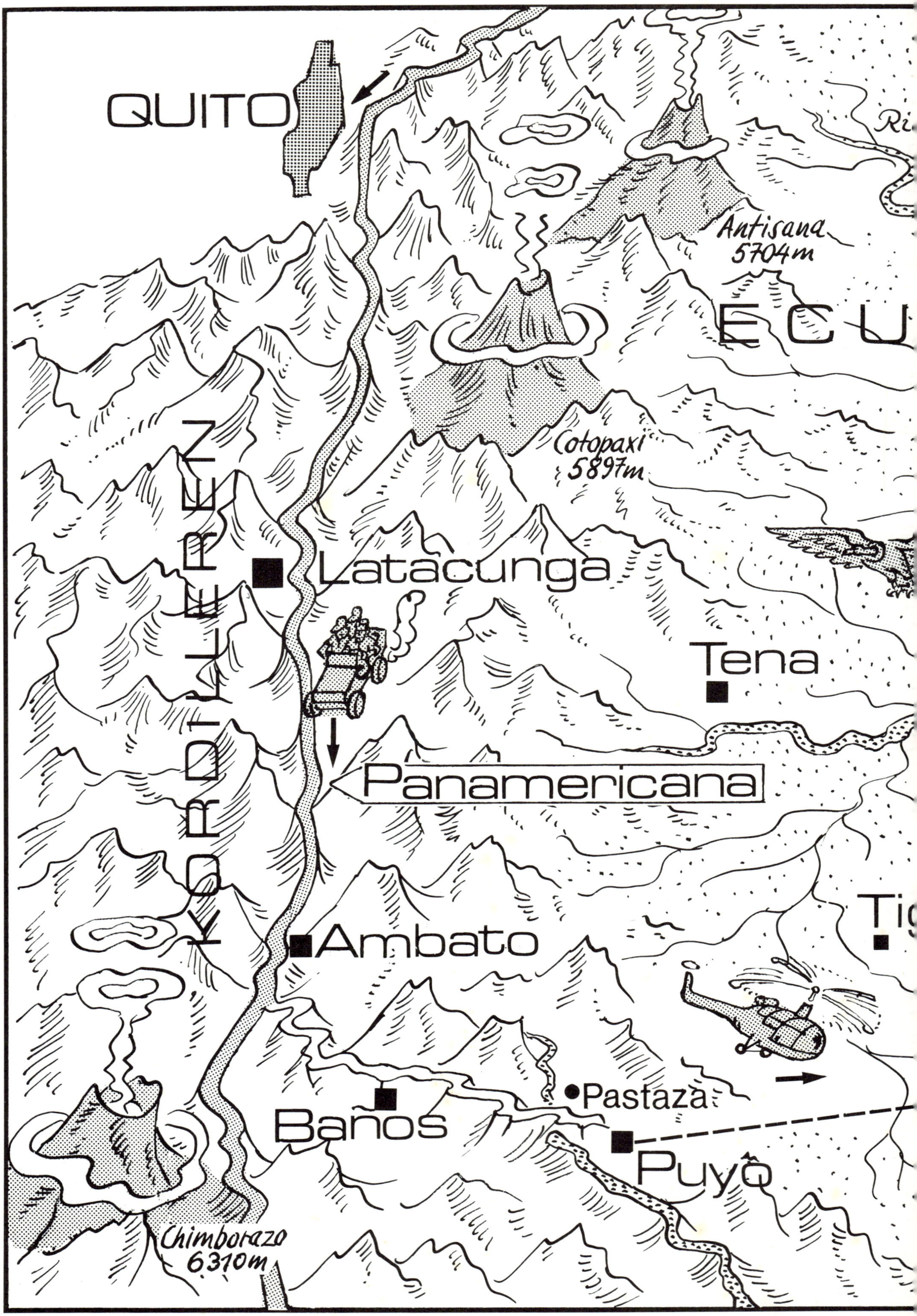
QUITO
Antisana
5704m
ECU
Cotopaxi
5897m
KORDILLEREN
Latacunga
Tena
Panamericana
Ambato
Tig
Pastaza
Baños
Puyo
Chimborazo
6310m